天才数学家

[美] 迈克尔·J. 布拉德利 著
王 潇 蒲 实 译

上海科学技术文献出版社
Shanghai Scientific and Technological Literature Press

图书在版编目（CIP）数据

天才数学家 / (美) 迈克尔 · J. 布拉德利著 . 王潇，蒲实译 .
—上海：上海科学技术文献出版社，2019
（新知图书馆）
ISBN 978-7-5439-7826-3

Ⅰ . ① 天… Ⅱ . ①迈…②王…③蒲… Ⅲ . ①数学家—
生平事迹—世界—青少年读物 Ⅳ . ① K816.11-49

中国版本图书馆 CIP 数据核字 (2019) 第 020795 号

选题策划：张　树
责任编辑：王　珺
封面设计：合育文化

天才数学家
TIANCAI SHUXUEJIA
[美]迈克尔 · J. 布拉德利　著　王 潇　蒲 实　译
出版发行：上海科学技术文献出版社
地　　址：上海市长乐路 746 号
邮政编码：200040
经　　销：全国新华书店
印　　刷：常熟市人民印刷有限公司
开　　本：720×1000　1/16
印　　张：13.75
字　　数：246 000
版　　次：2019 年 1 月第 1 版　2019 年 1 月第 1 次印刷
书　　号：ISBN 978-7-5439-7826-3
定　　价：45.00 元
http://www.sstlp.com

目录

前言

人类孜孜不倦地探索数学。在数字、公式和公理背后，是那些开拓人类数学知识前沿的先驱者的故事。他们中有一些人是天才儿童，有一些人在数学领域大器晚成。他们中有富人，也有穷人；有男性，也有女性；有受过高等教育的，也有自学成才者。他们中有教授、天文学家、哲学家、工程师，也有职员、护士和农民。他们多样的背景证明了数学天赋与国籍、民族、宗教、阶级、性别以及是否残疾无关。

《天才数学家》记录了25位在数学发展史上担任过重要角色的数学大师的生平。这些数学大师的生平事迹和所作的贡献对初高中学生很有意义。总的来看，他们代表着成千上万人多样的天赋。无论是知名的还是不知名的，这些数学大师都在面对挑战和克服障碍的同时，不断地发明新技术，发现新观念，扩展已知的数学理论。

本书讲述了人类试图用数字、图案和等式去理解世界的故事。其中一些人创造性的观点催生了数学新的分支；另一些人解决了困扰人类很多个世纪的数学疑团；也有一些人撰写了影响数学教学几百年的教科书；还有一些人成为了在种族、性别或者国家中最先因为数学成就获得肯定的先驱。每位数学家都是突破已有的基础、使后继者走得更远的创造者。

从十进制的引入到对数、微积分和计算机的发展，数学历史中最重要的思想经历了逐步的发展，每一步都是无数数学家个人的贡献。很多数学思想在被地理和时间分割的不同文明中独立地发展。在同一文明中，一些学者的名字常常遗失在历史中，但是他作出的某一个发明却融入了后来数学家的著述中。因此，要准确地记录谁是某一个定理或者某一个思想的确切首创者总是很难的。数学并不是由一个人创造，或者为一个人创造的，而是整个人类求索的成果。

阅读提示

数学知识的进步是所有民族、种族、国家和性别的天才共同智慧的结晶。他们来自美国、英国、中国的香港和中国的台湾、比利时和爱尔兰，他们是国际化数学界的代表。20世纪数学研究的显著特点是，学者们组成国际团体，分享创意新知，致力于共同研究课题。在1900年召开的第二次国际数学家大会上，德国数学家戴维·希尔伯特（David Hilbert）提出了引人注目的23个数学难题，为20世纪的前50年定下了研究基调。波兰数学家瓦茨瓦夫·谢尔宾斯基（Wacław Sierpiński）帮助设立和建设了一个多产的国家数学家协会，即波兰学校。英国数学家高德菲·哈代（Godfrey Hardy）介绍自学成才的印度数论学家拉马努金（Srinivasa Iyengar Ramanujan）到剑桥大学，共同进行了长达5年的研究。匈牙利数学家保罗·厄多斯（Paul Erdös）在环游世界中与500位合作者合写了1 500篇论文。美国数学家诺伯特·维纳（Norber Wiener）、匈牙利数学家约翰·冯·诺依曼（John von Neumann）与众多科学家和工程师一起在物理、生物、经济和计算机科技等领域贡献了基础性的成果。

对于很多数学家来说，两次世界大战不但冲击了他们的生活，而且决定了他们的职业生涯。谢尔宾斯基在两次军事冲突中都被当作战犯扣押。第二次世界大战使英国数学家格蕾丝·西斯霍姆·杨（Grace Chisholm Young）无法在她丈夫的最后两年陪伴他。在事业达到高峰时，德国犹太裔数学家艾米丽·艾米·诺特（Amalie Emmy Noether）被迫离开阿道夫·希特勒（Adolf Hitler）纳粹政权统治下的祖国。第二次世界大战期间，英国数学家阿兰·图灵（Alan Turing）设计了用来破译德国海军密码的计算机技术，与此同时，美国的格蕾丝·莫瑞·霍珀（Grace Murray

Hopper）发展了使弹道计算计算机化的原理。维纳发明了提高高射炮效率的算法（algorithms），冯·诺依曼为原子弹与核武器的研制做了基本的数学分析。

在20世纪上半叶，数学成为引领重大科技进步的跨国学科。这一时期的成百上千位学者在数学上做出了重要的发现，推动了人类知识的进步。而这本书中所介绍的10位正是他们当中的代表。阅读关于他们成就的故事，可以使读者大致领略到这些数学大师们的思想和生活。

20世纪后半叶，美国崛起成为国际数学界的领衔国家。美国新泽西普林斯顿的高级研究中心吸引了世界顶级的数学家在这里长期合作。美国的许多大学和工业基地都有强大的科研队伍，其中包括新泽西的贝尔实验室。他们吸引了世界上最优秀的学者，也培育出最具天赋的青年。

这些数学家中有几位解决了多年来难以找到解答的数学难题。从20世纪初以来，数学家们就一直试图解答希尔伯特的第十个问题。朱丽亚·罗宾逊用二十余年的时间研究丢番图方程，她的研究成果成为解决这一问题的关键一环。丘成桐解决了卡拉比关于表面几何属性猜想的问题，以及微分几何的其他很多问题。20世纪最振奋人心的数学成就之一，是安德鲁·怀尔斯(Andrew Wiles)对费马定理最后一条的证明，破解了300年悬而未决的难题。

20世纪的数学家在纯数学和应用数学领域都作出了重大发现。他们的足迹，将新的数学思想的发展以及新技术的形成贡献了可能。

一

奥古斯塔·艾达·洛夫莱斯

（1815—1852）

第一个计算机程序员

奥古斯塔·艾达·洛夫莱斯（Augusta Ada LoveLace）第一个详细描述了现在称为计算机编程的过程。她写了大量的笔记来解释如何操控巴比奇分析机，其中包括计算伯努利数（Bernoulli）的必要步骤，她的数学才能保证她能够理解相关的工作并完成这一历史成就。

早期生活和教育

奥古斯塔·艾达·洛夫莱斯解释了应用查尔斯·巴比奇（Charles Babbage）分析机进行计算机编程的过程（图像工作室，The Image Works）。

洛夫莱斯伯爵夫人奥古斯塔·艾达·拜伦·金（Augusta Ada Byron King）原名为奥古斯塔·艾达·拜伦。1815年12月10日，她出生于英国伦敦。她的父亲是乔治·戈登·拜伦勋爵，母亲是安妮·伊莎贝拉·米尔拜克勋爵夫人，两人都是富裕的英格兰贵族阶级成员。拜伦勋爵充满激情且易于激动，是英国最著名的诗人之一，在女儿出生4个月以后，他与妻子合法分居并离开英国。虽然拜伦偶尔威胁要将艾达从母亲身边带走并交给自己的姐姐奥古斯塔抚养，但实际上他再也没有见过女儿，并于女儿8岁时（1824年）去世。

拜伦夫人曾被她的诗人丈夫称为“平行四边形公主”，她与女儿分享自己对数学的强烈兴趣。虽然当时的社会风气规定限制上层社会的女士接触数学，但是拜伦夫人鼓励艾达学习尽可能多的数学知识。除了学习数学，艾达还演奏小提琴，学习用数种语言阅读和交谈。她喜爱制作船模，并曾经设计以蒸汽机为动力的飞机。

从童年时期开始一直到成年，一系列私人教师负责教育艾达，其中包括威廉·弗雷德（William Frend），他曾经辅导拜伦夫人学习数学；还有玛丽·萨莫维尔，她最终成为国际知名的数学家和科学作家；奥古斯塔斯·德摩根（Augustus DeMorgen），他后来成为伦敦大学的数学教授。

艾达也参加伦敦上流社会的社交生活，如观看戏剧、正式舞会、音乐会和茶会。1833年5月10日，作为首次进入社交界的小姐之一，她在圣詹姆斯宫觐见了国王威廉四世和女王阿德蕾德（Adelaide）。在同年6月的一个聚会上，她结识了英国数学家查尔斯·巴比奇，当时巴比奇正在制造一台被称作差分机的计算装置。两周后，她和母亲前往巴比奇在伦敦的工作室，并看到这台机器，艾达对机器设计中隐含的数学本质很感兴趣。从那时开始，她与发明者建立起了长达一生的友谊。

玛丽·萨莫维尔介绍艾达认识科学家威廉·金。一年后的1835年7月8日，19岁的艾达·拜伦与29岁的金结婚。1838年，金被封为第一任洛夫莱斯伯爵，于是艾达就成为洛夫莱斯伯爵夫人。虽然正式称谓是奥古斯塔·艾达·拜伦·金夫人，洛夫莱斯伯爵夫人，但是她自称为艾达·洛夫莱斯。婚后4年里，洛夫莱斯生下3个小孩，并分别取名为拜伦、安娜贝拉和拉尔夫。他们在国内共有两处住宅，其中一处位于伦敦。一家人享受着上层贵族的生活。1840年，威廉·金被选为伦敦皇家协会的会员，这使洛夫莱斯有机会接触到科研论文和最新的书籍，也使她得以继续学习数学。

巴比奇差分机和分析机

1842年，洛夫莱斯有机会与巴比奇一起工作，并记录巴比奇正在设计的计算机器。1833年，她第一次参观巴比奇的工作室并看到他发明的差分机。从那以后，两人就一直通信并成为好朋友。1834年，通俗科学作家狄奥尼修斯·拉德纳（Dionysius Lardner）在力学研究所做了一系列关于差分机的讲座，洛夫莱斯参加了这些讲座，还查看了巴比奇第二台计算机器分析机的设计图。在两人通信的前几年，她请巴比奇推荐一位合适的数学导师。随后几年里，她对巴比奇的机器发明越来越感兴趣，而且她也逐渐掌握了这些机器设计和运行背后隐含的数学原理。

1840年，巴比奇在意大利都灵（Turin）主持了一系列讨论会。与会的主要是当地的一个科学家团体，巴比奇在会上讲述了分析机的工作方式。意大利工程师路易吉·费德里科·梅那布雷亚（Luigi Federico Menabrea）也参加了会议。梅那布雷亚担任过意大利驻法国大使，并最终成为意大利总理，他同意写一篇文章介绍巴比奇的机器。1842年10月，他的文章《查尔斯·巴比奇分析机的思想》发表在《日内瓦综合书目》上。洛夫莱斯决定将这篇法语文章翻译成英文，

洛夫莱斯研究了分析机的工作方式，这台机器以蒸汽为动力并可以编程。1830—1870年，巴比奇一直在设计这台机器，但是没能完整建造出来。如果制造成功，这台机器将拥有20世纪电子计算机的多种特征，如穿孔卡片回传指令、能够实现逻辑分支和条件控制循环以及可重复使用的变量存储单元。图中的照片展示了两个分析机部件的实验模型（图像工作室）。

从而使这篇描述巴比奇工作的论文在全英格兰的科学家之间传播，她还寻找机会出版论文翻译稿。科学家理查德·泰勒（Richard Taylor）当时准备出版自己论文的合集《科学论文》，泰勒于1837—1852年间在《外国科学院学报》上发表了不少非英文的科学文章，他打算将这些文章翻译为英文并组成这本论文集。洛夫莱斯家的一位朋友查尔斯·惠斯通（Charles Wheatstone）是一位科学家、发明家和教授。通过惠斯通的帮助，1843年早期，洛夫莱斯与理查德·泰勒（Richard Taylor）达成协议，她翻译的论文最终将被收入泰勒的《科学论文》。巴比奇同意协助她完成这个为期6个月的计划，她的丈夫也很支持她的工作，还帮助她抄写手稿。

在翻译梅那布雷亚的论文时，洛夫莱斯发现其中几个主题需要更详细的解释。巴比奇建议洛夫莱斯就这个题目另写一篇原创文章，但被她拒绝，于是巴比奇提议将她写的部分原创的补充内容作为一系列注释附在论文后面，巴比奇审阅了她的众多草稿并提出意见。经过大量的修改，洛夫莱斯一共写出7篇注释，一共40页，而梅那布雷亚的论文只有17页，她的注释比原文的两倍还要长。最终翻译本发表在1843年版的《科学论文》中，题目为《查尔斯·巴比奇发明的分析机概略》，文章的署名为“作者：L. F. 梅那布雷亚，都灵，军事工程官员，

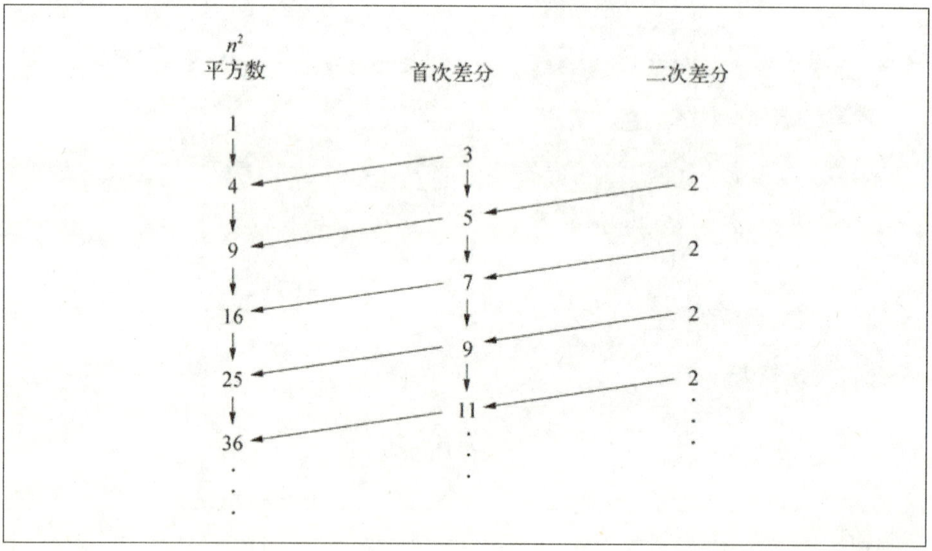

巴比奇差分机用有限差分方法计算六阶或更低阶多项式的值。上图中的图表与洛夫莱斯翻译的梅那布雷亚论文中的论述类似，它说明了差分机是如何计算多项式n^2的连续数值的。首先，操作者为表中每一列设置好第一个数值；然后，表中其他每一个数等于正上方和右上角相邻两数之和。

选自《日内瓦综合书目》，新系列，41卷，1842年10月，82期；附译者A. A. L. 为论文所做的注释”。洛夫莱斯的名字没有出现在译者的位置，但是她名字的首字母A. A. L. 被注在每篇注释的后面。

梅那布雷亚在论文中描述了巴比奇差分机能力的本质和范围，他还高度赞扬分析机可能提供的扩展功能。他指出，分析机建成后，可以执行4种算术运算，即加、减、乘、除，这些运算是通过一系列齿轮相互之间的机械作用实现的，除了能够快速和准确地计算，当它探测到预先指定的条件被满足时，还可以执行逻辑分析来修正操作的执行顺序。这个设备使分析机能够应用计数器和条件来控制循环和分支运算，因此一旦设置好机器解决某个问题，它就不再需要操作者的进一步干涉。他提到，分析机可以制造出一个表库，用来存储对数值和其他常用数值，他还重复巴比奇的声明，这台机器能够在3分钟内求出两个20位数的乘积。

在长达8页的“注释A”中，洛夫莱斯解释了巴比奇早期差分机和更先进的分析机之间的根本差别。她指出，老式差分机可以用有限差分方法计算六阶或较低阶多项式的值，并打印出一个结果表。这种方法将每个函数值的计算简化为很多组运算，每组运算最多执行6次加法，这样处理的原因是差分机实际上只能执行加法。文中她尽量注意不贬低差分机的功能，因为这台机器已经可以给出精确的数值表。与此同时，她比较了在计算更复杂表达式时差分机的有限功能与分析机的更多功能，分析机可以执行4种运算——能够计算加、减、乘、除，新机器可以解决线性方程组系统，多项式相乘；计算无穷级数任意一部分的值；除了算术运算，还可以进行符号运算。她解释了分析机之所以具有这么多的功能，是因为其中有一组穿孔卡片，这些卡片上孔的不同位置组合对应不同的数学符号。这些卡片与雅卡尔（Jacquard）提花机上的控制卡片类似，提花机上的卡片能够控制机器在纺织品上编制各种复杂的图案，通过选择并排列这些卡片，就可以确定机器将要操作哪些运算以及以什么顺序进行。洛夫莱斯还有远见地预测机器可以弹奏音乐，她认为，只要能适当地量化音乐的特性，分析机就可以演奏精细的乐曲。

“注释B”一共5页，其中，描述了存储仓库的设计和运行。存储仓库以齿轮集合来充当机器的存储器，堆积在同一转轴上的齿轮和转盘组，实质上代表某一变量在程序开始或计算过程中保存的数值。洛夫莱斯举例说明分析机如何计算表达式的值，她给出合适的控制卡片序列，演示将3个变量a，x，n存储上的初值$a=5$，$x=98$，$n=7$，并计算出表达式ax^n，x^{an}，$a \cdot n \cdot x$，$\frac{a}{n}x$和$a+x+n$的值。她的解释区分了两类变量，一类是计算中需要使用其数值的给定变量，另一类是存储结果数据的接受变量。

在“注释C”中，洛夫莱斯提到所谓循环的一组运算，通过备份相应的卡片，就可以多次重复运行这组运算。

“注释D”共有5页，其中，洛夫莱斯系统地解释了如何计算表达式$\frac{dn'-d'n}{mn'-m'n}=x$和$\frac{d'm-dm'}{mn'-m'n}$的值，她给出所需的11次运算（6次乘法，3次减法和2次除法）的顺序。她还画出一张详细的图表，这张图表与汇编语言计算机程序十分类似，图表中共有16个给定变量和接收变量，并展示了11步运算中每一步导致的变量增量。梅那布雷亚论文中用一个仅有7行的图表给出求解表达式x的过程，通过推广原有的内容，洛夫莱斯给出这个极度详细的类似图表。在解释步骤顺序时，洛夫莱斯强调，机器可以存储计算中重复使用的中间结果（例如，上文两个表达式中相同的分母）。她还阐述了实现“自加”运算的方法，所谓“自加”，是指$V_n=V_n+V_p$，其中V_n既是给定变量也是接收变量。

洛夫莱斯很仔细地将机器的分析能力和数值计算能力区分开来。在9页的“注释E”中，她解释了分析机如何求两个三角函数表达式的乘积，如$A+A_1\cos(\theta)+A_2\cos(2\theta)+A_3\cos(3\theta)+\cdots$和$B+B_1\cos(\theta)$。假设得到的乘积表达式为$C+C_1\cos(\theta)+C_2\cos(2\theta)+C_3\cos(3\theta)+\cdots$。洛夫莱斯说明如何应用已知公式$\cos(n\theta)\cdot\cos(\theta)=\frac{1}{2}\cos((n+1)\theta)+\frac{1}{2}\cos[(n-1)\theta]$让机器确定乘积三角表达式中的系数，而不用预先给出计算的明确公式。她强调机器的代数能力已经扩展到可以计算对数、正弦、正切和其他非多项式函数组成的无限级数。

“注释F”比较简短，只有2页。其中，给出将包含10个十元线性方程的系统化简为上三角形式的过程。洛夫莱斯提出一个重复性的程序来完成这个任务，首先用第一个方程消去后9个方程的第一个系数，然后用第二个方程消去后8个方程的第二个系数，持续类似的操作直到第十个方程只有一个未知数。整个过程共需330次运算，只要将3张卡片重复使用110次就可以实现这个过程。这个例子也被她用来说明即使没有完整的公式，机器也可以求解数学问题。在最后的总结中，洛夫莱斯预言说，这个机器能够进行非常长的运算序列，由此可能使数学家得到从来没有考虑过的新结果。

洛夫莱斯的著作中最具历史意义的重要部分是长达10页的“注释G”。在这篇注释中，她给出第一个计算机程序。同时她通过文字和图表的方式详细解释了一个计算过程，这个计算过程可以求解一系列被称为伯努利数（Bernoulli）的数值。洛夫莱斯推导出一个递归关系式，如果已经计算并储存了较小的伯努利数$B_0, B_1, B_2, \cdots, B_{2n-1}$，机器就可以通过这个公式确定$B_{2n}$。洛夫莱斯演示了如何进行这个程序。计算伯努利数的程序逻辑上远远复杂于“注释D”中的11行指令序列，在“注释D”中，所有操作只按给定的顺序执行一次，但是在这个程序中，需要由机器决定计算步骤的顺序。机器要能够计算数值，然后选择执行循环还是另一个不同的操作，其中的循环和分支概念将静态指令列表和逻辑计算机程序区分开来。洛夫莱斯在解释程序时，还给出了一些更微小的细节，比如，她计算了程序中需要加、减、乘、除运算的总次数。

“注释G”还给出了分析机的其他重要信息，其中第一节总结了机器的6条特性。除了能够进行4种算术运算和操作不限大小与个数的多个变量之外，洛夫莱斯指出，机器有能力同时进行算术和代数分析。她提到分析机可以运算正数和负数；能够从一个公式中减去另一个公式；当检测到取值为零和“无穷大”时，机器可以自动调整指令顺序。她还简短地讨论了如何可以使分析机计算ax^n和幂级数的导数与积分。

后期活动

洛夫莱斯的翻译论文和注释发表以后，相关学者给予了很高的赞扬。巴比奇称她的作品是那个时代对自己机器的最佳说明，他还明确地宣称，这些文章能使科学家们意识到机器可以执行分析的整个过程。玛丽·萨莫维尔恭贺洛夫莱斯将如此之难的题目阐述得非常清晰。虽然出版时只注上她名字的首字母“A. A. L.”，但是伦敦的小科学团体中大部分人都知道作者是洛夫莱斯。

洛夫莱斯原本期望翻译的成功能最终促使她走上科学作家的职业道路。在给巴比奇和玛丽·萨莫维尔的信中，她将有关分析机的作品描述为自己的“孩子”，并认为这只是她希望创作的许多“孩子”中的第一个。她计划雇用家庭教师和保姆来照看自己的3个子女，这样，她就有时间从事写作事业。她请求巴比奇雇用自己来管理文书工作，撰写技术文档，并向公众宣传分析机。她计划为巴比奇工作3年，因为巴比奇估计3年内可以完成机器的开发，然而巴比奇拒绝了她的提议。随后，洛夫莱斯询问能否成为英格兰艾伯特（Albert）王子的科学顾问。她还开始收集多个领域的科学资料，包括人体神经和循环系统的显微分析、电路、毒药学、神秘学、催眠术以及数个科学发现的历史。她提出与科学家迈克尔·法拉第（Michael Faraday）和安德鲁·克鲁斯（Andrew Crosse）合作，一起进行电学实验和写作项目。她筹划一系列潜在的计划，并开始进行其中的一部分，但是大部分都没能实现。1848年，她的丈夫为法国农学家德·加斯帕林（De Gasparin）的一本书写了一篇评论。这本书主要讲述气候对农作物成长的影响。洛夫莱斯为这篇评论写了一些段落和脚注，这些就是她后来仅有的正式发表作品。

洛夫莱斯晚年的生活充满争论和非议。她一生都在忍受哮喘、消化问题等健康问题，以及严重的情绪波动、抑郁症和幻觉带来的痛苦，为了寻找针对这些身体疾病的科学疗法，她尝试过鸦片、大麻、吗啡和酒精。她和巴比奇一起为一个有缺陷的数学概率理论设计了一套赌博方法。她喜好赌马并输了很多钱，最后不仅卖掉了自己的名贵首饰来偿还赌债，她的丈夫也不得不替她向债权人求情。于1852年11月27日，艾达·洛夫莱斯去世，死因是子宫癌。

结　语

虽然巴比奇生前没能制造出分析机，但是计算机学家们将他尊为"现代计算之父"，因为他设计出第一台可编程的计算机器，其基本原理是存储指令来控制和修正机器的行为。而洛夫莱斯第一个清楚地解释了如何与这类机器交流并进行控制，因此，洛夫莱斯是世界上第一位程序员。虽然她在19世纪写下的作品并未直接影响20世纪的计算机程序员，但是今天的程序员们延用她的工作作为这个职业的开端。

1953年，人们重新发现洛夫莱斯为巴比奇机器所写的注释。随后，B. Y. 鲍顿（B. Y. Bowden）将这些注释出版在《比思维更快：数字计算机械专题论文集》中。1980年，美国政府宣布开发一种新标准编程语言的意向，为了纪念洛夫莱斯，这种语言被命名为艾达。所有军方和政府应用软件都将用艾达语言开发，这样，不同的小组就能够利用其他小组已经编好的程序段，并且促进联邦计算机系统之间的通信。一个信息技术领域的专业组织——妇女计算协会设立了奥古斯塔·艾达·洛夫莱斯奖，用来奖励在计算科学领域作出杰出贡献的女性。

二

佛罗伦斯·南丁格尔

（1820—1910）

基于统计学的健康护理

佛罗伦斯·南丁格尔（Florence Nightingale）是最先应用统计信息的公众人物之一，并且利用这些信息改进社会实践。在克里米亚半岛战争期间，她是所有英国护士的总管。期间她记录了伤员死亡率的下降，并将这些内容补充进她为军队医院编写的新护理实践指导。南丁格尔十分渴望学习数学，她引入极坐标面积图技术，应用这个技术可以有效地用图形方式总结显示分类数据。她对医疗卫生的统计结果进行图形化，并用这些图示说服政府和军队领导推行广泛改革，以改善英国的医院、军队军营和救济院的条件。她建立护士训练计划，并写出了护理指南。这些都给全世界的护理业带来了重大的改变。

佛罗伦斯·南丁格尔用图形的方式向政府领导展示了医疗和卫生等方面的统计结果，并成功地劝说他们改善英国医院、军营和救济院的条件（格兰格）。

对护理和数学的兴趣

南丁格尔出生于1820年5月12日。她的父母是威廉·爱德华·南丁格尔和弗朗茜斯·史密斯。父亲本来姓肖（Shore），是一位富有的地主和本地的郡长。在从舅祖父皮特·南丁格尔那里继承了位于英格兰德贝郡（Derbyshire）的地产之后，他就改姓南丁格尔。母亲是政治家威廉·史密斯11个子女中的一个，史密斯在英格兰议会中任职长达40年之久。两人婚后不久就到欧洲旅行两年，期间生下佛罗伦斯。她的名字取自出生时所在的意大利城市名。

南丁格尔一家生活舒适并喜爱英格兰上层社会的社交生活。1825年，他们搬到德贝郡一处名为利·赫斯特（Lea Hurst）的新庄园。1826年，在汉普郡（Hampshire）购买了一处更大的住所，名为埃姆布雷公园（Embley Park）。子女的早期教育由一些保姆和私人教师负责，她们学习阅读、写作、英国历史、基督教经文和算术。等她们稍大后，父亲教她们世界史、希腊语、拉丁语、法语、德语、意大利语和数学。在这两处宽敞的住宅里，南丁格尔一家经常款待有名望的外国客人和伦敦上流社会的精英。

南丁格尔很小的时候就显露出对护理的强烈兴趣，但是对于她所处的社会阶层来说，护理显然不是一个合适的职业。还是小女孩时，她曾成功地照料一只脚爪受伤的小狗，还和母亲一起看望生病的邻居。南丁格尔将拜访时的感受和照料小狗的过程都详细地记录在日记里。随着年龄的增长，当有亲属生病时，他们都会寻求南丁格尔的协助和建议。1837—1838年，南丁格尔和家人在欧洲度过了18个月的家庭假期，期间，她参观了意大利热那亚（Genoa）的聋哑学院。她还拜访多处修女管理的医院和学校，包括苏格兰爱丁堡、爱尔兰都柏林、法国巴黎、意大利罗马和埃及亚历山大。1850—1851年，她两次长期访问位于德国杜塞尔多夫（Düsseldorf）附近的凯泽沃斯女基督教徒医院，在那里，她仔细地观察了医疗机构的运作和护士修女团体的管理方法。

除了被护理事业深深吸引以外，南丁格尔还建立起对数学的强烈兴趣。20岁时，她劝说父母同意她学习高等数学，而不用去学习针线活和舞蹈。她的代数和几何的导师包括詹姆斯·约瑟夫·希尔维斯特（James Joseph Sylvester），希尔维斯特后来就任伍尔维奇（Woolwich）皇家军事学院的数学教授，并担任伦敦数学协会的会长。南丁格尔还短暂地在伦敦的贫民儿童免费学校辅导学生并教授算术和几何。她给朋友的信件表明她很熟悉数学史和著名数学家生活中的趣事。

南丁格尔逐渐对发展中的统计学有了浓厚兴趣，这个数学领域关注于分析数据。她阅读比利时数学家阿道弗·凯特勒（Adolphe Quetelet）1835年的著作《论人类及其才能的发展，社会物理学短文》。书中，凯特勒指出，对任何个人的特性进行测量，得到的结果分布总是满足在“平均人类”特性附近的常态曲线。1847年南丁格尔还参加了在牛津举行的英国科学促进会会议。F. G. P. 内森（Neison）在会上报告了在人民受教育情况比较好的国家，犯罪率相对较低。南丁格尔了解到少数经济学家已经在分析社会条件时开始应用统计学证据了。

在19世纪50年代早期的日记和发表作品中，南丁格尔描述了促使她做出献身护理事业决定的事件。1851年，她匿名出版了一本题为《莱茵河畔的凯泽沃斯学院》的小册子，文中描述了她第一次参观这所护理机构时留下的良好印象。次年，她写下《对英格兰工匠中宗教真理探索者的思想的建议》。这部手稿一共3卷，并于1860年由南丁格尔私人出版。书中她分享了自己哲学理念中的一些观点，包括她认为婚姻是自私的以及妇女也应追求自己的事业。她的姐姐帕耳忒诺珀是一位成功的小说家，1854年，帕耳忒诺珀将南丁格尔5个月埃及旅行期间的通信收集起来汇编成一本书《埃及的来信，尼罗河之旅，1849—1850》。这本旅行见闻录流行于全英格兰，其中包含南丁格尔对埃及社会的一些现象的反思，如卫生保健和教育现状、妇女在社会中的角色。这几个月间，她在日记中记录了5个景象。她认为这些景象是上帝在指引她献身于神圣的服务行业。刚回到英格兰，她就结束了与理查德·蒙克顿·米尔内斯（Richard Monckton Milnes）长达9年的恋情。米尔内斯是一个诗人和社会改革家，后来成为霍顿（Houghton）勋爵。分手之后，南丁格尔将所有精力都投入到护理事业中。

1853年，33岁的南丁格尔无偿担任伦敦妇女医院的主管。她提出彻底改变护理程序，要求护士在病房附近的岗位上休息，无论何时，当病人摇响专门设置的铃铛时，护士必须立刻出现并满足病人的需求。她为医院改善设备，如热水管道和直接将饭菜送到病房的升降机，她还将医院的病床增加到27张。3个月内，她换掉医院的牧师、主治医师和几乎所有的护士与卫生人员。虽然有计划地完成这些改进措施，但是她还是没能实现她的一个主要目的——建立一个培训妇女成为护士的机构。

克里米亚战争期间的护理

1854年10月克里米亚战争期间，南丁格尔响应政府的提议，召集女性护士到黑海附近的军队医院服务。当时英国、法国和土耳其军队正在那里对抗俄国军队。数位南丁格尔的有影响力的朋友都向政府推荐她，包括战争大臣西德尼·赫伯特（Sidney Herbert），最后，南丁格尔被任命为土耳其英国军队总医院的女性护理团队的主管。11月，她带领来自爱尔兰、英格兰、法国的38名护士一起抵达君士坦丁堡郊区的斯克塔里（Scutari）。在那里，她们被派到当地的军营医院。这是克里米亚战区内英国最主要的医疗机构，除了军队提供的预算，她还掌握一笔总数9 000英镑的基金，这是在英格兰时她为这次护理任务通过私人募捐筹集的资金。

虽然正式职责是管理4个分院的护士，南丁格尔还是经常超出自己的职权，在医院运作的各个方面推行广泛改革。她建立新厨房和专门的洗衣机构，修缮医院的墙壁以加强保暖，并提出食物准备和日常卫生打扫的新程序。她从自己的基金里出钱购买水果、蔬菜、高质量的肉食、绷带和额外的药品。虽然完全执行这些改进需要4个月，但是她首先快速建立起一个精细的记录保存系统，这个系统改善了医院运转的混乱状况，也使她能够监控改进措施的效果。

南丁格尔的笔记表明，她在1854年11月抵达医院，据斯克塔里医院的统计有60%的伤员最终死亡。到1855年2月，也就是她提出的改进计划完全实施后的一个月，这些措施已经将伤员死亡率降低到43%；在这套新的护理和医院运作系统完整运行3个月后，伤员死亡率在6月份下降至2%。而在没有采取这些改进的法国医院，伤员死亡率在整个战争期间都保持在40%左右。

战地记者为伦敦最主要的报纸《泰晤士报》(The Times)撰写文章，他们赞扬南丁格尔工作的有效性，并称她为国家的女英雄。1855年5月，当英国维多利亚女王从电报中得知南丁格尔感染伤寒，她命令驻克里米亚英国军队司令拉格兰(Raglan)勋爵去看望这位杰出的病人并带去女王最真诚的问候。同年10月，新战争大臣潘莫(Panmore)勋爵任命南丁格尔为陆军军队医院妇女护理团队的总主管，她的职责随之从战区扩展到整个英国医院。陆军部采用她提出的食品、衣物和设备的标准化和监控政策，并将其作为所有军队医院的官方程序，经她修改过的医疗官员的职责和薪水方案也由皇家授权执行。

战争死亡率的统计学分析

1856年7月，战争已经结束4个月。南丁格尔返回英国并受到公众的广泛称赞。借助自己的声誉和知名度，她指出英国士兵被迫忍受的不卫生条件。在与首相帕莫斯顿(Palmerston)、维多利亚女王和阿尔伯特(Albert)王子的会面时，她提出必须对军营和医院进行大规模改革。由于受到陆军部的抵制，1857年5月，政府建立陆军卫生皇家委员会。南丁格尔不被允许在委员会任职，但是她对委员会的工作有巨大影响。一方面，因为她和委员会主席赫伯特之间的友谊；另一方面，因为委员会的大部分信息都是她提供的。

1858年，南丁格尔向委员会提交长达800页的报告《有关影响英国陆军健康、效率和医院管理的因素的记录（基于最近战争的经验）》。这个内容丰富的报告以图形方式总结了英国士兵在和平时期和克里米亚战争期间的死亡率。南丁格尔的线状图表明，在所有4个年龄类别中，军营中士兵在和平时期的死亡率接近20%，这几乎是男性公民死亡率的2倍。她总结到对于总数5.5万人的英国陆军，这意味着强迫士兵居住在军营中等同于犯下每年枪杀1 100名士兵的罪行。她利用面积图表指出，如果陆军每年征召1万名20岁的男子，并且每名应征者都在军中服役至40岁，军事死亡和“病残”率将使陆军兵力从潜在的20万减少到14.2万。在附随的图表中，她还展示了如果军事死亡和病残率降低到相对非常低的平民死亡率，同样的陆军兵力能够上升到16.7万名强壮的士兵。

南丁格尔在报告中创造了一种新的图示方法，这种图表后来被称作极坐标面积图或“冠状图”（coxcomb），因为它很像公鸡头顶的鸡冠。她两次使用这种图表来总结1854年4月至1856年3月克里米亚战争期间英国军队医院伤员的死亡人数。她从平面上一点出发将圆周角分为12等份，得到12个楔形区域，每

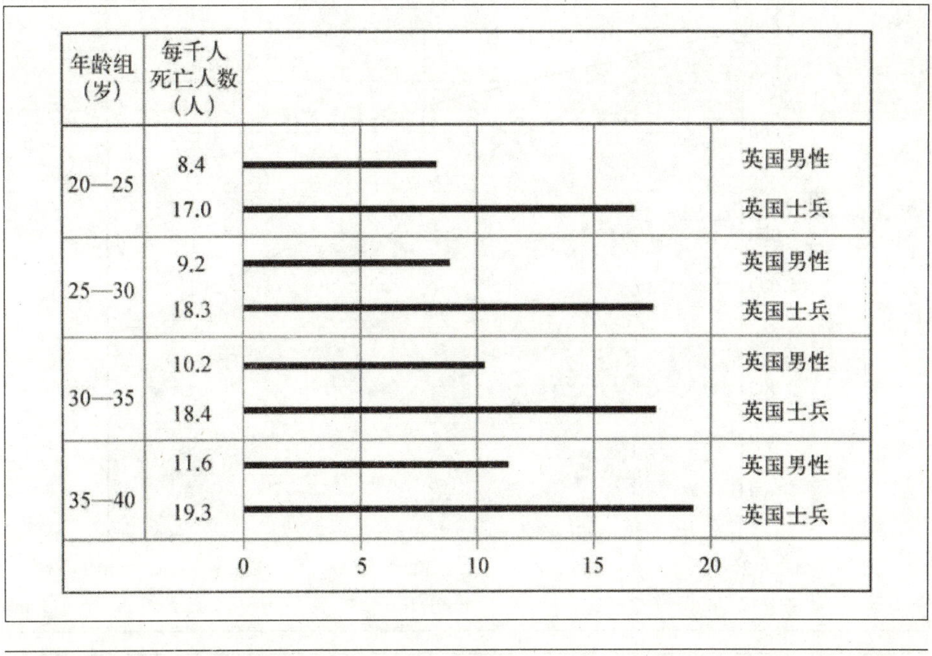

南丁格尔使用类似的线状图直观地比较了和平时期英国士兵和民众的死亡率。通过比较每对线段的长度，揭示出，对于所有军队的4个年龄段，每千人死亡率几乎是相应平民死亡率的2倍。

个楔形都有相同的顶角和同一个顶点，这12个楔形区域分别对应从4月到次年3月的12个月周期，每个区域中的扇形阴影面积正比于相应月份的死亡人数。南丁格尔又将楔形区域内的月度死亡图表依据死亡原因归成三类：外部灰色区域代表可预防或者传染疾病如霍乱和伤寒；中间灰色区域代表受伤导致的死亡；内部灰色区域代表所有其他原因的死亡。她的图表说明军队医院死亡人数在1855年1月达到最高峰，当月共有3 168人死亡——其中2 761（87%）人死于传染病，83（3%）人由于受伤致死，324（10%）人死于其他原因。这个死亡数字几乎是英国派驻克里米亚3.2万名陆军士兵的10%。南丁格尔评论说，如果这样的死亡率持续下去，仅仅由传染病导致的死亡就会在一年内使整个陆军消失。

英国医生和统计学家威廉·法尔（William Farr）这样描述南丁格尔的报告：无论是统计图表方面还是陆军方面，这份报告都是写得最好的文件。委员会在1858年报告中引用她的大部分数据，并将她所有图表都收入附录当中。相对于文字报告，她的图表形式数据陈述可以更有效地说服政府领导、军方官员以及改革涉及的普通民众。受此鼓舞，南丁格尔自己印刷并分发了2 000份

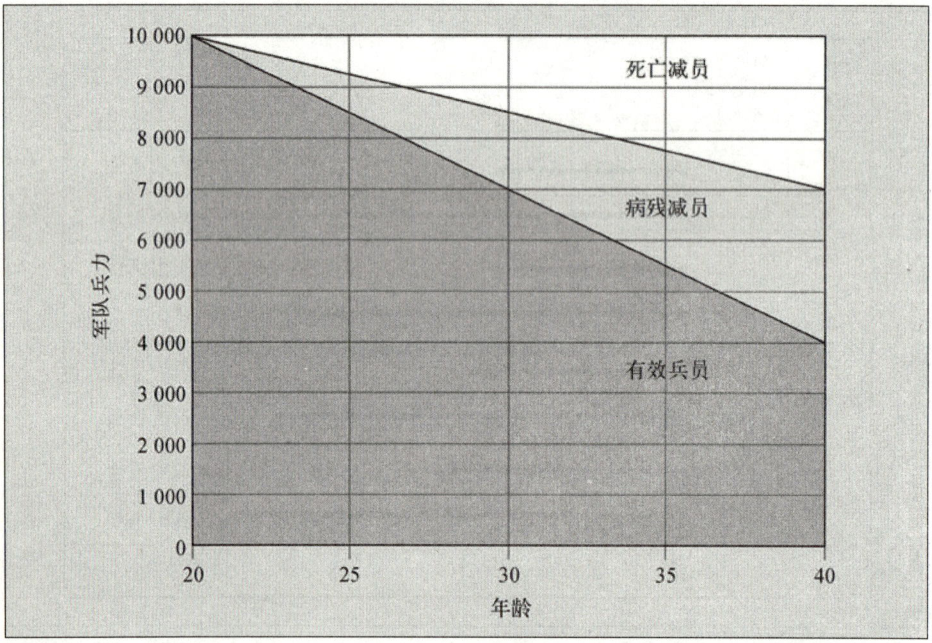

通过面积图表，南丁格尔形象地总结了由于死亡和永久损伤造成的英国陆军人力损失。两个三角形区域的面积表明死亡和伤残的士兵消耗了29%的军事力量。

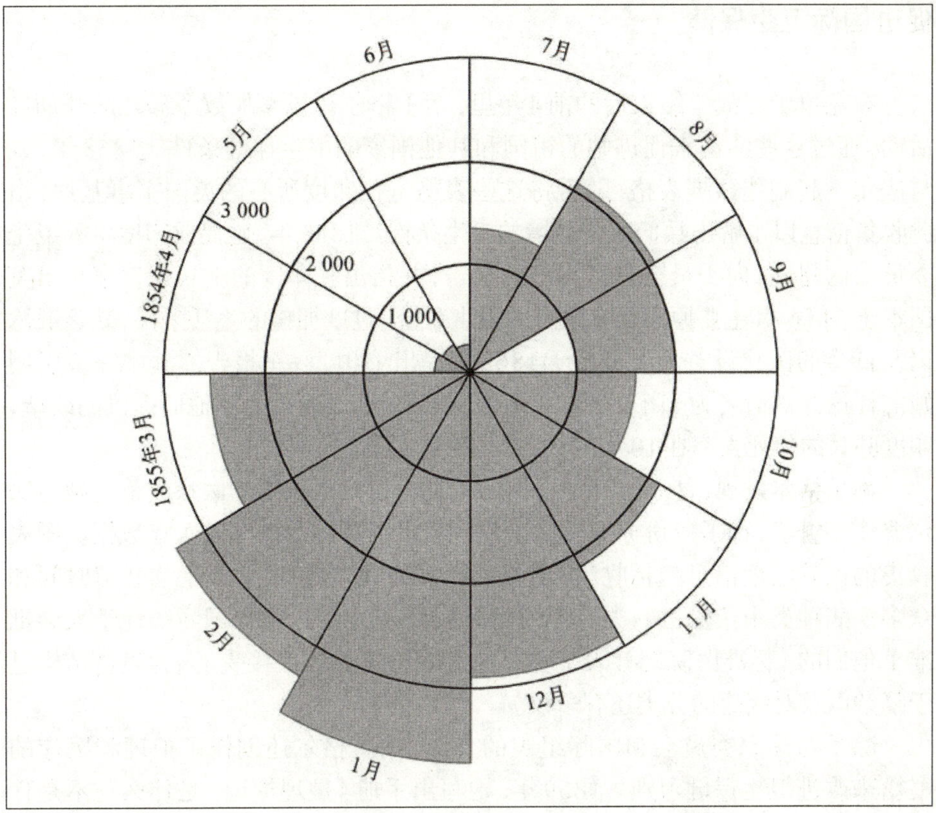

在给陆军军部的报告中，南丁格尔引入极坐标面积图（或称为冠状图）。通过这些图表，她总结了克里米亚战争期间英国士兵每月的死亡人数。每个楔形又被分成不同区域来表示单月内不同原因导致的死亡人数，包括传染病、战斗创伤和其他原因。

她的图表集《国内、国内和国外，俄国战争期间英国陆军死亡人数以及与英格兰平民死亡人数的比较》。1859年，她制作了一本类似的册子《近期与俄国战争中英国陆军卫生历史记录的文献》。基于引自委员会报告中修改后的图形，她给出了一个图表式的总结。

这些报告和南丁格尔个人都集中关注军队的死亡率，这促使政府成立了4个分委会专门实施委员会提出的建议。一个团队负责改善军队医院和营房的物质条件，他们改进了厨房、水供应、排污设施和通风条件。其他3个分委会为军队编制卫生条例，建立军方医学院，并设计更先进的医疗统计数据采集程序。为了表彰南丁格尔在该计划上的先驱性作用，英格兰统计学协会于1858年吸收她为协会会员。

促进国际卫生保健

在克里米亚战争结束后的前4年里，南丁格尔积极参加数个额外的开创性活动，通过这些活动来促进她的祖国和其他国家的卫生保健条件。1858年，她与法尔一起制作数据表格，随后将这些表格寄往印度所有的英国军事基地，由此收集信息以了解士兵们所处环境的卫生条件。1859年，她促成印度皇家卫生委员会的建立，向委员会提交自己的报告，并指出驻印度的士兵死亡率高出英国本土6倍。其主要原因是有缺陷的卫生系统、过度拥挤的生活条件、缺乏锻炼以及低劣的医疗设备。委员会于1863年提出《印度驻军报告》，其中一节引用她的评论并被命名为《南丁格尔小姐的观察资料》。通过实施他们提议的改革，印度驻兵的年死亡率在10年内从7%下降至2%。

南丁格尔发现，基于统计学证据的论证可以改变低效的医疗政策。她与法尔合作，共同设计了一份标准表格以便收集世界范围内的医院医疗数据。图表收集的医院年度信息包括收治、出院和死亡的病人数目，病人平均驻留时间和众多疾病种类中接受每一类治疗的病人数量。虽然1860年国际统计学大会批准了他们的《标准医院统计表》，但是这个表格未被广泛接受，因为表格结构过于复杂以及对疾病的分类还有争议。

除了与国家委员会和国际组织的合作，南丁格尔还创作了护理和医疗的书籍来改进卫生保健习惯。1859年，她写出手册《护理笔记：是什么与不是什么》。这是她出版的200部作品中最受欢迎的一部，手册在第一个月就卖出1.5万本。书中描述了护理的基本原则，其中还强调除了配药与更换绷带，护士还必须注意在消耗病人最少能量的前提下，适当地配合光线，新鲜空气，清洁，安静的环境和健康的饮食。两年后，她又发表《劳工阶级护理笔记》，这是前一本书的删节版，主要为普通公众所写，因此比较便宜，其中还增加了《婴幼儿看护》一章的内容。1859年，她还写出《医疗笔记》。在书中，她阐述了一条根本原则，即医院不能给病人带来伤害。该书还包括如何建造医院的指导方针，并给出采用这些方针的功能性原因。

南丁格尔进入护理职业的最初动机之一是建立护士培训计划。通过募集私人捐款，南丁格尔基金的资金已经增长至5万英镑。1860年7月6日，南丁格尔利用这个基金在伦敦圣托马斯医院开办南丁格尔学校。第一期共有15名护士学员，这是第一所近代护理学校。学校强调护士的行为举止、穿着和报告书写都必须遵守规定，此外，还要遵守南丁格尔在1859年的书中描述的其他护理要素。这个开创十分成功，7年后，《都市穷人法案》要求伦敦所有的救助医院必须雇用经过培训的护士。15年之内，全欧洲，甚至澳大利亚、加拿大和美国都要求南丁格尔的学校派护士到当地开办类似学校。

由于健康问题的困扰，南丁格尔一生的最后30年不得不待在家中，但是她仍然继续与国外的朋友通信，并撰写护理书籍和论文。她在美国南北战争期间担任陆军卫生顾问，并指导英国陆军部驻加拿大军队的医疗护理。1870年普法战争期间，法国和普鲁士都向她询问意见以建立战场医院来救治伤兵。她进一步创作了有关护理的论著，包括1871年的《住院期介绍笔记》；1882年为《奎恩医学辞典》写的两篇文章；为1893年芝加哥博览会写的《疾病护理和健康护理》。为了表彰她为军队护理作出的贡献，陆军部于1883年颁给她皇家红十字奖，并于1907年推举她获得著名的功绩勋章。1910年8月13日，南丁格尔在伦敦的住宅中安然去世。女王准许将她葬在威斯敏斯特教堂，一个专为英国最杰出公民准备的墓地，但是她的家人拒绝了这一荣誉。

结　语

克里米亚战争期间，南丁格尔每晚都要抽出数小时在医院病房巡视并看望受伤的士兵。1857年，美国诗人亨利·沃茨沃斯·朗费罗（Henry Wadsworth Longfellow）写下诗歌《圣·菲洛蒙娜》。诗人在诗中将南丁格尔描述为一位提着灯、富有同情心的女士，这幅场景伴随着诗歌广为流传。相对于单个病人的亲自护理，她更重要的工作是作为管理者、作者、顾问以及影响巨大的公众人物。她使用统计学论证改革医院、军营和救济所的卫生条件。她引入极坐标面积图，这个图形技术为数据分类提供了一种形象的有效总结方法。虽然当时统计学只是数学中的一个新分支，但是她有效地证明了统计信息可以为社会活动带来积极的改变。

三

格奥尔格·康托

（1845—1918）

集合论之父

格奥尔格·费迪南·路德维格·菲利普·康托（Georg Ferdinand Ludwig Philipp Cantor）引入有关无穷集合的基本思想，由此开创数学新分支集合论。他应用对角线法建立起自然数、有理数和代数数之间的一一对应关系；他还将正方形区域内的点和一段线段上的点一一对应；他发现所有实数构成一个不可数集合，同时，任何无穷集合的幂集具有比原集合更高的基数，由此他证明无穷存在不同的阶。此外，他还引入连续统假设、良序原理、基数三分法和所有集合组成的集合。这些概念为数学发展起了严格的集合论。

格奥尔格·康托引入无穷集合的基本概念，这些概念建立起了数学的新分支集合论（国会图书馆）。

家庭生活与教育

1845年3月3日，格奥尔格·康托出生在俄罗斯圣彼得堡。父亲格奥尔格·沃德玛·康托是一位富裕的商人和股票经纪人，从丹麦移居至俄国。母亲玛丽亚·安娜·伯姆出生在一个小提琴手和音乐教师世家。康托是家中6个孩子中的老大，在进入圣彼得堡的小学之前，他一直跟着母亲学习阅读和写作。

1856年由于父亲生病，一家人搬到气候更为温和的德国，他们首先迁到威斯巴登（Wiesbaden），随后又换至法兰克福。康托是学校里最优秀的学生，在学校里，他建立起哲学、技术、文学、音乐和数学方面的兴趣，这些兴趣一直伴随他一生。康托在威斯巴登高中度过三年时光，随后转学到达姆施塔德（Darmstadt）格兰-公爵实科中学（Grand-Ducal Realschule）做寄宿生。一年后的1860年，他从那里毕业。虽然康托表现出强烈的欲望想要成为一名数学家，但是父亲坚持让他选择工程职业，他只好进入达姆施塔德的技术学院高等工业学校（Höheren Gewerbschule），并参加一个工科计划。两年后，经过不断的劝说，父母终于同意康托到瑞士苏黎世工科大学（Polytechnikum Institute）学习数学。

康托的父亲于1863年死于肺结核。之后，康托转到柏林大学，并有机会在卡尔·维尔斯特拉斯、爱德华·库默尔（Eduard Kummer）和利奥波德·克罗内科（Leopold Kronecker）的指导下学习，这三位导师都是当时欧洲杰出的数学家。为了扩展数学知识，康托参加了哥廷根大学1866年的夏季学期。1867年12月，他完成了博士论文答辩，论文题目为《二次不定方程》。在论文中，康托解决了德国数学家高斯1801年提出的一个未定问题，这个问题与二次方程$ax^2+by^2+cz^2=0$有关，其中a、b、c为任意整数系数，x、y、z为整数未知数。由于解决了这个难题，康托以杰出的优等成绩获得博士学位。同年，他写下另一篇论文《数学中提问艺术比解决问题更为重要》，这篇论文预示康托的数学生涯将显现出重大意义。相对于他成功证明的定理，康托提出并遗留下来的未解决问题最终引发了更大的成就。

在等待得到大学教授职位的同时，康托通过了德国国家考试，这是德国所有任课教师必须通过的资格考试。在此期间，康托还在柏林一所女子学校教授一年课程。1869年，他接受哈雷（Halle）大学的讲师职位。拥有这个职位意味着康托可以在大学教授课程，但是所有报酬将直接来自听课的学生。1872年，他升为副教授，随后在1879年升为教授。此后，康托不断争取更著名大学的职位，这样就可以教授更好的学生，并与更优秀的同事一起研究数学，但是他在哈雷大学度过了整整44年的学术生涯。1874年，康托与妹妹的朋友瓦雷·古德曼（Vally Guttmann）结婚，他们生下了2个儿子和4个女儿。

分析与数论研究

当康托还是库默尔和维尔斯特拉斯的学生时，就开始了早期数学研究，研究方向主要集中在分析和数论方面，这也是前一个老师的研究领域。到哈雷大学任职后，康托主要与学校最著名的数学家亨利希·海涅（Heinrich Heine）一起合作。这一时期，康托开始对傅立叶级数问题特别感兴趣，傅立叶级数方法可以将函数表示为无穷多个正弦和余弦函数的和。1867—1873年，康托共写出10篇论文，这说明他有能力进行高质量的数学研究，也为他塑造起严肃和有才华数学家的形象。

康托这一时期最重要的工作成果出现在1872年的论文《三角级数理论中一个定理的推广》中。论文发表在《数学年报》。文中，康托通过有理数基本序列（现在成为柯西序列）来构造实数。依照他的定义，如果两个有理数序列a_1，a_2，a_3，…和b_1，b_2，b_3，…拥有相同的极限，同时它们的差序列a_1-b_1，a_2-b_2，a_3-b_3，…收敛到零，那么，这两个序列等价并且代表同一个实数。虽然实数概念已经被数学家们使用了上千年，但是康托构造了第一个给出实数定义的具体表达形式。同一年中，还有另外一个德国数学家理查德·戴德金（Richard Dedekind）发表了自己发明的戴德金切割的概念，这种方法也可以定义一个实数，即一个实数是将所有小于该实数的有理数和大于该实数的有理数分隔开的边界值。这两种等价的定义分别由两人独立发展而来，后来这两个概念一起组成分析中的一个基本概念，即实数的康托-戴德金公理。

在有关实数的工作中，康托提出，形如$c_1+\frac{c_2}{2!}+\frac{c_3}{3!}+\frac{c_4}{4!}+\cdots\cdots$的无穷级数，其中的分子都是非负整数。他证明，任意正实数都可以表示为这个级数的部分和所组成序列的极限，这个级数现在被称为康托级数。他还研究了实数的无穷乘积表示方法，由前n项相乘得到的部分积给出定义实数的另一个序列。

通过实数方面的研究，戴德金和康托建立起互惠的工作关系和深厚友谊。1874年，康托在瑞士度蜜月期间，还抽出时间与同在那里度假的戴德金一起讨论数学。1873—1879年，两人进行大量的通信继续讨论两人的研究。戴德金所拥有的深刻、抽象并富有逻辑的思想方法深深影响了康托的研究方向和概念的发展。

集合论的诞生

戴德金和康托两人在信件来往中讨论了无穷数集。康托分析了自己的一个证明，这个证明指出，自然数集合（所有正整数）和有理数集合（可以写为两个整数相除的数）拥有相同的元素个数。他给出一种创造性的方法将两个集合中的元素互相配对，从而在两个无穷集合之间建立起一一对应的关系。首先，他将全部正有理数重新排列成很多行分数的组合，第一行分数的分母都是1，第二行分母都是2，第三行分母都是3，等等。然后，他将这些数按特定的顺序排列：沿第一个对角线上升，再沿第二个对角线下降，随后沿第三个对角线上升，第四个对角线下降。这样持续下去，得到序列$\frac{1}{1}$，$\frac{2}{1}$，$\frac{1}{2}$，$\frac{1}{3}$，$\frac{2}{2}$，$\frac{3}{1}$，$\frac{4}{1}$，$\frac{3}{2}$，$\frac{2}{3}$，$\frac{1}{4}$，$\frac{5}{1}$，$\frac{4}{2}$，$\frac{3}{3}$，$\frac{2}{4}$，$\frac{1}{5}$，……略去其中重复的元素，如$\frac{2}{2}$，$\frac{2}{4}$，$\frac{3}{3}$和$\frac{4}{2}$，因为如果约分到最简单形式，它们的值已经在序列中出现过。根据最后得到的不重复序列，康托为每一个自然数分配一个正有理数。如果在序列中每一个元素后面加上该元素的相反数，然后在序列最开始加上数字零，则整个有理数集合就和自然数对应起来。通过这种创新的对角线法，康托证明，有理数集合是可数无穷集合。随后的职业生涯中，康托应用多种对角线法证明了数个重要结果，他也逐渐因为应用这些对角线方法而出名。

康托发现，无穷集合的元素可以和它子集合的元素之间建立起一一对应关系，但是他并不是第一位注意到这个事实的数学家。1632年，意大利科学家伽利略·伽利雷（Galileo Galilei）已经发现自然数1，2，3，4，5，…可以和看起来比较小的平方数集合$1^2=1$，$2^2=4$，$3^2=9$，$4^2=16$，$5^2=25$，…一一对应起来。虽然只有一部分自然数是平方数，但是这个一一对应关系说明，所有平方数的个数与全部自然数个数相等。伽利略对这个显然存在的矛盾十分困惑，但是他没有进一步研究下去。然而，康托和戴德金把这种现象看作是无穷集合的定义性特征。他们认识到，无穷集合的一个必要条件是该集合的元素可以和它的一个真子集建立起一一对应的关系。所谓真子集，是指包含原集合一部分而不是所有元素的集合。

康托正式确定并扩展了自己关于无穷集合的思想，他将这些内容写成论文《关于所有实代数数集合的一个性质》，于1874年发表在《纯粹数学与应用数学杂志》上。文中他给出无穷集合的两个重要结果，这些结果彻底改变了数学家们对无穷概念的认识。通过这篇论文，康托还为数学引入了新的分支集合论。

康托的这篇具有奠基性意义的论文包含两个主要思想，其中之一是处理有关代数数的概念。所谓代数数，是指整数系数方程的实数根。虽然这个集合同时包含自然数和有理数元素，但是康托在代数数集合与自然数集合之间建立起一一对应关系。对每一个整系数多项式方程$a_0+a_1x+a_2x^2+\cdots+a_nx^n=0$，康托定义了一个指数，这个指数等于所有系数绝对值的和再加上方程的阶数，即$|a_0|+|a_1|+\cdots+$

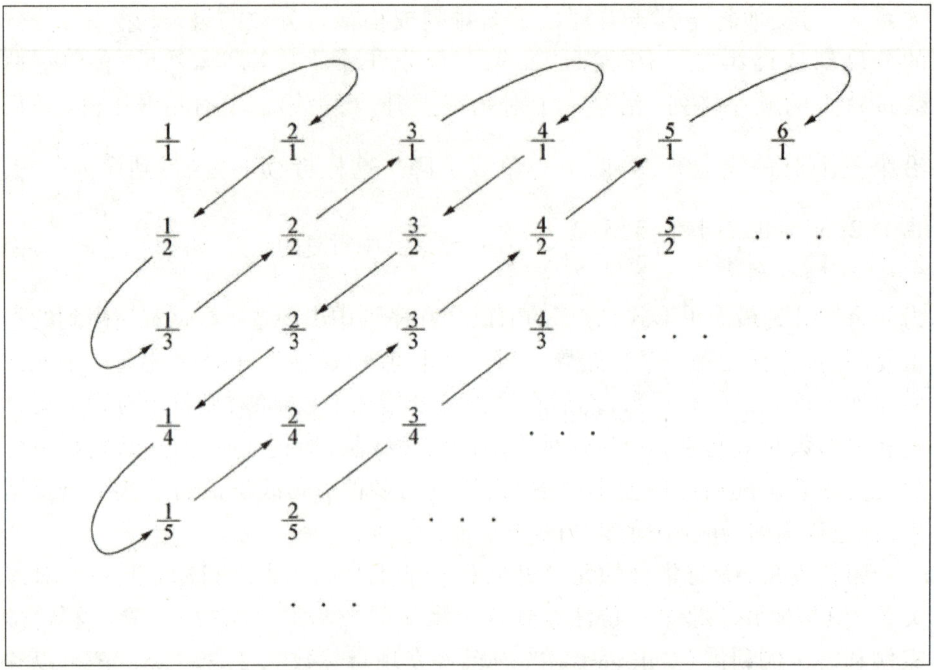

通过对角线法，康托给出一种系统的方法列出全部正有理数。略去不是最简分数的元素，然后再把数字零和负数包括进来，康托在自然数集合和有理数集合之间建立起一一对应关系。

$|a_n|+n$。仅有一个指数为2的方程，即$x=0$，所以它的根0是第一个代数数。指数等于3的方程有4个：$2x=0$，$x+1=0$，$x-1=0$和$x^2=0$，这些方程的根为0，-1，1。所以，康托将新出现的根-1，1作为代数数列表的第二个和第三个元素。康托发现，每一个指数只对应有限多个方程，而每一个方程又只有有限个根，这样就可以先按照指数顺序，然后同一指数下按照大小顺序将所有新出现的根排列起来。通过这一系统方法，康托可以将所有的代数数列成一个序列，这个与自然数的一一对应关系也证明代数数集合是一个可数的无穷集合。

康托在这个论文中给出的另一个重要结果，是他证明了实数集合是不可数的无穷集合。首先，康托说明每一个实数都可以通过一个嵌套区间序列$[a_1, b_1]$，$[a_2, b_2]$，$[a_3, b_3]$，…来确定，然后，康托证明所有这些区间序列组成的集合不可能与自然数建立起一一对应关系，由此康托说明实数集合不可数。数年后，康托应用对角线法给出一个更完美的证明，同时也使这一结论更为清晰。在这个较晚的证明中，康托使用了反证法。他首先假设实数集合可数，那么可以将所有实数按照小数位上的数字大小排列起来，给定这样一个序列，如康托证明不存在包含所有实数的小数序列。例如，对于任意小数序列，可以这样构造一个实数：让它小数点后的第一位数字与序列中第一个数的不同，第二位数字与序列中第二个数的不同，等等。这个证明说明实数集是不可数无穷集合，也说明存在不同等级的无穷。

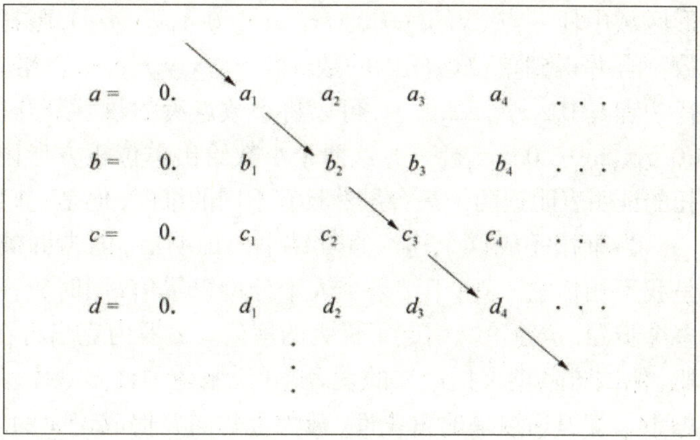

$0.a_1a_2a_3a_4\cdots$，$0.b_1b_2b_3b_4\cdots$，$0.c_1c_2c_3c_4\cdots$，$0.d_1d_2d_3d_4\cdots$。康托指出，对于任意这样的序列，总可以构造一个实数不在这个序列中，例如，让一个实数小数点后的第一位不等于a_1，第二位不等于b_2，第三位不等于c_3。这样持续下去，则最后得到的实数不会出现在预先给定的序列中，也就是说，任意序列都不能包含所有的实数，因此，实数集合是不可数无穷集合。

这两个重要结论说明某种意义下实数集合远远大于所有的可数无穷集合，如自然数集、有理数集和代数数集。康托也由此证明了无穷存在不同的大小，这是数学家从来没有考虑过的一个新颖概念。随着对这些新概念越来越熟悉，康托引入了“指数”和“基数”来描述集合的大小，如果两个集合的基数相同，则这两个集合“相等”。康托还发明“连续统基数”的表达式，来描述像实数集合这样的不可数无穷集合的大小。1844年，法国数学家约瑟夫·刘维尔（Joseph Liouville）已经指出，存在无穷多个非代数数或者超越数，康托的新结果意味着超越数集合具有连续统基数。超越数并不是很稀少的数字，它们的数量远远超过更为熟悉的代数数。

连续统假设

康托不断研究无穷集合的迷人性质。1878年的论文《流形理论论文》也发表在《纯粹数学与应用数学杂志》上，其中，他证明二维曲面和一维直线具有同样多个点。他提出革命性证明，在单位正方形$S=\{(x,y)|0\leqslant x,y\leqslant 1\}$点集和单位区间$I=\{z|0\leqslant z\leqslant 1\}$点集之间建立起点的一一对应关系。对单位正方

形区域中任一点$(x, y)=(0.x_1x_2x_3\cdots, 0.y_1y_2y_3\cdots)$，康托将两个数小数点后的数字合并得到单位区间内的数$z=0.x_1y_1x_2y_2x_3y_3\cdots$。相应地，对于单位区间内任一点$z=0.z_1z_2z_3z_4z_5z_6\cdots$，可以将小数点后的数字分开得到两个小数$(x, y)=(0.z_1z_3z_5\cdots, 0.z_2z_4z_6\cdots)$，这两个小数给出单位正方形内某点的两个坐标。康托的证明表明这两个集合虽然具有不同的维度，但是它们都具有连续统基数。

当康托完成这个违反直觉结果的证明后，他告诉戴德金说："我看到它但是我不相信它"。由于结果令人十分难以置信，同时康托的证明方法包含无穷多个步骤，这篇论文引起了极大的争论。克罗内克当时在杂志的编辑委员会任职，他试图阻止康托论文的发表，并说服德国许多数学家拒绝接受康托的激进思想。意识到结果的重要性，戴德金赞同并促成论文的发表，但是康托仍然对杂志编辑的反应十分愤怒，从此他再没有向这个杂志投过稿，即使这是当时欧洲最负盛名的数学刊物。而且在后来的职业生涯中，康托一直为自己的革命性思想和非标准方法辩护。

康托在同一篇论文中提出，如果两个无穷集合不相等，那么其中一个集合必然与另一个集合的某一真子集相等。这个陈述被称为基数三分律。康托认为，这个基本原理看起来十分明确，但是康托经过大量尝试也没能证明这个原理。他提出的这个概念促使其他数学家进行了大量研究并产生了丰富成果。1904年，康托的同胞恩斯特·泽梅罗（Ernst Zermello）指出，不能从集合论的其他公理出发证明基数三分律，因为这个原理独立于其他公理。通过引入被称为选择公理的附加原理，泽梅罗证明了三分律。

1879—1884年，康托发表了在集合论方面最重要的工作成果，并发表为共计6部分的系列论文集《点集的无限、线性流形》，这篇长文发表在《数学年报》上。康托提出一个名为连续统假设的原理，这个假设断言，实数集合的任意无穷子集只能是可数无穷集合或者具有连续统基数，这意味着除了这两种基数没有其他类型的无穷基数。康托采用希伯来语的第一个字母Ж表示集合的基数，他将这两种无穷的阶记为$Ж_0$和$Ж_1$。最初康托试图证明连续统假设，随后又试图证明这个假设不正确，但是都没有成功。1900年，俄国数学家大卫·希尔伯特（David Hilbert）将这个假设作为他列出的23个重大数学问题之一。希尔伯特指出，这23个数学问题将对20世纪的数学发展有重大影响。他的预言最终被证实，许多数学家试图证明或证伪康托假设，他们的工作产生了集合论的某些最深刻结果。1940年，数学家库尔特·哥德尔（Kurt Gödel）确定了连续统假设的相容性，他指出，从集合论的其他公理出发不可能证伪这个假设。23年后，美国数学家保罗·科恩（Paul Cohen）建立起这一假设的独立性，即不可能从集合论其他公理出发证明连续统假设。康托假设同时具有相容性和独立性，这意味着可以构造出某种满足连续统假设的有效集合论模式，同时也存在其他的模式不满足这一假设，由此数学家们认识到，这一陈述不可能被证明。

1883年，康托在系列论文集中提出了另一个有争议的概念，这个概念现在叫作良序原理。他声称，任何一个集合都存在一种次序，在这种次序下，它的所有子集都存在最小元素。康托还宣称，这是集合论的一个基本性质。康托的批评者拒绝承认这个原理是集合论的基本假设，随即康托试图证明该原理，但是没有成功。1904年，泽梅罗证明良序原理是他提出的选择公理的一个推论，最终数学家确定泽梅罗的选择公理、良序原理和基数三分律是互相等价的，并且都不能在集合论的范畴内给出证明。

在这个共计6部分的论文集中，康托在几篇论文里提出了一些基本概念，如封闭集合、稠集、连续集和完备集，这些概念最终导致一些数学分支的建立，包括名为点集拓扑学和测度论的数学领域。康托给出一个现在称作康托集的集合特例，这个集合拥有一些看起来相互矛盾的性质。为了构造这个集合，康托从单位区间出发，首先将单位区间三等分并去掉中间1/3（所有1/3和2/3之间的值），然后将剩下来的两段再分别三等分并去掉中间部分，重复这个步骤无限多次，每次都去掉每个剩余区间的中间1/3。康托指出，这个集合包含单位区间内所有可以写成$\frac{c_1}{3}+\frac{c_2}{3^2}+\frac{c_3}{3^3}+\frac{c_4}{3^4}\cdots$形式的点，其中的分子只能是0或者2。康托进一步将分母全部换成2的幂次，同时将分子中所有的2变成1。通过这种方法他证明，康托集可以和单位区间中全部点组成的集合建立起一一对应关系，因此，虽然康托集看起来几乎是空集，但是它具有连续统基数。

子集定理、超穷算数和悖论

1884年，康托申请柏林大学数学教师职位。克罗内克仍然强烈反对康托的思想，并阻挠康托获得这个渴望已久的教授职位。作为回应，康托写了52封信件寄给《数学学报》的编辑古斯塔·米塔格-莱夫勒（Gösta Mittag-Leffler），信中猛烈抨击克罗内克。在这场论战期间，康托忍受着精神失常的痛苦，并在一家精神病院接受治疗。出院后，康托申请教授哲学和文学课程，他公开演讲并提出莎士比亚戏剧的真实作者是弗朗西斯·培根（Francis Bacon）爵士。

虽然有这些对抗，但是康托成功创立国内和国际数学家之间的协作网络。

1890年，他帮助建立德国数学家协会（Deutsche Mathematiker-Vereinigung），并担任协会首任主席直到1893年。1897年，苏黎世第一届国际数学家大会成功举行，他在组委会中扮演了主导性角色，康托还付出相当多精力来促进不同机构和国家的数学家们互相交流数学思想。

19世纪最后10年，康托为成长中的集合论提出了另外几个原创性概念。1891年，康托的论文《论流形研究中的一个基本问题》发表在《德国数学家协会年报》上。文中他应用对角线法证明实数集合不可数，还证明了重要的子集定理，对于任意集合S，康托用$P(S)$表示该集合的幂集——所有S的子集组成的集合。康托在子集定理中证明，对于任意集合S，它的幂集$P(S)$具有比S更大的基数。正如前文所说，康托在较早的时候已经证明连续统基数定理，即至少存在两种不同大小的无穷，通过推广这个定理，康托建立起子集定理或叫做康托定理。子集定理指出，存在无穷多个基数，康托将这些基数称为超穷数。

康托的最后一篇数学论文是《关于超穷集合研究的基础》。这篇论文分别于1895年和1897年分两部分发表在《数学年报》上。1915年，菲利普·儒尔丹（Philip Jourdain）将这两篇论文翻译为英文并出版成书。在这些论文中，康托发展起超穷数满足的算术规则，说明如何求无穷量的和与乘积。他还提出，对于两个无穷集合A和B，如果A的基数与B的某一子集相同，同时，B的基数与A的某一子集相同，那么，A和B必然具有相同基数，但是没有给出证明。费利克斯·伯恩斯坦（Felix Bernstein）和恩斯特·施罗德（Ernst Shröder）分别于1896年、1898年各自独立证明了这一原理，因此，这个定理现在叫作康托–伯恩斯

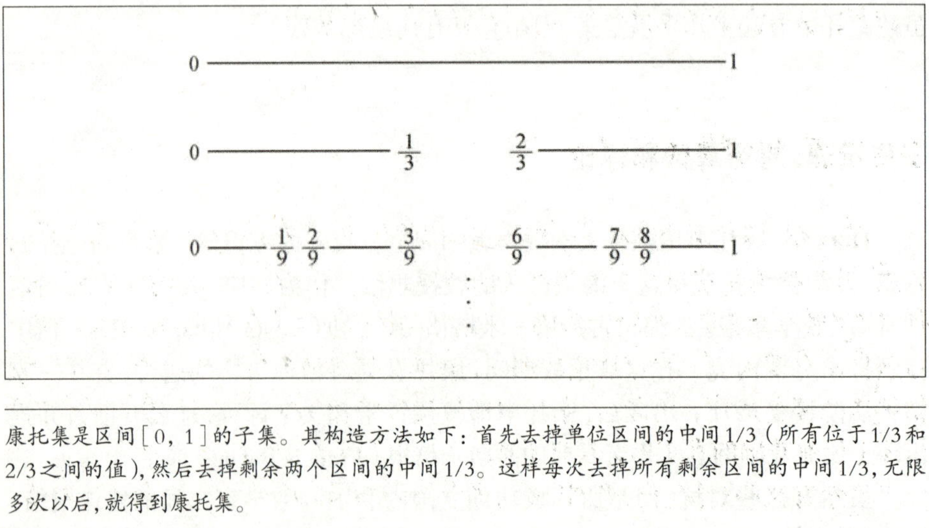

康托集是区间[0，1]的子集。其构造方法如下：首先去掉单位区间的中间1/3（所有位于1/3和2/3之间的值），然后去掉剩余两个区间的中间1/3。这样每次去掉所有剩余区间的中间1/3，无限多次以后，就得到康托集。

坦-施罗德等价定理。除了引入有关超穷数的新概念，康托这篇内容广泛的论文还精练地总结了自己20年来在发展集合论方面的工作成果。

在创作这个论文的同时，康托还发现了几个看起来矛盾的结果，他将这些发现称为悖论或者佯谬。1896年，在一封写给希尔伯特的信中，康托描述了其中一个，即由所有集合组成的集合。康托认为，既然这个集合是可能的最大集合，那么，它的基数应该是可能存在的最大基数。但是，如同他已经证明的那样，这个集合的幂集将具有更大的基数。希尔伯特和康托都不能解决这个明显矛盾的问题。后来，逻辑数学家重新定义集合论的规则，指出不存在包含所有集合的集合，从而避免了这一悖论。

由于德国其他数学家的批评，康托在生命最后20年中不断为自己引起争议的集合论和证明方法进行有效性辩护。但是他的国际同行对这些工作十分称赞，还被吸收为伦敦数学学会和俄国卡尔科夫（Kharkov）数学学会的荣誉会员。康托的精神和身体状况不断恶化，需要更频繁地住院接受治疗。1918年1月6日，康托在哈雷大学精神疾病诊所去世。

结　语

康托去世后，他关于无穷集合的思想得到数学界的强烈支持，他提出的集合概念已经成为存在于所有数学分支的统一概念，并促进拓扑学、测度论和集合论等新领域的发展。在1900年巴黎第二届国际数学家大会上，希尔伯特列出23个重大数学问题，宣称它们是20世纪数学发展的中心概念，他将康托的连续统假设列为这些问题之首。有关连续统假设、良序原理和基数三分律的后续研究，在严密集合理论的建立过程中起到了重要的作用。通过将康托集合推广到二维和三维，几何学家们构造出许多分形图像，如谢尔宾斯基（Sierpinski）地毯和门杰（Menger）海绵。逻辑数学家和数论家不断地仿照完美的康托对角线法来提出自己的证明。

四

桑娅·柯瓦列夫斯基

（1850—1891）

女性先驱数学家

桑娅·柯瓦列夫斯基（Sonya Kovalevsky，发音为ko-va-LEV-skee）打破了数学中的性别障碍，她是最早获得数学博士学位的女性之一，后来还被任命为大学教授。她在自己的第一篇研究论文中发现偏微分方程的基本原理之一。她还分析了非对称物体的旋转问题，因此获得一项国际数学竞赛的头奖，这种旋转物体后来被称为柯瓦列夫斯基陀螺。她还发现椭圆函数、土星光环以及光在通过水晶时发生折射等问题的性质。

柯瓦列夫斯基原本的俄语姓名以很多种不同方式被翻译成其他语言，并且在各种文献中以不同的形式出现。她的名字有时被写作桑娅或者索尼亚（Sonia），有时又被称作索菲亚，并写成不同形式：Sophia，Sofia，Sofya。她的姓也出现过多种形式，如柯瓦列夫斯基（Kovalevsky）、柯瓦列夫斯卡娅（Kovalevskaya，Kovalevskaia）。

桑娅·柯瓦列夫斯基是最早获得数学博士学位的女性之一。她发现了偏微分方程的一个基本原理，还凭借对旋转体的分析获得一项国际数学竞赛的头奖（感谢国会图书馆）。

早期数学影响

桑娅·瓦西里耶夫娜·克鲁科夫斯基（Sonya Vasilevna Krukovsky）于1850年1月15日出生在俄罗斯的莫斯科。父母都是俄国上层社会成员，接受过良好教育。父亲瓦西里·克鲁科夫斯基是俄罗斯军队的一位炮兵将军，由于父亲担任着军队高级职务，克鲁科夫斯基一家的生活十分充裕。母亲维丽扎维塔·舒伯特来自一个富裕家庭，并接受过教育。祖父费奥多·费奥多罗维奇·舒伯特是一位数学家并且负责军队的地图绘制部门。曾祖父费奥多·伊万诺维奇·舒伯特也是一位数学家，同时还是著名的天文学家。

桑娅有一个姐姐阿努塔和一个弟弟菲达。为了获得父母的更多关爱和注意，桑娅专注于取得更好的个人成绩。在女家庭教师和保姆的严格管理下，桑娅几乎没有同伴一起玩耍，在这种环境下，她逐渐建立起丰富的想象力。童年的这些方面塑造了她的性格特征，为她的数学生涯提供了很多的帮助。

在童年和少年时期，几个重要事件激发了桑娅的数学兴趣。

有一次，父母装修家里的房屋，装修到桑娅的房间时，工人们没有足够的墙纸，于是他们将桑娅父亲在学生时用过的微积分课本撕开，用这些书页当作墙纸贴在部分墙上。后来桑娅经常花费很多时间盯着墙上的奇怪文字和符号，试图搞懂它们的含义，她还尝试确定这些书页的正确顺序，虽然她不懂其中的数学含义，但是记住了很多公式和符号。

叔叔皮特·克鲁科夫斯基向桑娅介绍了很多有趣的数学概念，如构造相等面积的圆和正方形问题，以及一条曲线趋近直线但是并不互相接触。叔叔对数学的热情和关注激起桑娅的无限想象，也点燃了她对数学的兴趣。

克鲁科夫斯基家为3个小孩聘请家庭教师，讲授众多学科的知识。虽然桑娅也很喜欢学习历史、文学和外语，但是她几乎将所有精力都投入到数学课中，后来父亲发现桑娅忽略了其他课程的学习，于是他命令家庭教师停止教她数学。作为反抗，桑娅悄悄借来代数书，并且在晚上家人都休息后才拿出来偷偷地学习。

当时，克鲁科夫斯基家的邻居是N. N. 泰尔托夫（Tyrtov）教授，他送来一本自己编写的物理教科书，桑娅以极大的兴趣读完这本书。虽然家庭教师没有讲授任何三角形知识，但是桑娅重新找到正弦函数和余弦函数的正确定义，她发现这两个函数代表圆上不同点之间距离的比值。注意到桑娅的数学能力和浓厚兴趣，泰尔托夫教授劝说桑娅的父亲同意她学习更高深的数学知识。

桑娅15岁时，父亲虽然不情愿，但是终于同意她去圣彼得堡的一所海军学校学习。桑娅在那里学习微积分课程，该课程由广受尊敬的数学教授亚历山大·斯特兰诺留勃斯基（Alexander Strannoliubsky）讲授。教授十分惊讶地发现桑娅能迅速掌握课程知识，他禁不住询问桑娅以前是否学过微积分，桑娅向教授解释了她小时候从墙纸上记下了很多公式，所缺少的只是相关含义的解释。

在德国学习数学

桑娅和姐姐阿努塔都希望进入大学学习并去欧洲旅行。19世纪60年代，俄国大学还不接收女学生，同时，如果没有丈夫或者男性家人的陪同，俄国女性也不能去欧洲旅行。在决定要去欧洲游学以后，姐妹俩商定，由桑娅嫁给莫斯科大学的学生弗拉基米尔·柯瓦列夫斯基（Vladimir Kovalevsky）。弗拉基米尔是一位理想主义革命者，他同意了两人的计划。为了获得父亲对婚姻的祝福，桑娅在一个宴会上突然正式向父母宣布，她希望嫁给弗拉基米尔。宴会上的所有客人都同时得知这一消息，当着众人的面，父亲不希望女儿的反抗行为造成尴尬局面，被迫同意了婚约。1868年9月，18岁的桑娅·克鲁科夫斯基嫁给了26岁的弗拉基米尔·柯瓦列夫斯基。

1869年春天，3人开始在欧洲旅行以寻求接受大学教育的机会——阿努塔前往法国巴黎；弗拉基米尔去了奥地利维也纳；而桑娅选择了德国海德堡（Heidelberg）。海德堡大学是德国最古老和最受尊重的大学。在那里，女性同样不能正式参加学校的课程，但是桑娅·柯瓦列夫斯基获得了数位教授的许可，可以旁听他们的课程。数学教授利奥·柯尼希贝格（Leo Königsberger）非正式地指导她学习，并持续了一年半时间。意识到桑娅拥有非凡的数学天赋，教授建议她到柏林大学，并推荐她在自己以前的教授和研究导师卡尔·维尔斯特拉斯的指导下学习。

1870年8月，桑娅·柯瓦列夫斯基带着海德堡大学教授的推荐信来到柏林拜见维尔斯特拉斯，为了评估桑娅的数学能力，维尔斯特拉斯交给她一系列数学难题，她仅用一周就解决了所有难题。桑娅给出的解答十分巧妙和清晰，维尔斯特拉斯被深深打动，欣然同意她跟随自己学习数学。像海德堡大学一样，柏林大学也不允许女性正式注册并参加学校课程，虽然维尔斯特拉斯被尊为"数学分析之父"，同时还是欧洲顶尖数学家之一，但是他也没能说服大学破例接收桑娅·柯瓦列夫斯基，最后教授只能私下辅导她。

微分方程的重要发现

桑娅·柯瓦列夫斯基花费了4年的时间来阅读维尔斯特拉斯的讲义，并当面向他请教所有不理解的细节。她阅读教授所有发表和未发表的研究论文，并和他讨论几何与泛函分析方面的最新理论。在维尔斯特拉斯的指导下，她完成了数个研究计划，并将结果写成3篇研究论文。

桑娅·柯瓦列夫斯基的第一篇研究论文是《关于偏微分方程理论》。微分方程从数学上描述一个变量随另一变量改变的变化率。例如公司利润随着产品价格上升的变化率，又如湖中鱼的数量随温度改变的上升率和下降率。之前，维尔斯特拉斯已经发表一些论著来讨论单变量情况的变化率，法国数学家柯西将这些结果推广到多变量情况，桑娅·柯瓦列夫斯基补全了这一研究项目。她给出了确定一个偏微分方程有解的条件，同时明确了在何种条件下解是唯一的。

这篇论文讨论解存在唯一性，为微分方程领域作出了主要贡献。1875年，论文作为主要文章发表在德国一流数学杂志《纯粹数学与应用数学杂志》上。这个成果很快受到其他数学研究者的赞扬，查尔斯·埃尔米特（Charles Hermite）称它为未来该领域所有研究的出发点，亨利·庞加莱（Henri Poincaré）将之看作是柯西证明法的重要进展。这一结果被称作柯西-柯瓦列夫斯基定理，并且仍然是偏微分方程理论的基本原理之一。

桑娅·柯瓦列夫斯基的第二篇研究论文题为《论某一形式的第三类阿贝尔积分简化为椭圆积分》。这篇论文拓展了维尔斯特拉斯在高级微积分领域的一个成果，并说明如何将所谓的阿贝尔积分的特定形式表达式转化为更简单的椭圆积分，从而使这些困难问题变得更易解决。论文最终于1884年发表在《数学学报》杂志上。

第三篇论文是《对拉普拉斯土星光环形态研究的补充和观察》。此前，法国数学家拉普拉斯提出一个革命性的理论来解释太阳和行星的形成过程。在土星赤道上空有一圈由冰和岩石组成的稠密光环，它们围绕土星运动。桑娅·柯瓦列夫斯基给出了这个光环的一些数学性质，她证明光环既不是圆形，也不是椭圆，而是更接近卵形，并且形状不断改变。在这个研究中，桑娅·柯瓦列夫斯基利用被称为幂级数的数学对象，但是她采用了一种新颖的使用方法。庞加莱和其他数学家修改了她提出的幂级数方法，并用来解决其他问题。桑娅·柯瓦列夫斯基的前两篇论文讲述相对抽象的数学领域中的主题，而第三篇论文展示了她解决应用数学和科学问题的能力。这篇论文发表于1885年的《天文学新闻》上。

在经过5年成果丰富的研究后，维尔斯特拉斯认为，桑娅·柯瓦列夫斯基的工作成果已经足够获得数学博士学位。由于她没有正式注册为柏林大学学生，大学官员拒绝授予她博士学位。维尔斯特拉斯联系了附近的哥廷根大学的同事，并请他们评阅桑娅·柯瓦列夫斯基的工作成果。结果他们认为这些工作

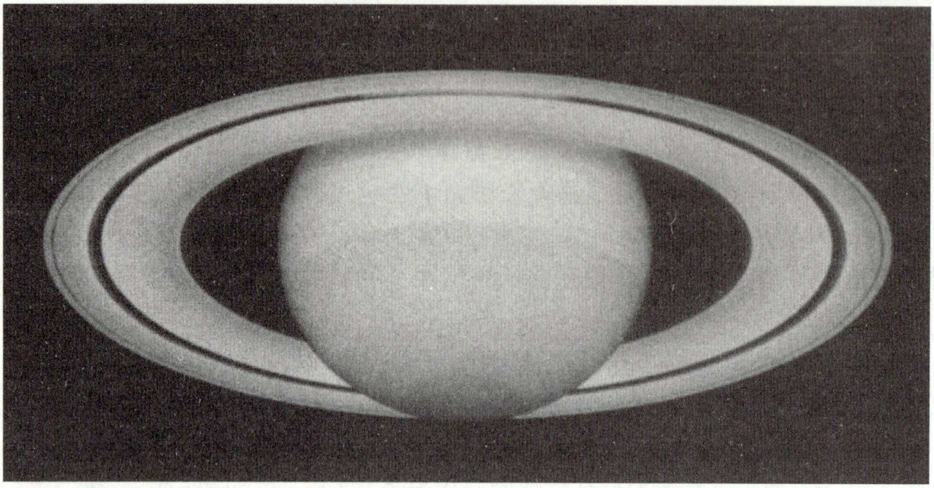

利用幂级数方法，桑娅·柯瓦列夫斯基确定土星光环既不是圆形也不是椭圆，而更接近卵形。并且光环形状持续不断地改变（美国国家航空航天局）。

具有最高的水准。1874年8月，哥廷根大学授予桑娅·柯瓦列夫斯基最高荣誉——数学博士学位，由此她也成为除意大利文艺复兴时期之后第一个获得数学博士学位的女性。

数学教授

虽然整个数学界都承认桑娅·柯瓦列夫斯基在微分方程方面的成果以及作为女性取得的非凡数学成就，但是没有一所欧洲大学愿意授予一名女性教员的职位。她遭到了大学的歧视对待，她在申请俄国高等中学（相当于美国的高中）的数学教师职位时也同样遇到类似遭遇。她的丈夫弗拉基米尔已经获得奥地利耶纳（Jena）大学的古生物学博士学位——研究化石，但是他也没能谋得教师职位。带着失望和气馁，两人返回俄国与家人团聚。

在接下来的4年里，桑娅·柯瓦列夫斯基参加了一些非数学活动。当父亲于1875年去世后，她和弗拉基米尔迁至圣彼得堡，在那里，夫妇俩迷上了积极的社交生活。他们尝试多种商业计划，冒险投资出版业、房地产和石油。丈夫开办了报纸《新时报》，桑娅·柯瓦列夫斯基在上面发表了4篇通俗科学主题的文章以及大量戏剧作品的评论。她还创作诗歌，完成小说《大学讲师》，并写出众多关于女权的文章。作为募捐委员会的成员，她协助创建位于圣彼得堡的女子学院高等女子课程学校。但是，最后她还是没有被聘为教员。1878年10月17日，桑娅·柯瓦列夫斯基生下唯一的孩子。她给女儿起名为索菲亚·弗拉基米诺夫娜，并亲切地称之为弗法。

女儿出生后不久，桑娅·柯瓦列夫斯基的注意力重新回到数学方面。她将自己关于阿贝尔积分的论文翻译为俄语，并参加了1879年在俄国圣彼得堡举行的数学和科学会议，第六届自然主义者与物理学家大会。她在会上宣读了翻译的论文，尽管是6年前的研究成果，但与会数学家给予了极高的赞扬，并力劝她继续自己的数学研究。桑娅·柯瓦列夫斯基还参加了莫斯科数学协会的会议，并在1881年3月29日被吸收为协会会员。她在柏林与维尔斯特拉斯一起花费了10个月来研究光波与晶体，随后转去巴黎，并很快成为法国数学界的活跃分子。1882年7月，巴黎数学协会吸收她为正式会员。不幸的是，她的丈夫于1883年4月自杀。虽然受到沉重打击，但是她坚持有关晶体介质中光波折射的数学研究。1883年8月，她参加了在俄国敖德萨（Odessa）举行的第七届自然主义者和物理学家大会，会上她报告了这一课题的研究结果。

1883年秋天，柯瓦列夫斯基终于获得了斯德哥尔摩大学的一个教师职位。这所大学思想进步，始建于1879年，同时招收男生和女生。大学校长、数学家米塔格-莱夫勒也曾经跟随维尔斯特拉斯学习数学。米塔格-莱夫勒希望自己的学校成为欧洲第一所拥有杰出女性数学家职员的大学，但是，由于其他职员的反对，他只能为桑娅·柯瓦列夫斯基提供为期一年的职位，并且只能担任薪水最低的讲师（Privatdozent）。这意味着桑娅·柯瓦列夫斯基可以在大学授课，但是所有的报酬直接来自听课的学生，学校并不提供任何固定的薪水。

关于光波的研究

桑娅·柯瓦列夫斯基用7年的时间从一个边缘职员成长为欧洲数学界的一位积极成员，并获得大家的普遍承认和尊敬。数百名同事和学生参加了她讲述微分方程的第一节课，下课时，听众们不禁为她的精彩课程鼓掌祝贺。仅仅6个月，她就掌握了瑞典语，并能用瑞典语来给学生上课。在第一年任期结束时，校长米塔格-莱夫勒已经通过私人捐助获得足额资金，能向桑娅·柯瓦列夫斯基提供任期5年的特别讲师职位，她也成为一百多年以来欧洲大学中第一位获得正规教员任命的女性数学家。当《数学学报》任命她为编辑委员会成员之一时，桑娅·柯瓦列夫斯基又是第一位担任主流数学杂志编辑的女性。在这个新职位上，她阅读了各国数学家投来的研究论文，并协助组织全欧洲的学术会议。

桑娅·柯瓦列夫斯基继续自己在光波方面的研究，并将研究成果发表在3本数学杂志上。1884年，法国著名科学杂志《科学院报告周评》刊登了她一篇论文的简短总结，这篇论文题为《论光在晶体介质中的传播》。另一篇类似的总结《论光在晶体介质中的折射》于1884年发表在瑞典杂志《学术成果评述》上。1885年，德国杂志《数学学报》全文刊登了她的55页研究报告《论光在晶体介质中的折射》。

关于柯瓦列夫斯基陀螺旋转的获奖成果

1888年，桑娅·柯瓦列夫斯基参与竞争法国科学院设立的鲍罗丁奖（Prix Bordin），竞赛要求竞争者研究刚体绕定点的旋转问题。桑娅·柯瓦列夫斯基从数学生涯一开始就对这一问题十分感兴趣，并且从1884年起开始进行积极的研究。这类运动的一些简单情况包括旋转陀螺、陀螺仪和钟摆。在之前的一百年里，许多著名数学家如欧拉、拉格朗日、泊松和雅可比等都研究过这个问题并发现两种可能的旋转形态。桑娅·柯瓦列夫斯基发现，非对称物体存在第三种旋转方式，她发现的这一不规则旋转物体后来被称为柯瓦列夫斯基陀螺。她对这一困难问题提出的完美解答一举赢得竞赛胜利。评委们认为她的结果是对数学物理极为杰出的贡献，因此把奖金从3 000法郎提高到5 000法郎。1888年平安夜，在法国众多优秀的数学家和科学家面前，她被授予鲍罗丁奖。她是仅有的第二位获得法国科学院重要奖项的女性。

《数学学报》于1889年刊登了桑娅·柯瓦列夫斯基的解答论文《刚体绕定点旋转问题的研究》。她在这一问题上的后续研究又产生了两篇论文，其中一篇为1890年发表在《数学学报》上的《绕定点刚体旋转的主管微分方程系统的特性研究》。另一篇62页的文章成为1894年版《提交给法国国家研究院科学院的学者报告》的主要论文。报告题目是《关于重物绕定点旋转问题的一个特殊情形，其积分可借助时间的超椭圆函数实现》。

桑娅·柯瓦列夫斯基在旋转问题上的成果深深影响了数学物理领域的研究。欧洲众多国家的数学家称赞她对复分析、阿贝尔函数和超椭圆积分的熟练应用，同时也十分赞扬她对一般问题提出的简明、直接和完整的分析。俄罗斯数学家

N. E. 茹科夫斯基（N. E. Zhukovski）认为她的分析十分精彩，并推荐所有大学水平的分析力学课程都应该包含这些分析内容。直到一百多年以后，数学物理学家们仍然在使用她引入的渐进方法。她对旋转问题的分析非常完整，虽然现在仍然有人研究同一问题，但是再也没能发现新旋转类型。

鲍罗丁奖只是欧洲数学界授予桑娅·柯瓦列夫斯基一系列荣誉的第一个，有关旋转问题的工作为她赢得了众多赞誉。1889年，斯德哥尔摩科学院颁给她1 500克朗的奖金。同年，法国教育部授予她“公共教育官员”的荣誉称号，这个称号显示她已经赢得了该国数学界的普遍尊重。1889年6月，斯德哥尔摩大学聘任她为永久教员，并任命她为终身数学教授，自从意大利文艺复兴以后，还没有其他女性获得过欧洲大学的终身任命。1889年12月2日，她成为俄罗斯皇家科学院第一位女性院士。桑娅·柯瓦列夫斯基原以为这一任命标志着俄国社会风气的改变，但是即使拥有这一荣誉称号，她还是没有资格参加学院会议，也没有获得俄国大学的教师职位。

小说家和戏剧作家

除了数学研究，桑娅·柯瓦列夫斯基还热爱文学和表演艺术。童年时，她和姐姐阿努塔就与俄国小说家费奥多·陀思妥耶夫斯基（Fyodor Dostoyevsky）成为朋友。从那时起，她与众多欧洲作家建立起友谊关系，并创作有关社会反抗的小说和戏剧。她的短篇小说《一个女虚无主义者》描写了19世纪70年代俄国社会革命时期的生活景象。自传《童年的回忆》描写了她还是小女孩时在俄国的成长经历。这本书以多种语言出版，包括俄语、瑞典语和丹麦语。以这本书为原型的还有一本虚构小说《来自俄国的生活：拉耶夫斯基姐妹》，这部小说刊登在俄国杂志《欧洲消息》1890年的两卷本中。两个版本都受到文学批评家的热情评论，他们将这两篇小说比作当时俄罗斯最优秀的文学作品。在瑞典的几年里，柯瓦列夫斯基与米塔格-莱夫勒的妹妹安娜·卡罗塔·莱夫勒（Anna Carlotta Leffler）一起创作了戏剧作品《为了幸福而斗争：是什么与本应是什么》，于1890年分别在瑞典和俄国上演。

1890年，桑娅·柯瓦列夫斯基作出自己在数学上的最后贡献，她为势论中的一个定理找到了更简单的证明，这个定理是物理学家海因里希·布伦斯（Heinrich Bruns）在较早时候证明的。她写了一篇短文《关于布伦斯先生的定理》，并于1891年发表在《数学学报》上。

在从法国里维埃拉（Riviera）结束度假返回瑞士时，桑娅·柯瓦列夫斯基遇到了冬季的暴风雪，并患上了严重的肺炎和流感。6天后，也就是1891年2月10日，她不幸去世，年仅41岁。桑娅·柯瓦列夫斯基被葬在瑞士，也是她入籍的国家。

结　语

在学术生涯中，桑娅·柯瓦列夫斯基在数学研究领域有两个重要贡献。柯西–柯瓦列夫斯基定理是偏微分方程领域的基础性结论，她在旋转问题上的研究和柯瓦列夫斯基陀螺仍然是该主题最先进的结果。作为学生、教授、编辑和研究者，她取得了众多成就，在由男性主导的数学界中，她证明女性也能理解数学领域并作出贡献。

在她去世后不久，当年由她协助建立的圣彼得堡高等女子课程学校出资创立了一个由柯瓦列夫斯基名字命名的奖学金项目。为了纪念桑娅·柯瓦列夫斯基，俄国邮政局发行了一枚印有她头像的邮票。作为一个仍在举行的纪念活动，从1985年开始，数学妇女协会每年举办桑娅·柯瓦列夫斯基数学日，高中女生在这一天可以参加讨论会、报告和解题竞赛活动。

五

亨利·庞加莱

（1854—1912）

博学多才的数学家

虽然处在一个越来越专业化的时代，亨利·庞加莱（Henri Poincaré）（发音为Ahn-Ree PWON-kar-ray）却是一位通才。他为数学和物理学的众多分支提出了有影响力的概念，包括分析、拓扑、代数几何和数论。此外，还有天体力学、流体力学和相对论。他为复分析发展出自守函数概念并引入多复变量解析函数理论；他提出的曲面基本群概念导致代数拓扑学的建立；他给出了著名的庞加莱猜想，这个猜想与球的拓扑性质有关，并导致长达一个世纪的成果丰富的研究。在数学物理方面，他关于三体问题的研究工作赢得了一项国际数学竞赛的头奖，这些结果还建立起混沌理论。他创作的天体力学著作广泛流传。此外，他还为狭义相对论提出了两个基本陈述。由于其研究成就的广度和深度，庞加莱被选为法国科学院所有5个学部的成员。

在所写的500部书和论文中，亨利·庞加莱为数学引入了数个新分支领域，包括代数拓扑学、混沌理论和多复变量理论（国会图书馆）。

早期生活和教育

1854年4月29日，朱尔斯–亨利·庞加莱出生在法国东部洛雷恩（Lorraine）地区的南锡（Nancy）城。父亲里昂·庞加莱是南锡大学的医生和医学教授。母亲欧叶妮·劳诺斯是一位有学识的女性。在亨利和妹妹艾琳还没上学的时候，母亲就开始教他们读书写字。庞加莱家族有不少显赫的亲属，其中，他的表兄雷蒙德·庞加莱，雷蒙德曾任法国总理并在第一次世界大战时期担任法国总统。

庞加莱小时候十分害羞，身体虚弱。他的视力很差，同时身体缺乏协调性。5岁时他患上白喉，导致喉部麻痹，长达9个月的时间都不能讲话。1862—1873年，他在南锡中学度过小学和中学时光。为了纪念他，现在这所学校改名为亨利·庞加莱中学。他在绝大多数课程中都取得了优异成绩，并显露出写作方面的天赋。在高中的最后一年，庞加莱参加了全国数学竞赛（concours general）并赢得第一名。

1873年，庞加莱参加综合工科大学的入学考试。这所位于巴黎的大学提供数学、科学和工程教育，并引导学生为法国国家服务。虽然绘画考试得了零分，但是庞加莱其他科目的成绩非常优异，最后考官破例接收他为学校学生。他在体育运动、艺术和钢琴演奏方面十分吃力，但是在数学、写作和科学课程中表现优秀。庞加莱发现上课时很难看清黑板上的内容，因此他从不记课堂笔记。庞加莱只是听老师的讲话，吸收其中的信息并想象所讲的概念。他逐渐发展起过目不忘的能力，写作时也一次成型，从不做任何修改。在数学家埃尔米特的指导下，庞加莱写出了第一篇研究论文《曲面指标特性的新证明》，并于1874年发表在《新数学年报》上。

1875年，庞加莱从综合工科大学毕业后又到矿业学校（École des Mines）继续学习，他在那里研究采矿工业的科学和商业方法，并继续高级数学研究。1879年，他获得了普通工程师职任，随后加入法国矿业集团（Corps des Mines）担任法国东北部威祖尔（Vesoul）地区的检查员。在工作的第一年，他就负责调查法国马尼一起导致18人死亡矿难的原因。1881—1885年，他在公共服务部担任工程师，负责北部铁路的发展。庞加莱对采矿的兴趣持续一生，1893年，他升任矿业集团总工程师，并于1910年担任总检察长。

在为矿业工程师学位奋斗的同时，庞加莱还攻读数学方面的高级学位。在埃尔米特的指导下，他完成了博士论文《偏微分方程所定义函数的性质》。庞加莱在论文中研究一类函数的几何性质，这些函数的导数满足特定的条件。审阅论文的数学家积极评价论文内容的深度。这些研究成果使他于1879年获得巴黎大学的数学博士学位。

庞加莱最初在法国卡昂（Caen）大学担任两年的初级数学讲师，随后成为巴黎大学的正式职员和数学分析教授。他在这个学校任职长达31年。庞加莱在不同时期担任过学校的多种职位，包括物理与实验力学首席教授、数学物理与概率首席教授、天体力学与天文学首席教授。1881年，也就是获得巴黎职位的同一年，他与珍妮-路易-玛丽·珀蕾·德安德西结婚。在婚后的12年里，两人生下珍妮、伊冯、亨丽艾特3个女儿和儿子里昂。

庞加莱是一个多产的作家，共发表了近500篇的研究论文和30本著作。在数学方面，他的研究工作在多个分支领域作出贡献，包含微分方程、代数几何、复变函数论、代数拓扑、数论、代数和概率。他在物理学领域做出大量的应用研究，并发展了众多概念。这些工作涵盖了天体力学、数学物理、相对论、电磁学、流体力学和光学理论。在多个数学和物理分支中，他的研究都持续长达十几年，并与其他领域的工作重叠进行。庞加莱在学术生涯中多次同时开展5个不同研究项目。

自守函数

复变函数理论是庞加莱早期数学工作中成果最丰富的研究领域之一。1881—1883年，他在《科学院报告周评》上发表了14篇题为《论富克斯函数》的论文。这些论文引入一类现在称为自守函数的特殊函数，自守函数可以写为 $f(z)=\frac{az+b}{cz+d}$。庞加莱用德国数学家拉扎勒斯·富克斯（Lazarus Fuchs）的名字来命名这些函数，因为是富克斯的工作引导庞加莱做出这些发现。自守函数是发现的第一类无穷周期函数簇特例，无穷周期函数是指存在无穷多常数k使得$f(z)=f(z+k)$。它们极大地扩展了简单三角周期函数和双周期椭圆函数的概念。庞加莱还将自守函数群的代数性质与相应基本域的几何性质联系起来，并在二者之间建立起关系。

庞加莱的相关论文《富克斯函数论文集》出现在1882年的《数学学报》上。在论文中，他引入了一类无穷求和，即所谓的θ级数，这个级数等于一个自守函数所有周期的和。庞加莱在论文中分析了级数的收敛性，它们导数之间的关系以及对应区域的几何性质。在稍晚的论文中，他将这一概念扩展到θ富克斯函数和ζ富克斯函数，这些函数是由自守函数及其导数组合得到的。由于对自守函数的广泛研究，庞加莱于1887年当选为科学院成员，年仅32岁。

1883年，庞加莱的论文《论整函数》发表在《法国数学协会报告》上。他在论文中建立起整函数的数个性质，所谓整函数，是指导数在复平面上任意点都存在的函数。庞加莱研究了整函数的一个几何性质亏格以及表述整函数的无穷级数，他给出了亏格与相应级数系数之间的关系。庞加莱还确立了一般单值化理论，这个理论给出了当何种条件满足时，整函数对应的曲面可以和一个更简单的几何曲面联系起来。

庞加莱将自己的复变函数研究推广至多变量函数情况，建立起研究多变量复变函数理论的基本方法。1883年，他与同胞埃米尔·皮卡德（Emile Picard）一同在《周评》上发表论文《论关于存在2*n*周期系统的具有*n*个独立变量函数的黎曼定理》。两人证明，一类名为亚纯函数的特殊双变量函数只能出现在两个自守函数相除时。在此后一些关于多复变量函数的论文中，庞加莱研究了一系列概念，如多重调和函数，保角变换和复函数积分的留数。与自守函数的工作不同，庞加莱在整函数和多复变量函数方面作出的贡献打开了新研究领域的大门，相关领域的研究成果丰富，并一直持续到现在。

代数拓扑

1895—1904年，庞加莱发表了6篇论文，在这6篇论文中，庞加莱建立起名为代数拓扑学的数学分支，代数拓扑学利用函数群来研究几何曲面的性质。这个数学领域的原始称呼首次出现在1995年的论文《位置分析》中，这篇论文发表于《综合工科大学杂志》，后来该数学分支才被改成更为贴切的名称——代数拓扑。这篇论文还引入曲面基本群的概念，并将这一概念扩展为相关群的无穷序列，后来此概念被称为同伦群。另外5篇论文与前一论文题目类似，其中庞加莱引入附加的群序列，即同调群和上同调群，它们的结构对应着曲面其他性质。他还提出庞加莱对偶定理将这些概念联系起来，这个定理在*n*维曲面的*k*阶同调群与（*n*–*k*）阶上同调群之间建立起了一一对应的关系。

在这一系列作品中，庞加莱还介绍了一种新方法，用来分析由较简单几何形状构成的曲面性质。利用名为三角剖分或重心剖分的方法，他证明每一曲面都具有欧拉–庞加莱示性数，该常数等于构成曲面每一维的较简单几何形状个数的和或差。这个概念推广了瑞士数学家欧拉于18世纪发现的多面体“边加二”公式。

庞加莱在代数拓扑系列论文中提出了一个重要思想，后来人们称之为庞加莱猜想。庞加莱证明，任意二维曲面如果具有与球面相等的同伦群、同调群和上同调群，那么，这个曲面必然拓扑等价于球面。1900年，他进一步猜想这个结论对任意维空间都成立，但是发现了一个三维反例。从那时起，拓扑学家们已经证明这一定理对所有高于三维的空间都成立。他们为解决这一问题做出了欧拉–庞加莱示性数是曲面的一个拓扑不变量。对给定曲面的任意三角剖分，每一维内组分个数的交错和都给出相同的示性数值。图中两个不同三角剖分将同一环面分别划分为2个点、4条曲线和2个二维曲面的集合以及4个点、8条曲线和4个二维曲面的集合。两种划分都得到欧拉–庞加莱示性数等于零，因为其计算方法分别为2–4+2=0和4–8+4=0。

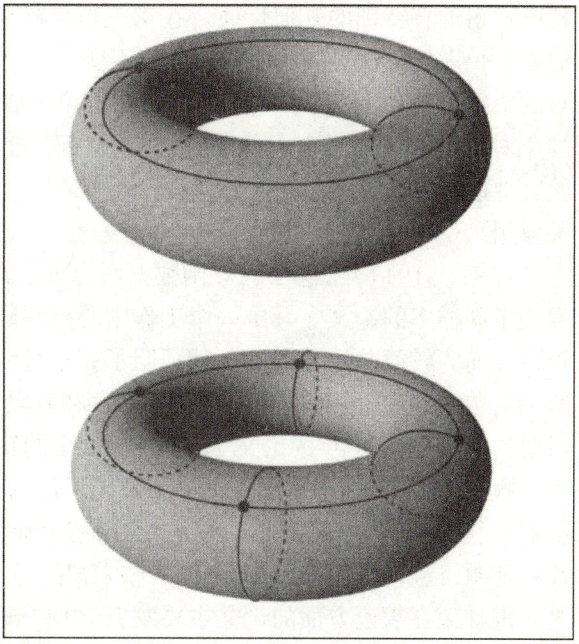

大量工作，由此产生了众多的新方法和新发现。

2000年时，克莱数学研究所为该猜想的有效证明悬赏100万美元。2003年，俄罗斯数学家格利高里·佩雷尔曼（Grigori Perelman）发表了一篇论文，其中的证明可能已经解决了这一问题的三维情况。数学家们仍然在仔细检查他的证明过程，以最终确定证明是否正确。

其他数学领域的贡献

除了复变函数和代数拓扑方面的研究，庞加莱还为其他5个数学领域贡献出了新概念和技巧。1878—1912年，庞加莱几乎每年都写出至少一篇有关微分方程的论文。微分方程是由未知函数的导数和函数本身所满足的关系式给出的方程。1880—1886年，他在《纯粹数学与应用数学杂志》上发表了一组论文《微分方程所定义曲线的研究论文》，共计4篇，极大地发展了微分方程理论，使该理论超越以前有限的积分技术。前两篇论文提出一个定性方法来描述给定微分方程解的完整集合。庞加莱将*x–y*平面投影到球面，然后分析结点、鞍点、螺旋点和中心点的个数，从而能够分析原方程的解。因为投影后的图像在这四类特殊点附近有特别的几何性质。在第三篇文章中，他将平面投影到更为一般的曲面，并明确被称作曲线亏格的数值不变量。这个不变量与结点、鞍点和螺旋点的个数有关。这组文章的最后一篇将理论扩展到包含更高阶导数的方程。庞加莱对定性方法的研究十分彻底，并建立起完整理论，只留下很少的一些问题给其他数学家研究。他在微分方程方面的最后一篇论文是处理天体力学中的相关应用。

1881—1911年，除了自守函数方面的研究论文，庞加莱还在代数几何方面发表了同样多的论文。其中一个工作中心是明确在何种条件下，阿贝尔函数群可以化简为较简单函数的和。他证明了完全可约性定理，说明阿贝尔簇可以分解为简单簇的和，并且这些简单簇中只存在有限多个相同元素。他在这方面最重要的贡献是1910年的论文《论代数曲面上的轨迹曲线》，发表在《高等师范大学年报》上。他在文中引入一种技巧，用阿贝尔积分的求和来表示曲面上的代数曲线，因为阿贝尔积分更容易分析。该技巧使他能够给出一些已知结果的更简单证明，还解决了代数几何中的一些未知问题。

庞加莱在数论方面的论文主要发表于1878—1901年。受论文指导老师埃尔米特的影响，他早期工作介绍了有关二次和三次形式的结果，包括整系数形式亏格的第一个普适定义。他在这一领域最重要的工作是1901年的论文《论代数曲线的算术性质》刊登在《纯粹数学与应用数学杂志》上，他在论文中解决了丢番图问题。所谓丢番图问题，是指寻找具有有理坐标的点(x, y)，使其满足有理系数多项式方程。作为第一篇针对有理数域上代数几何的论文，这个作品为数论经典问题引入了新的研究技巧。

庞加莱为代数领域发展了众多新概念，其中有两个具有特殊的重要性。1899年，论文《论连续群》发表在《周评》上。文中介绍了所谓封裹代数的新概念，同时提供了该代数中基的构造方法。这一定理现在叫作庞加莱-伯克霍夫-威特（Birkhoff-Witt）定理，并成为近代代数理论的基本成果。1903年，庞加莱在《纯粹数学与应用数学杂志》上发表了论文《论线性方程的代数积分和阿贝尔积分的周期》。他在这篇论文中引入了所谓的左理想和右理想的重要概念，这些概念催生出环论的众多发展。

作为巴黎大学的数学物理与概率首席教授，庞加莱为非专业读者撰写了许多概率论主题的文章。1807年，他的文章《偶然性》刊登在《月度评论》上。文中解释了不可预测的独立发生事件为何共同满足一些模式，而这些模式可以由概率学规律描述。1896年，他为所在大学的学生创作出一本更正式的教科书《概率理论》，该书于1912年出版了修改后的第二版。

物理学贡献

终其一生，庞加莱应用数学技巧研究许多物理现象。“三体问题”是他首先试图解决的应用科学问题之一，该问题是天体力学中的经典情况，主要处理3个天体由相互之间的万有引力引发的位置和运动问题，如太阳、地球和月球。1883年，论文《论三体问题的某些确定特解》刊登在《天文学报告》上。其中庞加莱说明，如果最大天体的质量远远大于另两个时，三体问题存在无穷多个解。1887年，瑞典国王奥斯卡二世（Oscar Ⅱ）出资创立一项竞赛，寻找关于n体问题的最佳论文。两年后，评委团将大奖颁给了庞加莱，以表彰他提交的论文，该论文彻底地处理了三体问题的一些限制情况。在发表前的论文评审中，《数学学报》杂志的编辑米塔格-莱夫勒发现了一个严重错误，这个错误导致所得结论不正确，在随后的一年中，庞加莱与米塔格-莱夫勒通信讨论这一问题。在由50封信件组成的通信集中，庞加莱发展出一个新的理论，他揭示出，即使其中某

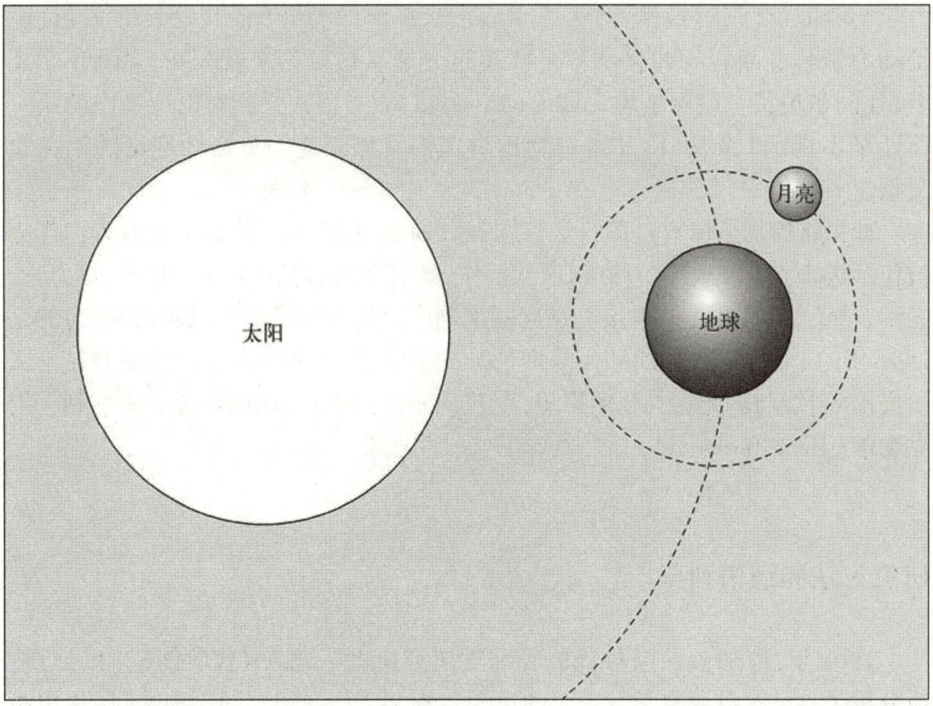

太阳、地球和月球的运动由它们之间的万有引力决定。这是三体问题的一个典型例子。庞加莱对这一主题的研究为他赢得了一项国际数学竞赛的头奖，并促使混沌理论的发展。

一天体的初始位置发生微小改变，也会使长时间演化后的结果大不相同。1890年，庞加莱将这些思想融合入了论文《论三体问题与动力学方程》。论文还引入混沌理论，该数学分支研究在看似随机的情况中发生的有序斑图，在这样的数学系统中，初始条件的微小改变会导致结果的重大变化。

庞加莱在自己的学术生涯中一共写出了大约100篇天体力学方面的论文和书。天体力学是研究天体运动的物理学分支。他创作的3卷著作《天体力学新方法》于1892—1899年出版，此外还有1905—1911年出版的3卷讲义《天体力学课程》，这些著作将天体力学建立在严格的数学基础之上。在长达130页的论文《论旋转运动驱动下流体物质的平衡》中，庞加莱证明，类似星体的旋转流体会不断改变形状，从最开始的球形变为椭圆，随后变为梨形，直至破裂为不等的两部分。这篇长论文刊登在《数学学报》上。

庞加莱还研究数学物理方面的问题，并发现狭义相对论的两个基本命题。1898年的论文《时间的测量》发表在《形而上学与伦理学评述》上。庞加莱在论文中明确地表达了一个原则，即不存在绝对运动，因为没有任何力学或电子力学实验能够区分匀速运动状态和静止状态。1905年，他又发表论文《论电子动力学》，并断言物体移动不可能超过光速。这篇论文发表在《周评》杂志上，比阿尔伯特·爱因斯坦（Albert Einstein）的5篇狭义相对论论文中的第一篇还早出现了1个月，因此也被物理学家们看作是这一革命性理论的第一篇文献。

如果将庞加莱研究过的科学议题做成列表，那么几乎物理学所有方面都会被包括进来。他发表了70篇物理学著作，研究主题包括电磁波、电学、热力学、光学、势论、弹性和无线电报。在这些主题广泛的书和论文中，最有影响力的是1896年的论文《阴极射线和焦曼理论》，刊登在《电子照明》上。庞加莱在论文中提出X射线与磷光相关联的思想，受这一想法的启发，法国物理学家亨利·贝克勒尔（Henri Becquerel）最终发现了放射性现象。

研究方法和通俗科学

1908年，庞加莱在巴黎普通心理学研究所做了题为《数学创造》的演讲。他分析了自己在重要数学发现时的思想过程和工作习惯。同年稍晚时，他出版了著作《科学与方法》，详细描述同一主题，这本书传播十分广泛。在演讲和书中，庞加莱披露了自己每天花4个小时进行积极的研究工作，上午和下午各2个小时，而在晚上主要阅读数学杂志。同时他还指出在一天中的其他时间里，虽然表面看来自己没有工作，但是潜意识仍在不停地分析已吸收的信息，寻找其中的联系并斟酌如果换个方向考虑问题能否获得成功。根据他的理论，发现创造除了来自个人的自觉努力和逻辑分析，还依赖于下意识的灵光一现，两方面的因素同等重要。

庞加莱相信，新知识的获得只部分依赖于逻辑分析，因此他批评威尔士数学家伯特兰·罗素（Bertrand Russell）和其他数学家的做法。当时，这些人试图从集合论的基本公理出发，通过严密的逻辑过程重建整个数学学科。庞加莱坚信数学本质超出简单逻辑的范畴，因此他曾预言，将来的数学家们在回顾这个时代时，会庆幸数学从集合论的病态中脱离出来。

尽管发表如此多的批评言论，庞加莱个人还是十分乐观。他在通俗科学方面的作品吸引了众多有文化的公众，并激起读者对最新科学发现的兴趣。他于1902年完成了著作《科学与假设》，出版10年后在法国就售出1.6万册，并被翻译成23种语言。1905年他又写成《科学的价值》，家人在他去世后的1913年出版了合集《最后的思想》，这两本书也向众多国家的广大读者传播了庞加莱的科学思想。

由于庞加莱的杰出成就，他一生中被同时代的人授予大量荣誉。为表彰他在三体问题方面的工作，1889年，法国政府封他为荣誉勋位（de la Légion d'Honneur）爵士，法国科学院选举他为几何、力学、物理、地理和航海所有5个学部的成员。1906年，同事们又推举他为学院院长。由于在通俗科学方面发表高质量的著作，庞加莱还被法国文学界吸收为法国研究院下属文学分支机构法国学院的成员。欧洲和美国众多学术团体吸收他为荣誉成员，此外，许多大学授予他荣誉学位。

1912年，庞加莱接受了前列腺癌手术，在术后恢复期间不幸于7月17日去世，时年58岁。

结　语

作为一位雄心勃勃的研究者和多产的作者，亨利·庞加莱度过了成果丰硕的34年学术生涯。在此期间，他为数学和物理学中绝大多数分支领域贡献出新的概念和方法。数学方面，他引入了代数拓扑、混沌理论和多复变量理论的新领域。关于自守函数、整函数和亚纯函数的研究促进了复变函数理论的前进。他发展起了微分方程的定性技术，引入了代数的左理想和右理想。他彻底研究了三体问题，并且在狭义相对论的基本概念方面做出了先驱性工作。而这仅仅是他在众多物理领域所作贡献中的两个。文学方面，他创作通俗科学读物，使普通民众有机会接触科学发现的方法。庞加莱的丰富知识使他能够与数学和物理各分支领域的专家学者进行平等的交流，他是当之无愧科学界中心人物。

六

戴维·希尔伯特

(1862—1943)

新世纪的数学难题

戴维·希尔伯特(David Hilbert)是20世纪数学发展的核心人物,研究领域涉及6个学科,整整影响了一个世纪的数学发展方向。他的有限基底定理(finite basis theorem)使不变量论从一门计算学变成了一门代数学。他的数论报告为下一代的代数数论设下了议程。他发展的21个几何定理为这个古典学科提供了新方法。他提出的无限维希尔伯特空间(infinite-dimensional Hilbert space)在分析和数学物理中扮演重要的角色。希尔伯特计划(Hilbert program)为数学的所有领域建立了严格的基准。他在1900年的一次国际会议上提出的23个希尔伯特难题激励了广泛的、贯穿整个20世纪的数学研究。

戴维·希尔伯特为不变量论、数论、几何、分析和逻辑引入了新方法,并提出了23个影响20世纪数学研究方向的难题(图片由奥夫纳姆·冯·施密特·戈特金,艾米利奥·塞格雷视觉档案提供)。

早 年

希尔伯特1862年1月23日出生于一个靠近波罗的海的东普鲁士小镇。他是家中长子,还有一个弟弟,父亲奥托·希尔伯特是郡法官,母亲玛利亚·瑟莱斯·埃特曼出身商家,受过教育。一年后,戴维的父亲接受了城法官的任命,便举家前往邻近的首都柯尼希堡(现在俄罗斯的加里宁格勒)。1870—1879年,希尔伯特在弗莱得瑞奇斯克尔格(Friedrichskolleg)学校——柯尼希堡的一家私立学校上学，他在那里学习德语、希腊语、拉丁语、历史、文法和数学。他在数学上出类拔萃，可以毫不费力地掌握这个学科并时常向他的老师解释一些问题。他在威廉会馆完成了最后一年的高中学习，并通过了德国的高考。

1880年，希尔伯特进入柯尼希堡大学，全身心攻读数学。经过1881年在海德堡大学的春季学期后，他又回到柯尼希堡大学继续学业。1883年，他遇到了18岁的数学系学生赫尔曼·闵可夫斯基（Hermann Minkowski）。赫尔曼·闵可夫斯基是柯尼希堡人，在1880年年初凭借将正整数写为5个完全平方数之和的工作，赢得了一项由法国科学院主办的国际数学竞赛的大奖。每天下午约5点钟，希尔伯特、闵可夫斯基和比希尔伯特大3岁的教师——阿道夫·胡尔维兹（Adolf Hurwitz），相约边散步边广泛讨论数学奇思。这3个人后来成为一生至交，或作为合作者进行课题研究或潜在地影响彼此的工作。

不变量论

1884年，希尔伯特完成了课程，开始了一项长达9年的关于代数形式和不变量论的课题研究。他在费德兰得·冯·林德曼（Ferdinand von Lindemann）的指导下做博士研究，以一篇题为《关于特殊二元形式特别是球面函数的不变量特性》的论文获得博士学位。在这之后，他在利匹兹（Leipzig）跟随德国最杰出的数学家之一——菲利克斯·克莱因（Felix Kelin）学习了一个学期。他的另一个学期在巴黎跟随两个法国顶尖的数学家查尔斯·埃尔米特（Charles Hermite）和亨利·庞加莱（Henri Poincaré）学习。在这段额外学习的末期，希尔伯特发表了一篇关于不变量论的文章，并为了他的大学教授任教资格做了一次关于周期函数的演讲，这是在德国大学教书所需的额外条件。1886年秋天，他获得了柯尼希堡大学的职位，虽准许他在这里教书，但仍需直接从学生手里收钱以维持生计。1888年，希尔伯特解决了一个不变量论里的公开难题，即戈登（Gordan）问题，证明了希尔伯特基定理（Hilbert basis theorem）。此前20年，保罗·戈登（Paul Gondan）一直是这个领域的带头人，证明了二元形式无穷集合存在着有限的基（二元形式是指含有两个变量并且每项次数相同的多项式）。希尔伯特证明，对含任意多变量的类似多项式都可以写成有限个基的和。1890年他发表在《数学年报》的《关于代数形式》一文引起了争议，因为它只证明了有限基的存在却没有给出构造方法。尽管戈登为此期刊审阅了该文，批评他的证明与其说是数学不如说是神学，但期刊主编克莱因支持了希尔伯特文章的刊发。两年后，希尔伯特给出了为任意无限形式系列构造有限基元的证明，克莱因评价他对此问题的解决方案是该期刊有史以来刊发的代数工作中最重要的一项。

在同一篇文章中，希尔伯特为他的基本定理给出了第一个证明，他还证明了另一个不变量论中的重要结论，即零集合定理（Zero set theorem）。这条定理给出，如果一个多项式 p 与一个已知理想中的所有多项式在同一点上同为零，那么 p 的某次方一定会属于这个理想。这个重要结论成了代数几何的基石，代数几何这条分支主要研究多项式方程的根。

希尔伯特的关于戈登问题的论文为不变量论这一学科引入了新的技巧，使其研究重点由冗长的计算问题转向更成体系的代数证明。他的新方法解决了不变量论领域最前沿的问题，并使他成为这一领域最重要的研究者。1893年，希尔伯特为在芝加哥召开的国际数学大会写了一篇文章，总结了不变量论的历史和发展状况。在成功解决了不变量论的重要问题之后，他将接下来五年的注意力转向了数学的另一领域——代数数论。

代数数论

国际上对希尔伯特在不变量论领域研究的认可使他的职业生涯更加顺利，还充满了新的机遇。他的出色工作为他在1892年赢得了哥尼斯堡大学（柯尼希堡大学）副教授的职位，次年又快速晋升为正教授。1892年10月，希尔伯特与柯尼希堡一个商人的女儿——凯茜·耶罗施结合。他集中精力于数论，并对一些已知定理用更优美的原理给出再证明，由此作为一个才华横溢的研究者，希尔伯特在这一领域声名鹊起。例如，1873年查尔斯·海默特证明 e 是一个超越数，超越即不能表示为一个整数系数的多项式方程的解。用相似的原理，1882年，林德曼（Linderman）证明 π 也是一个超越数。

1893年年初，希尔伯特给出了一个关于 e 与 π 超越性质的更简洁、直接的证明。很快，他又发现两种蕴涵更高级思想的证明，即素理想分离法。在1893年的年度会议上，德国数学家协会邀请希尔伯特和闵可夫斯基准备一篇报告，来总结数论的历史和发展状况。尽管闵可夫斯基没能完成这项计划中他负责的部分，但1897年希尔伯特还是以《关于代数数论领域的报告》为题提交了一份长达400页的手稿。这篇详尽的报告大大超出了这项计划的原初目的。为了收录这个领域早先的研究成果，希尔伯特重新组织了学科的基本原理，为许多结论提供了新的证明，为一些逐步发展的思想，如类域理论和相对循环域奠定了基础工作。这篇专题论文后来简称为《数论报告》，决定了希尔伯特后来半个世纪数论的工作方向。

随后的两年，希尔伯特发表了一系列主题丰富的数论文章，包括交换律（reciprocity law）和素点（prime spots）。这些工作的最后一篇文章是他1898年的《关于相对阿贝尔场论》，刊发在《德国数学协会年度报告》上，他在此篇中简述了Class场论，阐明了这个学科全面发展所需的概念和原理，为后来的数学家留下了丰富的研究课题。在这篇文章发表之后，他又将精力投入数学的其他领域。11年后，他重拾数论证明了华林定理（Waring theorem）[1707年，英国数学家爱德华·华林（Edward Waring）提出的猜想：每个正整数都可以写成4个平方数，或9个立方数，或19个四次方数……之和]。1909年，希尔伯特成功地证明对于每个正整数 n，都有一个对应的正整数 k，使其能够被写作k 个 n 次方数之和。

几　何

1885年，克莱因来到哥廷根大学建设提升这所大学的数学系。克莱因引进有能力的教师，开展每周研讨，建立数学图书馆。作为《数学年报》的主编，他广泛征集关于各类数学命题的文章并邀希尔伯特加入编辑队伍。1895年，希尔伯特离开柯尼希堡，接受了哥廷根大学数学教师的工作，他在这个职位一直干了35年，直至退休。在克莱因和希尔伯特的经营下，哥廷根成为最重要的数学研究国际中心。1913年，克莱因退休，希尔伯特和他以前的学生理查德·柯朗（Richard Courant）在哥廷根建立了数学所，成为日后其他许多国家类似研究机构的典范。

在重定型不变量论和重组织代数数论之后，希尔伯特转向几何，在这里他完成了类似的再构建。在新机构的第三年，他讲授了一系列几何课程，1899年结集出版为《几何基础》。在此书中，他以21个统一、完整、独立的基本公理，重新设定和导出了欧几里得几何的所有定理。“统一”意味着任意组合公理都不会产生矛盾。“完整”是指几何学中所有定理都是这21条原理的推导结果。“独立”保证了不存在任何一条公理是其他公理的推导结果。希尔伯特坚持几何中所有概念的性质必须只能由公理导出，任何外来的观念都毫无意义。他明确指出，必须控制几何学的正当性，即使把桌、椅、土换为点、线、面也在所不惜。

希尔伯特的书在几何学上的影响胜过自《几何原本》以来的所有其他著作。《几何原本》是3世纪亚历山大时期希腊数学家欧几里得写的一本关于几何和数论的经典著作。希尔伯特的论著对数学思想产生巨大影响，促进了数学所有分支的公理化。庞加莱评价这本书是在非欧式几何发现之后，重建欧式几何缺失部分的法典。希尔伯特的著作被翻译成了许多语言，并持续有新版本问世，英文第14版于1999年出版。

20世纪的数学难题

1900年在巴黎召开的第二届数学家大会上，希尔伯特进行了一次题为《数学难题》的演讲，指出了10个他认为影响下个世纪数学发展进程的核心问题。这篇被国际上多家数学期刊转载的演讲全文实际上包含了覆盖数学各个领域的23个难题：6个数学公理基础问题，6个代数数论问题，6个代数与几何问题和5个分析问题。这些问题中几乎没有一个是针对某一点的，绝大部分都代表整个研究活动。贯穿20世纪，当每一个希尔伯特难题被征服的时候，都会引起整个国际数学界的关注。德国数学家赫尔曼·外尔（Hermann Weyl）称解决难题的人为数学家中的"荣誉阶级"（Honor Class）。

公理化组的第一个难题，需要证明连续性假设，其引出的成果撼动了整个数学的基础。连续性假设，由俄罗斯数学家乔治·康托（Georg Cantor）于1879年提出，他断言每个实数的无穷子集都是或者可数的无穷集，如正整数集，或者包含连续的基数，如实数全集。厄恩斯特·朗美罗（Ernst Zermello）、伯特兰·罗素（Bertrand Russell）、库尔特·哥德尔（Kurt Gödel）都对这一问题的不同方面作出卓越贡献。美国数学家保罗·科恩（Paul Cohen）于1963年显示这个假设无法用其他集合论的公理证明。尽管问题的答案与希尔伯特的预期很不相同，却圆满达成了他想要激起广泛数学研究的初衷，包括质疑基础的假设。

希尔伯特的第七个难题，是最具体的问题之一。这个问题需要证明任一 a^b 形式的表达式都是超越数，如果 a 和 b 同是代数数（即整系数多项式方程的根），并且 b 是无理数（不能表达为两整数之商）。这种形式的数包括 $2^{\sqrt{2}}$，即希尔伯特数。1934年，俄罗斯数学家亚历山大·格尔方德（Aleksandr Gelfond）提供了满意的证明，而后此问题被称为格尔方德定理。拓展原初问题的疆域，数学家想要知道如果 a 与 b 都是超越数，那么 a^b 是否为超越数。这个更具有普遍性的问题在原问题解决70多年后仍持续激励着数学家们为之奋斗。

这23个希尔伯特难题不仅是一些艰涩难题的集合，在他精心措辞的讲稿里，希尔伯特解释了每个问题之所以作为一个重要的数学议题呈现在这里的原因。他认为每个问题的解决都会产生一个照亮特殊领域和相关概念的理论，他坚持众多绝妙问题的存在正是数学学科健康发展的证据。国际数学界热烈回应，欣然接受了希尔伯特具有远见卓识的难题。

分析和理论物理

希尔伯特与他的同事们一起致力于这23个难题，专注于最后的一组难题，分析成为他1902—1912年的研究重点。希尔伯特1904年对迪拉克法则所做的推广，帮助了第20道难题取得进展，这道难题需要寻求为一些指定值在给定数域边界建立函数并使得它的导数在数域内部满足一个给定的偏微分方程的原理。1905年，他提供了关于满足两个特殊临界值的线性微分方程的存在性的第21道难题的不完全解法。希尔伯特在变分法方面做了广泛研究，这是一个寻求满足一系列微分方程并使一个相关表达式值最小的函数的分支。他在这一领域的工作对所有难题中最具广泛性的一个，即需要大量运用变分技巧的第23题作出贡献。

希尔伯特对分析最重要的贡献便是无限维向量空间，现在叫作希尔伯特空间。那些包含无穷个满足一定收敛判别准则的函数集合使他的工作涉及积分方程，即包含未知函数及其积分形式的方程。在1912年出版的《线性积分方程的代数学原理》一书中希尔伯特总结了1904—1910年的工作。由于他的数论报告已在15年前做出，这部论著为很多数学家开拓了新的研究疆域。

希尔伯特在分析方面的工作，与他的23个难题以及在不变量论、数论、几何上的成就，巩固了他作为世界最顶尖数学家的地位。1910年，匈牙利科学院授予他"波尔约奖"（Bolyai Prize）。这项以匈牙利几何学家雅诺什·波尔约（János Bolyai）命名的奖项，表彰希尔伯特在数学领域产生的巨大影响。在授奖致辞中，科学院高度评价了希尔伯特思想的深刻性、方法的原创性及逻辑证明的严谨性，这些都成为希尔伯特具有影响力工作的卓越特质。

由于希尔伯特空间在物理现象分析方面的独特作用，希尔伯特的后续研究深入数学物理。他对量子力学、气体动理论、放射理论都作出了贡献。1915年他与阿尔伯特·爱因斯坦（Alber Einstein）保持每日互通明信片，当时爱因斯坦在哥廷根大学物理系，这两个人各自独立地完成了广义相对论的场方程。1924年，柯朗出版了他的《数学物理方法》，希尔伯特作为共同作者出现，他在此为各种物理学理论建立了严格的数学基础。这本著作及柯朗于1937年出版的同名第二卷书从希尔伯特的讲稿和论文中汲取了许多营养。

数学的基本原理与无限

20世纪20年代，希尔伯特将他的注意力转向了数学的基本原理。他开始建立一系列的公理，使得人们由此出发可以逻辑地导出数学的全部内容。“希尔伯特计划”（Hilbert program）假设的基础，正如通常所知的是：每个数学声明都是可证真伪的。希尔伯特1926年发表在《数学年报》上的论文《关于无限》和《没有人能超越康托为我们创造的天堂》，显示在他尝试证明数学是一个免受矛盾困扰的学科时，希尔伯特对康托处理无穷量时所用技巧的严重依赖。在1928年出版的他与威廉·阿克曼（Wilhelm Ackermann）合著的《数学逻辑原理》一书中，希尔伯特进一步解释了这层关联。哥德尔在1931年证明了不完备定理（incompleteness theorem）——每个公理化的数学体系，包括命题都不能证明其真伪，使得希尔伯特的计划成为不可能的事情。

在职业生涯始终，希尔伯特都对康托的无限思想抱以极大兴趣。早在1891年，在一篇发表在《数学年报》上的名为《关于直线到平面区域的连续映射》的文章中，他宣称一条一维曲线可以与一个二维平面区域包含相同多的点。他提出了一个构造曲线的方法，使其填满一个正方形内所有的点。首先画一个包含

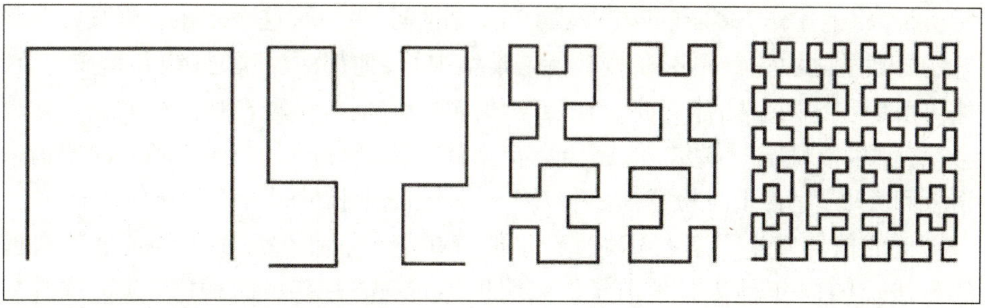

希尔伯特的空间填充曲线穿过一个正方形内部所有的点。按以下方式来构筑这个曲线，首先画一个包含正方形三条边的正U形折线，再以4个边长更短的U形折线替代它。在每一步都做相似的替换，于是产生了4倍于先前数量的基本U形。希尔伯特曲线即是无限多步之后的极限形式。

正方形三条边的正U形折线，再以四个边长更短的U形折线替代它。在每一步他都做相似的替换，于是产生了4倍于先前数量的基本U形（他声称这个曲线系列的极限形式便是一种穿过正方形所有点的分形图形）。

在与其他数学家关于这个极限思想的讨论中，希尔伯特提出，如果一个旅馆有无限的房间号1, 2, 3，……那么它将面临一些矛盾。他解释说，即便所有的房间都住满旅客，旅馆的经理还是可以再腾出一间空房，只要他将所有的房客都顺次移到下一间客房。对于每个正整数 n，他将 n 号客房的客人移入 $n+1$ 号房的解决方案，确保了空出第一间房给新客人。如果 k 个人到达，经理可以将客人从 k 号房移到 $k+1$ 号房。进一步设想，希尔伯特提出，如果一列载有无数位旅客的火车到达，经理可以让现有的房客从 n 号房间搬到 $2n$ 号，空出所有的奇数号房间安排新客人。他甚至建议如果有无数列这样的列车到达，经理可以让已有住客从 n 号房间搬到第 2^n 号，空出第 $3, 3^2, 3^3$，……号房间给第一列火车的客人；第 $5, 5^2, 5^3$，……号房间给第二列火车；第 $7, 7^2, 7^3$，……号房间给第三列火车，以此类推，每个新的质数对应一列新的火车（“希尔伯特旅馆”，可以叫作一个矛盾的情景设置，为康托集合论中无穷量的运算法则提供了一个可感知的例子）。

战争与退休

1930年，希尔伯特68岁，已是法定的退休年龄，他发表了关于不变量论的告别演讲，听众席上挤满了教授和学生。在整个职业生涯中，他一共指导了69个学生的博士论文。维尔，希尔伯特的学生和继他之后的哥廷根大学数学研究所所长，将他比作“多彩的吹笛人”（Pied Piper），吸引了这么多年轻天真的头脑来畅游数学之源流。不论在教师还是学生中间，他都深受欢迎，绕开繁文缛节，他自由地和这两个团体交往。在会议和讲座上，他与年轻教师并肩而坐。在聚会上，他尽情舞蹈。偶尔，他还会穿着冰鞋或骑着自行车来到会场。他邀请来访者到家里，捏着小段粉笔，在后院墙上一块5.5米长的黑板上尝试解决难题。

他的信仰坚定而言行坦诚，希尔伯特在整个职业生涯中不停传递着自己的想法。1914年他因拒绝在《告文明世界宣言》上签名而触怒当局，这是一份为德国开脱第一次世界大战中所有战争暴行的文件。1917年，正当德法两国的战士在战场上厮杀之时，他在《数学年报》上发表了一篇讣告来纪念法国数学家哥斯顿·达布（Gaston Darboux）。他支持女数学家艾米·诺特（Emmy

Noether）来哥廷根供职，在一次教师会议上，他说，既然这里是一座大学而不是澡堂，就不存在性别问题。在20世纪30年代早期，阿道夫·希特勒（Adolf Hitler）要将所有的犹太教师赶出德国大学校园的决定几乎摧毁了国际顶尖的数学研究中心——哥廷根大学数学所。1935年，当纳粹教育部长向希尔伯特询问哥廷根的数学研究状况时，希尔伯特回答说这里已经没有一个数学家了。

在20世纪30年代，希尔伯特和他的同事只出版了数量有限的研究图书。1932年，希尔伯特与斯蒂芬·科恩-沃什（Stefen Cohn-Vossen）一起出版了《几何与想象》，一部关于几何曲线和曲面的描述性总结。希尔伯特与保罗·伯奈斯（Paul Bernays）一起分别在1934年和1939年出版了两卷著作《数学基础》讨论数学的公理化问题。库兰特（Courant）承担了数学物理方面的两卷，科恩-沃什和伯奈斯所著的部分则是基于20世纪20年代早期希尔伯特的讲稿，并且把他的名字列在合著者中，尽管他们几乎承担了所有的写作工作。这3本合著书均被翻译成了多种语言，在全世界广泛流传。1932—1935年，希尔伯特收集了数论、代数和分析方面的论文，结集出版为3卷的《收编本》。

在希尔伯特生命的最后几年里，因一次在哥廷根大街上摔伤而导致他的胳膊骨折，严重限制了他的日常活动。他逝世于1943年2月14日。由于是战争期间，只有12个人参加了在他家中的葬礼。

结 语

戴维·希尔伯特以他的研究和远见卓识的23个难题对数学的各个领域产生了深远的影响。他解决戈登问题和建立有限基元定理所用的原理使不变量论由一个计算学科变成一个代数学科。他的《数论报告》决定了下一代代数数论工作者的研究方向。他关于几何基础的书主导了那个领域后来半个世纪的研究途径。在分析和数学物理方面，他引入的无限维希尔伯特空间占有重要一席。尽管试图将一切数学公理化的希尔伯特计划没有达到它的终极目标，但他在数学逻辑方面的工作使这一学科的许多分支得到深入发展。23个希尔伯特难题能否成功解决，是他对共事者们提出的挑战，正如希尔伯特所期盼的那样，这一挑战广泛激励了整个20世纪数学研究进程。

七

格蕾丝·西斯霍姆·杨

(1868—1944)

数学合作

格蕾丝·西斯霍姆·杨(Grace Chisholm Young)是德国大学里第一位通过标准课程学习、考试、论文程序获得博士学位的女性。她的关于无穷导数和不可导函数的论文赢得"博彩奖"(Gamble Prize)并建立了当儒瓦-萨克斯-杨(Denjoy-Saks-Young)定理。她与同为数学家的丈夫合著了一本关于折纸几何的儿童图书、一本有影响力的集合论著和涉及多个数学题目的200多篇论文。

格蕾丝·西斯霍姆·杨的论文是关于无穷导数和不可导函数的。她还与其他人共著了集合论和折纸几何方面的书(图片由利物浦大学悉尼琼斯图书馆提供)。

早期生活及教育

杨1868年3月15日出生于英国海斯勒米尔苏斯克斯郡的一个小镇,在伦敦的西南方向。父亲亨利·威廉姆·西斯霍姆是标准局主管,监督政府的度量衡部。母亲安娜·路易萨·贝尔是名技艺高超的钢琴演奏家。杨的哥哥修就读于牛津大学,而杨和她的姐姐海伦则在家中由母亲进行早期教育。幼年杨常遭受头痛和梦魇折磨,医生建议她的父母只教那些她感兴趣的科目。因此,在10岁之前,杨受的教育主要集中在音乐和数学上。之后她的健康状况好转,父母请来一位家庭女教师对杨进行更为全面的教育。17岁那年,杨通过了剑桥大学(University of Cambridge)的入学考试。她希望在大学里学习医学,但按照父母的意愿,她参与了救助伦敦穷人的社会工作。

杨最终说服父母允许她学习数学，她向建于1869年的英伦第一座女子学院——剑桥大学的哥顿（Girdon）学院提出申请。21岁时，她进入哥顿作为学院里的“弗兰克斯·古德施密特爵士数学学者”（Sir Francis Goldsmid Scholar of Mathematics）。1892年，在完成了课程学习之后，她通过了“数学荣誉学位考试”（Mathematics Tripos，用来决定学生最终毕业名次的综合性测试）。杨在高分组里名列第23名，高分组是可以授予学士学位的。杨私下里参加了牛津大学的期末考试，取得了牛津大学那年的最高分。然而，尽管她成绩优异，却没有得到一个正式学位；当时的女性虽然被准许在剑桥上课却无法被授予任何官方学位。

在哥顿学习期间，她遇到了学院里的数学导师，也是她未来的丈夫威廉姆·亨利·杨（William Henry Young），亨利·杨比杨年长5岁，于1884年获得剑桥大学的数学学位。1886—1892年他在剑桥彼得坊学院（Peterhouse College）辅导学生准备三试。在哥顿，他给杨当了一年的导师，指导她学习并帮助她准备考试。

在完成她在哥顿的课程之后，杨想要继续数学学业，但英格兰不允许女性修研究生水平的课程。1893年，杨得到柏林文化部（Berlin Minstry of Culture）的批准进入德国的哥廷根学习，那里刚刚建立了一套供女性研习数学、物理和天文的课程。在克莱因的指导下，她完成了题为《球面三角学的代数群论检测》的博士论文。她的研究集中于球面上三角形角的正弦和余弦性质。1895年秋天，她拿到了“最高荣誉博士学位”，成为第一个通过标准的课程学习、博士考试和论文答辩完整程序而获得德国大学博士学位的女性。

生活和事业的伴侣

在拿到学位之后，杨回到英格兰照看她86岁的父亲和71岁的母亲。她把自己的博士论文寄了一份给她的前导师亨利·杨。这篇论文令他印象深刻，他于是邀请她合著一本天文学方面的书。这两位数学家建立了亲密的关系，并于1896年6月结婚。婚后第一年，他们住在剑桥，她继续数学研究，他教课。尽管他们从未完成那本天文学书，但她的论文《关于$y=(x^2+\sin^2\psi)^{-3/2}$曲线及它与一个天文问题的关联》发表在《皇家天文会每月要闻》上，署名为W. H. 杨夫人（格蕾丝·西斯霍姆小姐）。

当她的论文导师克莱因1897年访问剑桥并接受荣誉学位时，他鼓励杨和她的丈夫将才干贡献于共同的数学研究。在他们的第一个孩子弗兰克斯出生一年之后，他们搬到了哥廷根，并如克莱因所望，成为哥廷根数学研究会的活跃分子。此后32年，他们共同完成了200多篇论文和许多著作，内容广泛涉及数学、学术和教育。尽管绝大部分的早期论文只署了她丈夫的名字，但杨在他们共同的工作中一直都是一个平等的合作者，她提出了新颖的思想、构筑了详细的证明并与出版者交涉。

在意大利的都灵度过一年之后，杨和她的丈夫回到哥廷根，并一直在那里居住到1908年。他们又有了5个孩子，3个女儿塞西丽、珍尼特、海伦和两个儿子劳伦斯、帕特里克。杨亲自在家中教育孩子，并为少儿读者写了3本数学和科学方面的书。1905年，她和丈夫写了《第一本几何书》，他们通过折纸的形式将几何中角、对称、表面和许多三维立体等几何的基本概念介绍给孩子们。16年中这本书被译成德语、意大利语、希伯来语，并于1969年在美国再版。杨独立地写了两本题目中包含她大儿子昵称的科普书——1905年的《比姆伯》及两年后的《比姆伯与青蛙》，通过简述繁殖（包括细胞分裂）过程等科学知识将生物学介绍给孩子们。

还有一本写给孩子们的书是杨和她的丈夫合著的进阶数学课本《点集理论》。这本1906年出版的书第一个系统化阐述了集合论，那时集合论作为一个数学新分支刚由俄国数学家康托提出不久。他们详尽的著作为一维和二维点集有关专业术语作出了正式定义。对于一条实线上的区间$[a, b]$，他们定义，如果一个点不在这个区间的两端，便是一个内部的点。他们提出了一个点集的极限点的概念，对于点集中的点x，如果所有包含x作为内部点的子区间都包含这个点集中其他的点，那么x就是极限点。基于上述定义，他们定义包含所有极限点的点集为开集，反之为闭集。对于平面区域，他们依据包含某点的三角形在完全在区域内部、部分在区域内部或完全在区域外部而将此点归类于内部点、边界点或外部点。康托以集合中点之间的最短距离定义关联集（connected set），他们则以极限点的概念对此重新定义。以这些新的定义，他们重新规划和证明了已知的有关实线点集的定理，并将它们推广至平面区域。

杨夫妇在《点集理论》中提出的思想也影响了数学的其他分支。他们生成在构建集合论中所用到的技巧也可以应用到已建立的许多数学分支当中，包括射影几何、复变函数论、变分法及微分方程。他们细心的定义和对非正规概念的修正为众多概念提供了更为严谨的基础，这些概念在处理几何表面性质的拓扑学中愈显重要。康托激动地评价了杨夫妇的共同工作，赞赏他们勤奋的研

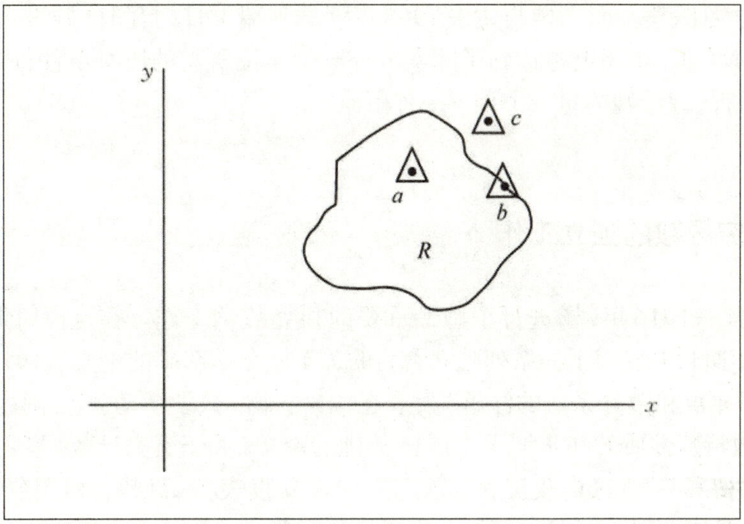

在《点集理论》一书中，杨夫妇提出了许多集合论中基础概念的定义。对于一个在 x-y 平面上的区域 R，点 a 是一个内部点，如果某个包含 a 的三角形也只含有 R 中的点。而点 b 是一个边界点，如果某个包含 b 的三角形中既有 R 中点也有 R 外的点。点 c 是一个外部点，如果某个包含 c 的三角形根本没有 R 中的点。

究、高超的技巧和敏锐的洞察力。

集合论在很多年里仍然是杨夫妇的研究重点。1914年，他们的论文《关于区间集的约化》，发表在《伦敦数学会公报》上，论文阐述了关于一维实线区间的成果。在1916年的论文《关于区域或集合的正常边界》中，他们进一步讨论了二维空间上的点集。这篇文章发表在法国期刊《科学院每周会议记录译本》上。他们1917年的文章《关于任意多维空间点集的内部结构》，发表在《伦敦数学会公报》上，文章分析了高维空间的集合。杨夫妇合作的或是独立的其他论文为聚值集和素集理论贡献了重要结果。

尽管频繁分离，杨和丈夫之间仍建立了富有成效的数学伙伴关系。亨利·杨作为考官接连在剑桥大学、伦敦大学、威尔士大学供职，之后又在加尔各答大学、利物浦大学和威尔士学院做兼职数学教授。分离时，杨和丈夫频繁通信，并附寄数学论文手稿。团聚时，他们会努力地做研究，以至于在亨利·杨离开后，杨会累得大睡几天。丈夫出城时，他未成年的两个妹妹之一便会过来和杨一起住，使她能够专心研究和写作。

杨不仅做数学研究，还兴趣广泛。为完成当物理学家的梦想，杨在哥廷根大学也学习医学。而当她与丈夫1908年移居到瑞士日内瓦时，她进入日内瓦大学继续学业，在那里她达到了除实习外医学学位所需的所有条件，她还学会了6种语言，教给她的每一个孩子一种乐器。

关于无穷导数的独立工作

1914—1916年，杨进行了她最重要的独立数学工作。在这段时期，她在各类国际期刊上发表了一系列独立署名的关于微分学基础的论文。1914年，她的《关于导数和微分系数的注解》发表在瑞典刊物《数学活动》上，阐述了一些关于导数特殊性质的初步结果。1915年她的论文《关于无穷导数》赢得了哥顿学院的"博彩奖"。这篇较长的专题论文1916年发表在《纯粹与应用数学季刊》上，讨论了连续但不可导的函数。在继续她的研究主题后，另一篇较短的论文《关于一个方程的导出数》发表在同一年的《科学院每周会议记录译本》上。

1916年，《伦敦数学会公报》发表了她的题为《关于一个函数的导数》的论文，她在其中讨论了一个函数的4种经典导数变分，即左上、左下、右上、右下迪尼导数。她对连续函数和可测函数的4个迪尼导数行为进行了分类。她阐明，除去一些点，4个迪尼函数只能具有3种行为：全等；两个正无穷，两个负无穷；或一个正无穷，一个负无穷，另两个为某个相同有限值。她所证明的结果与法国数学家阿诺德·当儒瓦（Arnaud Denjoy）和波兰数学家史丹尼劳·萨克斯（Stanisław Saks）的相似结果一起并称为当儒瓦-萨克斯-杨定理。这个定理使研究者可以利用排除法，即通过证明第二、三种情形不会发生，来判定一个特定的函数是可导的。

1915年，杨夫妇从日内瓦搬到了瑞士的另一个城市洛桑，但这并没有妨碍学术多产的杨。在20世纪20年代，她继续发表着变分方面的论文。在1919年发表在《数学科学简报》的《在不使用康托数下对勒贝格引理的证明》中，她写到了勒贝格积分。她1922年的《关于黎曼定理的注解》发表在《数学简讯》上。1922年她还在《伦敦数学会公报》上发表了《关于多变量函数的偏导数》讨论多变量变分。《数学基础》于1929年刊发了她的《关于可微函数》。

杨在20世纪20年代的文章不只是变分，其中有两篇是有感于古希腊哲学家柏拉图（Plato）的数学思想。1924年在《伦敦数学会公报》上发表《一对联立丢番图方程组的解法与柏拉图联姻数》。5年之后，她又与丈夫合写了《摘自柏拉图家美诺篇的经世之谜》，发表在《欧传统》（O tradition）。1926年她为一本教育期刊写了一篇说明性的文章，介绍希腊数学家毕达哥拉斯和他那著名的关于直角三角形三边长关系的定理。这篇文章题为《毕达哥拉斯，他怎样证明他的定理》，发表在《数学教育》上。

最后的日子

杨在数学研究上获得了国际声誉，与此同时，她的丈夫也得到了工作上的荣誉。1907年亨利·杨当选不列颠科学院的皇家协会会员。他出版于1910年的具有影响力的课本《变分法的基本定理》，引出了新的多变量函数的计算途径，从那之后被所有更高级的变分书籍采纳。为了表彰他在数学上的成就，1917年伦敦数学会授予亨利·杨"德摩根奖章"，1928年皇家协会授予他"西尔维斯特奖章"。他于1922—1924年担任伦敦数学学会的会长，1929—1936年担任国际数学联盟主席。

20世纪20年代末，杨和丈夫双双离开了他们的数学研究。1929年，杨开始一部名为《英格兰的崛起》的16世纪历史小说的5年写作计划，但始终未能完成。1940年，第二次世界大战之初，她与两个外甥飞往英国，打算再回到瑞士。但由于战争没能再与丈夫重聚，她在英国，他在瑞士。与家人分离的痛苦使亨利·杨变得十分抑郁，1942年辞世。两年之后的1944年，杨由于心脏病突发，逝世于克罗伊顿（Croyton）她女儿的家中。哥顿学院已决定授予她荣誉学位，但她没能等到他们把仪式安排妥当。

杨的6个孩子都拿到了大学学位，其中3个是数学学位。劳伦斯和塞西莉成为数学教授。珍尼特获得了医学学位，成为皇家外科医学院的第一位女性成员。杨的孙女西尔维亚·韦根（Sylvia Wiegand）继续了家族的传奇，成为内布拉斯卡大学的数学教授。

结　语

在40年的职业生涯中，杨从没获得过正式的职位，作为一个数学家却颇具名声。她是德国大学里第一位通过标准的课程学习、考试、论文程序拿到博士学位的女性。她也为更多热爱科学并愿意为之贡献一生的女性树立了信心，这种榜样的力量永存。

八

瓦茨瓦夫·谢尔宾斯基

(1882—1969)

数论与波兰数学学校

在长达60年的职业生涯中，谢尔宾斯基（Wacław Sierpiński）写了50多本书和700多篇研究论文。在集合论和拓扑论领域，他发现了连续性假设和度量空间性质之间的许多联系。他的谢尔宾斯基雪花和谢尔宾斯基三角提供了分形图案的早期例子。在数论上，他引入了第一、二种谢尔宾斯基数，探讨了素数的性质，发现了第一个绝对正规数。尽管曾两次被当作战犯关押，但他仍成为波兰数学学校的领导，帮助建设了研究机构、专业期刊和教授协会。

瓦茨瓦夫·谢尔宾斯基发展了集合论中的分形图案，引入了数论中新的整数分集，发现了第一个绝对正规数，帮助建立了波兰数学学校（图片由科学院档案馆提供）。

在数论上的早期工作

1882年3月14日，瓦茨瓦夫·谢尔宾斯基出生于波兰的华沙（Warsaw），他的父亲康斯坦丁·谢尔宾斯基是一个杰出的物理学家，母亲叫路易丝·莱品西卡。高中时期，谢尔宾斯基就显示出了出众的数学才能，并参与组织了为负担不起正规学校学费的男孩开设的自由课程。1900年，他进入沙皇大学（华沙大学的前身）学习数学和物理，当时波兰在沙俄的统治下，学校里所有的教师都换为俄国教授并强制所有课程用俄语教学。大学里的学术和政治环境成就了他的数学天赋，也培养了他的爱国热情。

谢尔宾斯基在乔吉·沃罗诺依（Georgy Voronoy）的指导下学习，沃罗诺依是一个有成就的俄罗斯数学家，并影响了谢尔宾斯基的早期研究。1903年，他以关于沃罗诺依的数论贡献，即正整数性质的最佳学生论文赢得院里竞赛的金牌。他的论文名为《关于渐进方程论的一个问题》，本定于在大学期刊上发表，但谢尔宾斯基不想论文以俄语印出，于是收回了论文。这篇论文后来发表在1906年的波兰期刊《数学物理著作》上。

谢尔宾斯基那篇获奖论文主要关注：在坐标平面上，一个半径为r的圆内部或边界上整数点的数量$R(r)$。1837年，德国数学家卡尔·弗兰德瑞奇·高斯（Carl Friedrich Gauss）曾给出，当不断扩大r时，$R(r)$可以作为圆面积πr^2的近似值。这条定理引出了一个更广泛的高斯圆问题，即满足$|R(r)-\pi r^2|<Cr^k$的最小k值。谢尔宾斯基证明：当$k\leqslant 2/3$时相比于$k=1$时会有显著提高。尽管数学家们持续分析着这个问题，但威尔士数学家马丁·N.胡克斯利（Martin N. Huxley）于1990年得到的边界$k\leqslant 46/73$，只比谢尔宾斯基的工作提高了一点点。

大学的最后一年，谢尔宾斯基拒绝用俄语回答毕业测试的所有问题以表明自己的政治立场。富有同情心的考官给了他一个及格分，使他1904年毕业时拿到了“科学候选人”（candidate of science）学位，相当于科学学士学位。随后，他在华沙的一所女子学校教授数学和物理，直到1905年俄国革命，他参加了学校的游行，辞去了教师职位，并加入波兰克拉克夫（Kraków）的雅盖隆大学数学研究生项目。1908年，他拿到了博士学位，学位论文题为《关于$\sum\tau(n)f(n)$系列的求和，其中$\tau(n)$表示将一个正整数n分解为两个平方数之和的可采取方式的个数》。这篇文章发表在1908年的《数学物理著作》上，他在其中考察了一些涉及将一个整数分解为两个平方数之和所能采取的方式数的无限求和值。

1904—1910年，谢尔宾斯基发表了18篇数论文章。半数的文章是关于将整数表示为两个平方数的方式数求和问题的，这属于分析数论领域。另一半属于丢番图分析领域，讨论多项式的正整数解问题。他1909年的论文《关于丢番图近似理论的一条定理》发表在《华沙科学会会议译本》上，谢尔宾斯基考察了值接近于一个给定的小数的分数的数量。他证明了，如果x是实数，n是正整数，那么这里至多有两个分数p/q（$1\leqslant q\leqslant n$）使$|x-(p/q)|<1/(nq)$。例如，赋值$x=3.71$，$n=5$，那么他的结论意味着，只存在$15/4=3.75$和$11/3\approx 3.67$两个满足上述不等式。其解法揭示了数学的基本性质，诸如此类问题始终吸引着他的注意。

r	$R(r)$	πr^2
1	5	3.1
2	13	12.6
3	29	28.3
4	49	50.3
5	81	78.5

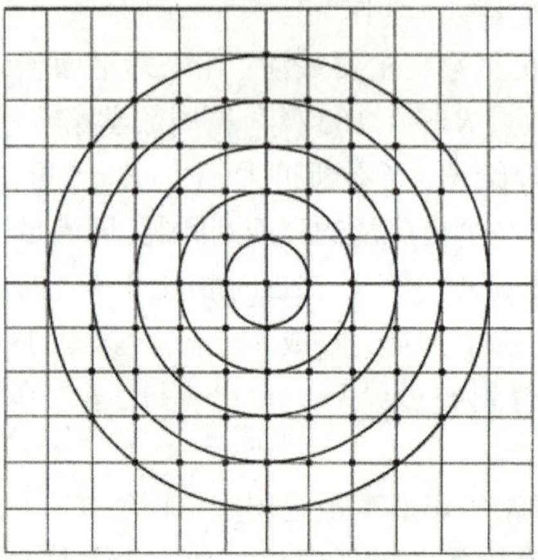

在一篇获奖论文中，谢尔宾斯基研究了在坐标平面上，一个半径为 r 的圆内部或边界上整数点的数量 $R(r)$。图上表格显示，当半径 r=1，2，3，4，5时，这个数量将趋近于圆的面积 $A=\pi r^2$。

不仅是论文，谢尔宾斯基在他的早期职业阶段还出版了两本数论方面的书，1910年的《无理数理论》和1911年的《数论》，是《自学辅导书》系列的一部分。这是由闵诺维斯基协会（Mianowski Foundation）资助的众多项目中的一个，初衷在于帮助波兰学者绕开政府封锁，为波兰学生编写关于前沿题目的高质量教科书。

关于集合论的研究

1908—1914年，谢尔宾斯基在波兰利沃夫市的卡基米什大学任教，在那里他晋升为副教授。在利沃夫，他的研究兴趣转向集合论——19世纪70年代刚由俄国数学家康托提出的数学新分支。吸收康托及其他集合论家迥然相异的思想,谢尔宾斯基发展了一种有组织的方式来构建更广义的集合论。1909年他开设了所有大学中第一个系统的集合论课程。他1912年的《集合学概论》一书,正是源于这个课程的讲稿,此书在欧洲广泛流传并获得了位于克拉克夫的波兰科学院奖。

最初激发谢尔宾斯基对集合论兴趣的是康托1878年论文中的一个问题,即在单位正方形 $S=\{(x, y) \mid 0 \leqslant x, y \leqslant 1\}$≤≤和单位区间 $I=\{z \mid 0 \leqslant z \leqslant 1\}$上建立点的一一对应关系。关于这个问题,谢尔宾斯基在1912年发表在《克拉克夫科学院简报》上的论文《关于一个新的完全填充平面区域的连续曲线》中引入了一个可供选择的变量。谢尔宾斯基曲线(或叫谢尔宾斯基雪花),是他提出的一个可以穿过单位正方形内部所有点的闭曲线。这个将一维区间映射到二维平面上的空间填充曲线具有无限的长度和封闭的面积。谢尔宾斯基曲线是分形的一个例子,分形递归地定义为一个局部图案相似于整体形状的几何形体。

1914年,第一次世界大战爆发,谢尔宾斯基作为俄国维雅克战争的战犯被拘留。在俄国数学家尼可莱·卢津(Nikolai Luzin)和德米特里·叶戈罗夫(Eropob)的帮助下,他被重新安置在靠近莫斯科大学的地方。这项安排使谢尔宾斯基能够继续自己的工作,并与俄国同事一起进行拓扑论及分析和射影集合论方面的研究。

谢尔宾斯基1905年的论文《关于一个每点都是分歧点的曲线》发表在《科学院数学会议译本》上,提出了另一个分形,叫作谢尔宾斯基三角、谢尔宾斯基筛(sieve)或谢尔宾斯基垫(gasket)。这个图形从一个等边三角形出发,把它分

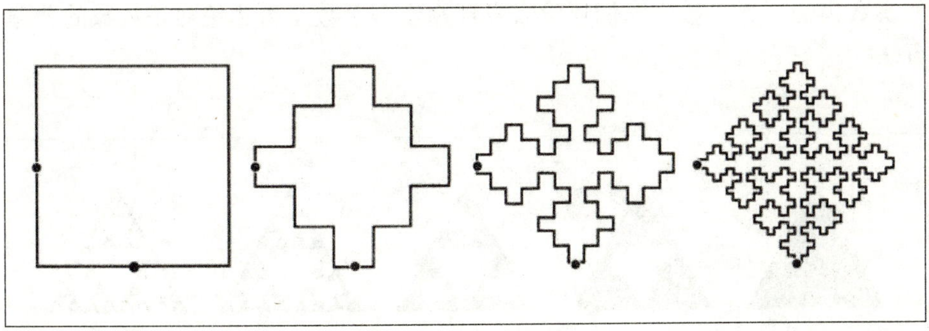

谢尔宾斯基曲线(也叫作谢尔宾斯基雪花),是一个可以穿过正方形内每一点的一维曲线。这个曲线按以下方式构造,正方形每一个L形拐角都用一列相连的包含5条更短边的折线替代。在后续步骤中,每次替换都导致基本L形的数量扩大5倍。谢尔宾斯基曲线便是无穷多步后的极限形式。

为4个相等的小三角形，剔除中间的那个，然后对剩下的3个三角形重复上述过程。谢尔宾斯基得出，经过 n 步后，将得到 3^n 个每边长为初始三角形边长 $\left(\frac{1}{2}\right)^n$ 倍的三角形。这些三角形的总面积和总周长分别是初始三角形对应量的 $\left(\frac{3}{4}\right)^n$ 倍和 $3\left(\frac{3}{2}\right)^n$ 倍。

自从发表了这篇文章，谢尔宾斯基三角鼓舞了众多研究分形的几何学家去设计相关的图形，并以谢尔宾斯基的名字命名它们。二维的谢尔宾斯基地毯（carpet）是将一个正方形分成9个相等的小正方形，移去中间的那个，对剩余正方形不断重复此过程，以此类推到三维。谢尔宾斯基海绵（sponge）是将一个立方体分成27个相等的小立方体，除去中间的一个，对每个小立方体重复此过程而得到。不断地将一个三角锥分为5个更小的锥体，移去中间的那个，就会得到谢尔宾斯基四面体——谢尔宾斯基的三维推广。20世纪初，具有图像和计算功能的计算机进一步激发了谢尔宾斯基及同时代科学家对此的兴趣。

谢尔宾斯基集合论方面的工作使他发现了第一个绝对正规数，即对于一个实数，如果任一数基出现在它的所有数位中的概率相等，那么它就是一个绝对正规数。1909年，法国数学家爱弥尔·波莱尔证明了这类数的存在。谢尔宾斯基在1917年发表在《法国数学会简报》上的论文《关于波莱尔先生绝对正规数定理的初步结果和一个此类数的有效缔造》给出了第一个绝对正规数。谢尔宾斯基给出了详细的关于这个数的构造方法，并把它作为一个明确定义的实数集的下界。数学家们还没有发现判定一个数是否为绝对正规数的普遍方法。

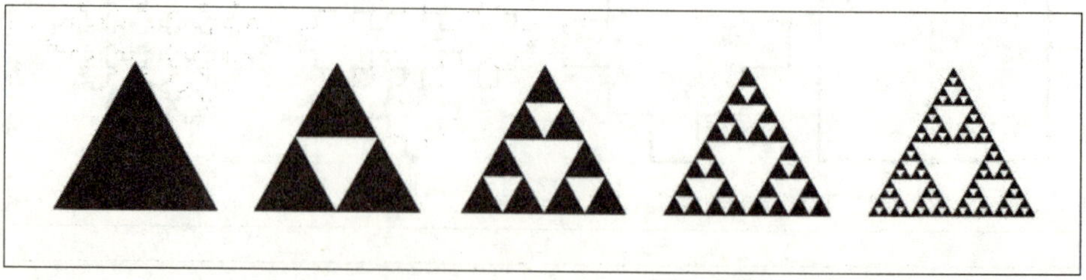

谢尔宾斯基三角是由一个被切分成4个相等大小的三角组成的，去掉中心部分，再反复去除其后出现的各个三角形中心部分的等边三角形构成的。

波兰数学学校

1918年第一次世界大战结束时，谢尔宾斯基重获自由，他成为波兰数学团体的领袖。在卡基米什大学稍做停留后，他接受了华沙大学的任职，并于1919年晋升为正教授，1921年聘为主任。他与齐格蒙特·扬尼舍夫斯基（Zygmunt Janiszewski）和史提芬·马苏基耶维茨（Stefan Mazurkiewicz）一起，制订并实施了建立一个活跃的波兰数学家社团（即波兰数学学校）的计划。这3个人组建了强大的师资队伍并吸引了大批学生，把华沙大学建设成了国内数学研究的中心。1920年，他们创办了《数学基础》期刊，刊发集合论方面的文章，他们决定将国家的研究重点集中于这一学科。谢尔宾斯基于1920—1952年担任主编，在他的领导下，这本期刊成为发表集合论方面研究成果的顶尖刊物。

谢尔宾斯基的波兰数学学校不仅使华沙的数学研究工作得到蓬勃发展，也带动了波兰的其他地区。1921年，他当选波兰科学院院士。1928年，他成为华沙科学会副主席和波兰数学协会的主席。1929年，作为斯拉夫（Slavic）国家数学家大会的主席，他在一次华沙的国际会议上，帮助波兰和周边国家的数学家走到一起。同年，谢尔宾斯基参与创建了在利沃夫的第二个数学研究中心和另一份关于函数分析的专门性期刊《数学研究》。1932年，他成为《数学专题》期刊的首任编辑，这是一本就某些数学专题进行深入研究的期刊。

1939年，第二次世界大战爆发，这对谢尔宾斯基和他的同事提出了新的挑战。谢尔宾斯基加入了民间的“地下华沙大学”，在秘密地点甚至自己的家中教授违禁课程。尽管战争使波兰数学刊物的出版被迫暂停，他仍把他的研究成果寄往意大利，并在每篇论文结尾保证战后这些定理的证明将最终出现在《数学基础》上。1944年，纳粹烧毁了谢尔宾斯基的家，摧毁了他的私人图书馆，并在华沙附近囚禁了他。1945年，在回华沙之前，谢尔宾斯基在加格罗林大学授课。在战争中，有多达50%的波兰数学家死亡。通过1948年波兰科学院数学所的创建以及新期刊和出版物的创立，波兰学校得到了恢复。

1918—1948年，谢尔宾斯基发表了成百篇关于集合论和拓扑学方面的论文和著作。他对康托的连续性假设做了大量讨论并申明在自然数基数 $Ж_0$ 和正实数基数 $Ж_1$ 之间不存在无穷尺寸。他在1934年《数学专题》系列中的一本《连续性假设》中，探讨了某些拓扑空间的性质，如果连续性假设成立，则这样的空间存在；反之则不存在。1945年他的论文《关于一个普遍的、可分的通用度量空间》发表在《数学基础》上，他证明如果连续性假设成立，将存在一个基数为 $Ж_1$ 的通用度量空间。谢尔宾斯基证明，每个度量空间，都与这个空间的某个子集完全等同。1947年他的论文《推广的连续性假设和选择公理》也发表在《数学基础》上，文中显示由连续性假设和集合论中的10条公理出发可以证明选择公理。

谢尔宾斯基拓扑学方面的文章主要集中在度量空间，即此空间中每两个物体之间的距离都被明确定义。通过研究实数的线集合和有序实数对的面集合，他证明了正规性（normality）、可分离性（separability）、正则性（regularity）、紧致性（compactness）、完备性（completeness）和连通性（connectedness）等性质。典型的论文是他1945年发表在《数学基础》上的论文《关于豪斯多夫定理的两个推论》，他在论文中显示了如何将实数全集表示为互不相交的 $Ж_1$ 无限集之和。

为了纪念他，拓扑学家们以“谢尔宾斯基空间”命名包含两点 a、b 及空集、集合 $\{a\}$ 和全集 $\{a, b\}$ 3个开集的拓扑空间。这个简洁又本质的拓扑空间例子与计算学（computation）和语义（semantics）学理论存在着重要关联。

有关数论的进一步研究

1948—1968年，谢尔宾斯基写了数论方面的11本著作和100多篇论文。他的研究涉题广博，技巧多样，富于创造。他1948年的论文《有关（2^n—2）/ n 数的琴奥斯假设的评论》发表在数学所新创立的刊物《数学研讨》上。这篇文章探讨了伪素数（pseudoprimes），即可以整除（2^n—2）/n 的非素（nonprime）正整数 n。尽管小于1 000的伪素数只有341、561和645，他证明如果 n 是伪素数，那么 2^n—1 也是，由此得出伪素数有无穷多个。

在一些书及论文中，谢尔宾斯基提出了一些尚待解决的或开放的数论问题来激励对这些问题的研究。他1956年的论文《关于将有理数分解为单位分数》发表在法国期刊《数学论文》上，他挑战读者来证明谢尔宾斯基猜想：$\frac{5}{n}=\frac{1}{x}+\frac{1}{y}+\frac{1}{z}$，其中对于所有正整数 n 都存在整数解 x, y, z。他的书《100个初等但困难的算术问题 · 关于几何与算术的边界》出版于1959年，和《初等数论的200个难题》出版于1964年，给出了一些开放问题的汇编，适于业余爱好者、学生及职业数学家。

1958年，他重拾关于圆和整数格点之间关系的题目——这是他在学生时代的获奖论文的题目。他的论文《关于正数坐标点的一些问题》发表在《数学教育》上，提出了关于一个圆周上的整数坐标点数目的公式。他1959年的论文

《关于一个圆周上距离为有理数值的点集》发表在《数学基础》上，将他的分析拓展到了半径值为有理数的圆。

谢尔宾斯基在1958年发表在《数学教育》上的论文《关于 n^n+1 形式的素数》中引入了一类新的素数，即第一类谢尔宾斯基数。谢尔宾斯基证明了如果 $n>1$ 且 n^n+1 为素数，则 n 的形式一定是 2^{2^k}。他为几乎50年后才开始的对于 n^n+1 形式的研究指出了道路，目前已知的第一类谢尔宾斯基数只有2，5和257。

1958年，数学所创办了《算术活动》杂志，为波兰数论学家提供了一个发表研究成果的论坛，谢尔宾斯基是这个刊物的第一任主编。1959年他在这个刊物上发表的论文《关于给定首末位的素数》，提出了关于素数数位的新性质。他的文章显示，对于任意两个正整数 j 和 k 及任意数位序列 $a_1a_2a_3\cdots a_j$ 和 $b_1b_2b_3\cdots b_k$，至少存在一个这样的素数使其首位来自 a 系、末位来自可以提供1，3，7或9的 b 系。

1960年，谢尔宾斯基以78岁的高龄从华沙大学退休，但他继续在波兰科学院主持一个数论研讨班直到1967年，仍然为数论活跃地贡献着新思想。在他1960年发表在《数学基础》上的论文《关于形如 $k\cdot 2^n+1$ 数的一个问题》中，他引入了谢尔宾斯基合数定理。在这篇文章中，他证明了有无穷多个正奇数 k 使得对于任意正整数 n，$k\cdot 2^n+1$ 为合数（非素）。具有这样性质的数 k 被称为第二类谢尔宾斯基数。1962年，美国数学家约翰·塞尔弗里奇（John Selfridge）证明78 557是一个第二类谢尔宾斯基数，并猜想它是此类数中最小的。在随后的40年中，研究者们致力于这个猜想，得出基于更小 k 值的 $k\cdot 2^n+1$ 形式的数系将包含至少一个除17个特殊 k 值以外的另一个素数。2002年，一个由数学家和计算机科学家组成的小组启动了一个分散的电脑工程叫作“17或者破产”（17 or Bust），意在解决这个开放问题。直到2006年年初，他们已经排除了17个候选数中的9个，将可能比78 557小的第二类谢尔宾斯基数缩小到8个。

学术生涯始终，谢尔宾斯基写了许多篇论文讨论特殊类型的整数，比如三角数、五角数和四面体数——对应特定集合图案的整数量。在《数学基础》上他发表了关于这些成果中的两个。1962年，在题为《关于四面体数的一个性质》的论文中，他证明有无穷多个整数 x，y 和 z 满足方程 $\binom{x}{3}+\binom{y}{3}=\binom{z}{3}$，其中符号 $\binom{n}{3}$ 代表二项式系数 $\frac{n(n-1)(n-2)}{3\cdot 2\cdot 1}$。在1963年的论文《成等差数列的3个四面体数》中，他证明了对于方程 $\binom{x}{3}+\binom{y}{3}=2\cdot\binom{z}{3}$ 也能够找到无限多个正整数解。他能够给出 $x=10$，$y=15$，$z=17$ 为第一个方程的解，$x=10$，$y=15$，$z=17$ 满足第二个方程，这两个只是丢番图方程无穷多组解中的最简单的一组。

在最后一些论文中的一篇中，谢尔宾斯基提出了一条性质，后来称为“谢尔宾斯基素数序列定理”。1964年，发表在《列日皇家科学院简报》上的论文《二项式 x^2+n 和素数》中，他证明对于每对正整数 n 和 k，序列 1^2+n，2^2+n，3^2+n，$4^2+n\cdots$ 包含至少 k 个素数。

除研究性论文和有关他的研究题目的著作外，谢尔宾斯基在1955—1964年还写了9本数论方面的书。他在1955年的教科书《算术基础》中阐释了数论的基本原理。作为1911年以来他的工作的第二卷，他于1959年出版了《数论，第Ⅱ部分》。1964年他出了一个扩充的英文版本《数论基础》。为了面向更广泛的读者，他编撰了6本通俗专题著作：《毕达哥拉斯三角》《丢番图方程》《单位分数求和》《素数》《三角数》和《数论基本问题》。

谢尔宾斯基于1969年10月21日去世。波兰政府1949年授予他“科学奖（一等奖）”，1958年授予他“波兰元帅十字奖章”（Grand Cross of the Order of Polonia Restituta）——一个公民奖项，表彰他为祖国作出的卓越贡献。多产且值得尊敬的数学家谢尔宾斯基在一生中写了多达724篇数学论文和50多本书，编辑过5种期刊，接受了9次奖励，被选为14个科学团体的会员。

结　语

作为数论领域的一名研究者，谢尔宾斯基发现了第一个绝对正规数，探究了素数的众多性质，引入了第一类和第二类谢尔宾斯基数。在集合论和拓扑论领域，他发现了连续性假设成立下的度量空间的众多性质。谢尔宾斯基雪花和谢尔宾斯基三角为分形学提供了早期的例子。他同研究机构、专业期刊和教授团体一起创立和重建了波兰数学学校。

九

艾米丽·艾米·诺特

(1882—1935)

抽象代数学家

艾米丽·艾米·诺特(Amalie Emmy Noether)为不变量论、理想和非交换代数等领域贡献了极其重要的数学思想。诺特关于连续性对称(continuous symmetries)和守衡量(conserved quantities)的定理为爱因斯坦的相对论建立了数学基础。她运用的技巧和得出的结果涉及环、理想和非交换代数,强调了学习抽象代数结构的重要意义。通过诺特学校(一个同她一起工作的非正式研究小组),她的思想改变了数学家们在代数领域的工作方式。

艾米丽·艾米·诺特为爱因斯坦的相对论建立了数学基础,她所创立的方法显示了学习抽象代数结构的重要意义(图片由格拉纳博物院提供)。

早　年

诺特1882年3月23日生于德国南部巴伐利亚区的一个名叫埃尔朗根(Erlargen)的小镇上。父亲马克思·诺特在埃尔朗根-纽伦堡大学担任数学教授,他在代数学领域的工作享誉德国数学界。母亲艾达·艾米丽亚·考夫曼是一个天才的钢琴家。诺特家的4个孩子——艾米和她的3个弟弟阿尔弗瑞德、弗瑞茨和加斯塔夫均接受了大学教育。3人获得了博士学位——阿尔弗瑞德在化学方面,弗瑞茨和艾米在数学方面。

1889—1897年,诺特就读于当地的一所女子学校,该校教育氛围着重语言、文学和艺术,只介绍有限的科学和数学知识。18岁，她完成了3年学习，并通过考试，得到了在女子学校教授英语和法语的资格。诺特想要继续学业，但当时的德国绝大多数大学都不接受女性学生。只有在例外情况下，并且得到教授个人的许可，才允许女性旁听讲课，但不能参加期末考试或修学分。

在1900—1901年的冬季学期，诺特获得许可，在爱尔兰根大学旁听语言、历史和数学，成为同984名男生一同学习的两名女生中的一个。尽管不如她的同学知识背景深厚，但她在数学上很出色，并在此后3年集中精力研习数学。1903年，她通过了国家毕业考试（Reifeprüfung），使她能够进入德国任何一所大学。1903—1904年的冬季学期，她来到哥廷根大学旁听数学，讲授课程的包括希尔伯特和克莱因——当时欧洲最棒的两位数学家。当1904年埃尔朗根-纽伦堡大学改变政策开始招收女性时，诺特成为该校数学专业的全日制学生。

在接下来的4年中，诺特一边修读高级数学教程，一边跟随戈登做研究。在戈登的指导下，她发现了三元四次形的新性质。四次形是一种代数算子，关于含有3个变量、每项都为四次项的多项式，例如$f(x, y, z)=x^3y+6y^2z^2-5xyz^2+7z^4$。诺特在学位论文中解释了她的结果，题为《关于三元四次形的形系统构造》。她的研究成果发表在1907年的《爱尔兰根大学物理和医学会会议报告》上。同名的一篇更为正式的论文提供了更为详尽的解释，发表在1908年的《纯粹和应用数学》上。这篇长达67页的论文包括了一份完整列表，列出了331个与这样一个多项式相关的协变形式。1907年12月13日，在春季学期末的毕业典礼上，26岁的诺特被授予“最高荣誉数学博士”。

不变量论

在成为所有学科中第一个获得博士学位的德国女性之后，诺特却没能在德国的大学找到职位。1908—1915年，她是埃尔朗根-纽伦堡大学的一个非正式、无工资的成员，她与那里的老师讨论数学，继续她的研究。当父亲生病时，诺特为他代课。尽管作为一个非正式的成员，她还是作为研究顾问，指导汉斯·法尔肯柏（Hans Falckenberg）和弗瑞茨·塞德尔曼（Fritz Seidelmann）完成了博士学位。

诺特加入了两个专业数学团体——“德国数学家协会”和“数学界”，常常到欧洲各处开会，成为欧洲数学界的一名活跃分子。1909年，在奥地利萨尔茨堡（Salzberg）召开的DMV会议上，诺特提交了题为《关于n元变量形式的不变量论》的论文。一篇关于她工作的简要总结出现在1910年的《德国数学家协会会议报告》上。更完整的叙述出现在1911年《纯粹与应用数学》上的一篇同名文章中。1913年在奥地利维也纳召开的DMV会议上，她还提交了一篇题为《有理函数域》的论文。一份关于此研究的扩展报告《有理函数的域和系统》出现在两年后的《数学年报》上。这两篇研究论文同她的学位论文一起为她在不变量论领域赢得了声誉。不变量论研究的是，当目标调整变换时，那些固定不变的性质。

1915年，希尔伯特和克莱因邀请诺特加入他们在哥廷根大学的研究小组，研究不变量论应用方面的问题。爱因斯坦当时是柏林大学的物理学教授，构想了可以解释加速参照系中重力和运动原理的广义相对论。希尔伯特和克莱因正在尝试为广义相对论建立描述某一给定质量周围重力场性质的场方程。

在接下来的4年中，诺特发表了9篇论文，涉及了不变量论的许多不同方面。早期的论文《含有预设群的方程》写于1916年，发表在1918年的《数学年报》上，定出了在怎样的条件下，一个给定群可以是某个多项式方程的伽罗瓦群。她的工作为当时这个经典问题的解决作出了最具重要意义的贡献。

诺特1918年里程碑式的论文《不变变分问题》发表在《哥廷根科学会报告》上，是不变量论的重要结果。在这篇文章中，她证明了一对定理及其逆定理（今天统称为"诺特定理"）。通过研究有限和无限对称群，诺特给出了在怎样的条件下，一个群动作的对称性可对应为一个物理系统的守衡量。由于能量和动量守恒定律是这些普遍结果的特殊一例，诺特定理奠定了广义相对论的一块基石。她的工作为爱因斯坦的理论提供了坚实的数学基础。这个结果成为量子场论和粒子物理的基本工具。

职位挣扎

从诺特第一次到哥廷根大学起，希尔伯特和克莱因就在为她争取学校里的正式职位。1915年，作为"授课资格认证"（Habilitation）正式程序的一部分，诺特向哥廷根数学会提交了一篇《关于超越整数》的论文。在后来的一次教师会议中，一些教授仍争辩要保持禁止女性成为教师的规定，并宣称要求男学生向女教授求教是一种耻辱。希尔伯特气愤地回击说，一个教授是男还是女没有任何不同，因为这里是一所大学而不是一个澡堂。尽管他激动的请求没有改变共事者的想法，他却得到了教育部门的批准，可以让诺特作为他没有工资的助教来教授一些课程。

1919年，第一次世界大战后的德国政府放宽了许多规定，诺特提交了她的《不变变分问题》作为她“授课资格认证”的论文，并且得到了教师中级别最低的职位。“助理教授”的职称允许诺特在大学里以自己的名义正式授课，但是没有任何报酬。3年后，学校提升她为更高一级的“非职副教授”，但仍没有工资。1923年，诺特的数学同事为她争取到了一个官方的教师基金使她拿到了微薄的工资。

由于大学里的财政支持十分微薄，诺特过着简朴的生活，她的经济来源一部分靠从父母那里继承的少量遗产（她的父母在她到哥廷根的那年双双去世），一部分来自她的两个叔叔的基本供应。衣素餐简，诺特喜欢在她的寓所为她的“诺特男孩”们煮饭——那是一群被她的个性魅力和数学才华所吸引的学生。在哥廷根大学教书期间，她指导了10个诺特男孩完成了博士毕业论文研究，并且继续帮助他们进行后来的研究。

理想理论

1920—1926年，诺特集中研究抽象代数里的一支——理想理论。通过关注群、环、域、理想和模等抽象结构的性质而非特定对象本身，她在这一领域里

$(1)=\{\ldots, -3, -2, -1, 0, 1, 2, 3, \ldots\}$

UI

$(2)=\{\ldots, -6, -4, -2, 0, 2, 4, 6, \ldots\}$

UI

$(4)=\{\ldots, -12, -8, -4, 0, 4, 8, 12, \ldots\}$

UI

$(20)=\{\ldots, -60, -40, -20, 0, 20, 40, 60, \ldots\}$

UI

$(100)=\{\ldots, -300, -200, -100, 0, 100, 200, 300, \ldots\}$

$(100)\lhd(20)\lhd(4)\lhd(2)\lhd(1)$

在整数环中，所有整数 n 的倍数形成了一个理想，记作 (n)。20倍集成为4倍集的子集，由此也是2倍集的子集。由于任意这样的理想序列都有一个最终的成员，因此整数满足升序列条件。

的工作深刻地改变了代数学的研究重心。在1920年的论文《特定微分和差分方程中非交换域的模》中，诺特引入了研究抽象结构的根本途径，这篇文章与W. 舒米勒（W. Schmeidler）合写，发表在《数学回顾》上。在微分算子环部分，这篇文章还引入了左、右理想的概念。

诺特1921年的论文《环域上的理想理论》发表在《数学年报》上，提出了理想理论中最重要的结果。在这篇文章中，她证明了对于一个包含理想的交换环，升序列条件等价于每个理想包含一个有限基，还等价于每个理想集合有一个最大元素。由于所得结果的重要价值和所用技巧的广泛应用，这篇文章奠定了现代抽象代数的基础。正因为这些被称作诺特环和诺特理想的概念，这篇文章及其后续文章改变了抽象代数研究的面貌。

诺特总共发表了15篇有关理想理论的论文并在DMV会议上作了相关的报告。1923年的《消元理论和一般理想理论》和1927年的《数和函数域上的理想理论的抽象结构》，都发表在《数学年报》上。她的会议论文包括1925年的论文《理想理论中的希尔伯特数》和1926年的报告《群特征与理想理论》。这些文章向世人展示她引入的概念广泛适用。

国际影响

在20世纪20年代，诺特身边聚集起了一群出色的学生和教授共同研究抽象代数。哥廷根大学数学所成为世界数学研究中心。诺特的研究小组，非正式的叫法为"诺特学校"，是数学所里最天才、最多产和最具影响的研究小组。数学家们对哥廷根趋之若鹜，他们从欧洲各地甚至日本、俄罗斯和美国赶来同她一起做研究。当这些教授回到自己的学校，他们便将她的抽象代数结构思想与同事们分享，这使得诺特的思想对数学产生了世界性的深远影响。

作为《数学年报》不拿报酬的编辑，诺特审阅了众多数学工作者的研究论文，提出了订正、修改和供进一步考虑的问题。她在数学期刊上发表了43篇论文，她允许其他数学工作者和学生引用她在课堂或研究小组会议上提出的许多新看法。诺特的创新思想显著地改变了研究者在代数和其他数学分支中的研究方式。她的理论使数学家通过研究相似对象的抽象结构，能够在代数几何、代数拓扑甚至物理和化学方面做出了重大的基础性发现。她的思想还以20世纪70年代的"新数学"的形式影响了50年后的美国基础学校的数学教学。

非交换代数

1927—1935年，诺特将她的研究重心重新定位在非交换代数，即两个对象以一种顺序结合再与另一种顺序结合产生不同结果的代数结构。她研究了矩阵和函数的环、线形变换、超复数、叉乘及其他非交换形。她在非交换代数方面的研究，同她在理想方面的工作一样，使用了高水平的抽象分析，使她能够提出深刻有力的定理。

在这期间，诺特发表了13篇关于非交换代数论文，其中有3篇特别重要。1929年的《超复数量和表示理论》在意大利博洛尼亚召开的会议上提出，发表在《数学回顾》上，介绍了关于非交换代数的基本思想。她1933年的论文《非交换代数 》发表在《数学回顾》上，更充分地解释了这一学科的一般理论。1932年的《代数学中一个主要定理的证明》是她与德国数学家理查德・布饶尔（Richard Brauer）及赫尔姆・哈斯（Helmut Hasse）合作的，证明了一个基础性的结论：每个基于普通代数数域的简单代数都是循环的。德国数学家赫尔曼・威尔（Herman Weyl）评价这篇文章为代数学发展过程中的一个顶峰。

荣誉和赞赏

诺特在哥廷根大学数学圈取得的声誉使她能够参加很多研究项目。1928—1929年的学术年，她作为访问教授在俄罗斯莫斯科大学教授抽象代数课程并同帕维尔・亚历山德罗夫（Pavel Alexandrov）及其他研究者共事。1930年的夏天，她作访问教授，同德国数学家罗伯特・弗力克（Robert Fricke）和挪威数学家奥依斯顿・欧尔（Oystein Ore）一起在法兰克福大学主编了理查德・戴德金（Richard Dedekind）的《数学著作集》，并于1930—1932年出版了3卷。在第三卷，她对德国数学家的著作做了详尽的注解，1964年这一卷作为一本单独的书《关于代数整数理论》重印。她还与法国数学家金・卡瓦耶斯（Jean Cavaillès）一起整理编辑了康托与戴德金的来往信件，1913年完成，4年后发表在《科学和工业消息》上。

1932年的两个事件标志了诺特在数学界取得的声誉和地位：她和奥地利代数学家爱弥尔・阿廷（Emil Artin）一起，被授予“阿尔弗瑞德・奥克曼-陶布纳纪念奖”，以表彰他们在数学科学上的先驱工作。尽管这个赫赫有名的奖项的奖金只有500马克（合120美元），但使她的同行们高度认可了诺特的研究价值、出版物的重要性以及她对这一学科的学识。1932年9月，她应邀在瑞士召开的国际数学家大会上发表了一次重要的演讲。她的大会论文《超复数系统与可交换代数与数论的联系》得到了在场的800多位数学家的广泛认可。

在美国的最后日子

诺特多产的职业生涯在1933年被打断，希特勒制定了一系列法律将犹太人从德国社会的领导职位铲除。4月，普鲁士科学、艺术和公共教育部通知诺特，他们已收回让她在哥廷根大学教书的许可。诺特一边继续同她的学生和研究小组在自己的寓所会面，一边申请在德国、英国和美国的学术职位。10月，在美国洛克菲勒基金和紧急委员会的帮助下，诺特得到了美国宾夕法尼亚州最著名的女子学校——布林莫尔学院的一个职位。

诺特迅速转入了美国数学界。她在布林莫尔的同事包括系主任安娜·帕尔·威勒（Anna Pell Wheeler）——美国最著名的女数学家之一，以及奥加·陶斯基-陶德（Olga Tausky Todd）——一个博士后，后来成为加利福尼亚科技所的第一个女教授。这两个人都曾在哥廷根大学学习过，熟悉德国的文化。诺特教授的代数研讨班吸引了一些雄心勃勃的学生并指导了鲁思·斯陶佛（Ruth Stauffer）的博士学位论文。每周，诺特都会到新泽西州的普林斯顿高级研究所，她在那里授课并与许多同她一样被迫离开德国的数学家合作研究项目。她在美国的唯一一篇研究论文《分离叉乘和它们的最高阶》发表在1934年的《科学和工业消息》上。

1935年4月，医生从诺特的腹部切除了一大块恶性肿瘤。4天后，4月14日，诺特去世，享年53岁。在她意外死亡后的几个月中，诺特的国际数学同行表示沉痛哀悼。《数学年报》杂志，不顾德国政府的干涉，刊载了长篇文章赞赏诺特的一生和工作。莫斯科数学会组织了一次大会来纪念诺特，来自世界各地的数学家发表了关于她生平的演讲或关于她工作的论文。《纽约时报》发表了爱因斯坦的一封信，他在其中评价诺特为有史以来最伟大的女数学家。

结　语

尽管社会上对女性和犹太人有偏见，诺特仍然成为一个伟大的数学家，做出了数学和物理上的重大发现。诺特定理为爱因斯坦的相对论建立了坚实的数学基础,并成为量子场论和粒子物理领域的基础性工具。她写了大量理想理论和非交换代数理论方面的重要研究论文。作为诺特学校的领头人,她显示了学习数学对象的抽象结构的益处,改变了数学家研究代数的方式。

十

斯瑞尼瓦萨尔·爱金格尔·拉马努金

(1887—1920)

印度数论学家

斯瑞尼瓦萨尔·爱金格尔·拉马努金(Srinivasa Iyengar Ramanujan)在他一生中的绝大部分时间里孤独地工作着，但却提出了关于无穷级数及正整数性质的上千条定理。在英格兰短暂停留的5年中，他发表了一些文章，关于逼近常数π值、分析高度合数、将一个正整数分解质因数、找出把一个给定整数分解为分数的可能方式数。他在这些题目及数论其他论题中提出的创新方法促进了概率论及加性数论的发展。后来的数学家继续研究着他提出的模拟 θ 函数及那些他用来记录发现的笔记本。

自学成才的数论学家斯瑞尼瓦萨尔·爱金格尔·拉马努金提出了许多新的技巧，涉及逼近常数π值、分析高度(highly)合数、找出把一个给定整数分解为分数的可能方式数(图片由格拉纳博物院提供)。

社会影响

1887年12月22日，拉马努金出生在印度南部马德拉斯省的埃德罗镇。一年后举家迁往北面160千米外的贡伯戈讷姆。父亲斯瑞尼瓦萨尔给一个布料商当职员，每月只有20印度卢比的微薄工资。母亲卡玛拉塔姆在附近的一座庙里唱祈祷歌来补贴家用。6个孩子中有3个在婴儿时期就夭折，作为家中的长子，拉马努金便成了母亲关注和关爱的焦点。

拉马努金和他的家庭属于婆罗门(Brahmin)种姓，都是虔诚的印度教教徒。按照印度传统习俗，拉马努金跟随父亲的名字——斯瑞尼瓦萨尔，并取了他父母为他挑选的名字，拉马努金，意为“拉玛（Rama）的弟弟”，仿自印度史诗故事《拉马尼亚》中的男子。他的中间名——爱金格尔，暗示他属于家庭所在的那个婆罗门种姓分支。尽管印度的绝大部分王公、学者和宗教领袖来自这个最高种姓，但家里的经济状况却让他无法享有婆罗门的教育、职业、婚姻及生活中其他机会。按照婆罗门种姓的规矩，他们全家严格遵守着素食食谱并按特殊的指导小心准备食物。他们在家里和神庙中向印度神灵和女神祈祷。拉马努金信仰女神娜玛吉瑞（Namagiri）为他的特别保护神。

尽管他到3岁时仍不会说话，但当拉马努金进入堪加延小学时，他的每一门功课都很出色。9岁那年，他在丹柔里学区的初考中拿到了最高分，这是一次包括英语、算术、地理和母语泰米尔语的标准测试。次年，他进入城市中学，得到了半价学费奖学金并获准进入“Ⅰ级”，相当于六年级。在那里，老师和同学都认可了他的数学天赋。八年级时，他的老师为了讲解除法的基本性质——任何数除以自身都是1——而举例说不管三个人分三个水果还是1 000个人分1 000个水果，结果都是每个人分得一个。但是，拉马努金提出如果0除以0还是1，那么没有人也没有水果，每个人还是分得一个吗？他14岁时，一个高年级的学生给他出难题——找出满足方程 $\sqrt{x}+y=\eta$ 和 $\sqrt{y}+x=11$ 的整数 x 和 y。不到一分钟，拉马努金便得出了答案 $x=9$，$y=4$，之后还解释了怎样通过两步有效的方法来解决这个问题。

由于贫困的家境，拉马努金经常买不起纸笔甚至上学所需的课本。他的大部分计算是用粉笔在一块嵌在木架里的小黑板上完成的。当他的黑板上写满了数，没有可利用的空间时，他就用胳膊肘擦掉数字。他频繁地向租住在他家的大学生们借书。13岁时他就已经掌握了西德内·L.朗内（Sidney L. Loney）《三角学》中的数学内容，从这本书中，他了解到一个角的正弦和余弦值可以通过无穷级数的叠加而得到，而不一定是通过直角三角形的直边除斜边来得到。独立探究之后，他得出了一套数学理论以解释这两条处理三角函数的不同途径之间的对应关系，并将他的原始分析拿给老师看。当他的老师告诉他，瑞士数学家莱奥哈德·欧拉（Leonhard Euler）在150年前就做出了相同的发现时，拉马努金觉得很难堪，他回到家中，把写有分析的纸张藏到了屋檐上。

拉马努金15岁时的愿望便是当一名数学家，那时他借到一本乔治·S.卡（George S. Carr）的《纯粹与应用数学概要》。这本书囊括了代数、集合、微积分和微分方程的上千条定理，但却没有给出任何证明说明这些定理成立。拉马努金在这本书上花了几个月的时间，通过定理列表、公式和几何图示构筑了自己的推论体系来证明这些结论的正确性。很多次，他伴着未解决的难题入睡，夜里却突然醒来记下自己在梦中想到的解答。

在高中期间，拉马努金因数学和文学上的突出表现而受到了许多奖励。他经常赢得数学竞赛，数学成绩名列第一。校长克里士纳斯瓦米·耶耳（Krishnaswami Iyer）在1904年授予他“K.朗迦纳萨·桡（K. Ranganatha Rao）数学奖”时评价说，拉马努金的工作是如此出色，满分也不足以说明他的优秀。除了数学上的杰出成绩，他还因赢得了英语竞赛而受赠诗集。

笔记本岁月，1904—1914

高中的最后一年，拉马努金通过了马德拉斯大学（University of Madras）的入学考试，并因数学和英语上的出色表现赢得了“初等苏布拉马尼扬奖学金”。1904年，16岁的拉马努金进入贡伯戈讷姆的政府学院。他把精力全部投入到数学研究之中，以致其他科目不及格，失去了奖学金，还离家出走3个月。1906年他被马德拉斯的帕恰亚帕学院录取，他仍然数学成绩优异，但却因5门文科课程两次不及格而被学校开除。

尽管高强度的数学研究使他被两所学校开除，但拉马努金这些年的研究却使他发现了新的数学思想。在3大本笔记本中，他记下了从图书馆和教授那里借来的书中不曾出现的公式和定理。在很多年里，他靠当家教维生，但把绝大部分时间花在数学学习和研究新思想上。他在笔记本中把所有的发现编为38章，所有定理进行连续编号。这些主题包括幻方的构造方法、数学常数的逼近、质数的性质、分析无穷级数的技巧、连分数和无穷乘积。10年里，他在3本共

$$\frac{1}{n+1}+\frac{1}{n+2}+\frac{1}{n+3}+\frac{1}{n+4}+\cdots+\frac{1}{2n}=\frac{n}{2n+1}+\frac{1}{2^3-2}+\frac{1}{4^3-4}+\frac{1}{6^3-6}+\cdots+\frac{1}{(2n)^3-2n}$$

For $n=3$, $\frac{1}{4}+\frac{1}{5}+\frac{1}{6}=\frac{3}{7}+\frac{1}{6}+\frac{1}{60}+\frac{1}{210}$

在拉马努金的第二本笔记的第二章，他记录了这个求和式的简短证明。当$n=3$时，这个公式变为一个两边值为37/60的简单等式。

640页的笔记中写下了3 500条结果。

1909年，他在父母的安排下与斯瑞玛兹·贾纳姬·阿默——他10岁的远房表妹结婚。妻子仍同她的父母一起生活，拉马努金游历印度南部，把他的笔记拿给朋友、许多学院和大学里的教授和印度数学会的领导者看。1911年，内罗尔城的区联络人和印度数学会的秘书拉玛孱德罗·桡（Ramachandra Rao），每月资助他25卢比，于是他可以一边在马德拉斯做研究，一边留心寻找合适的职位。1912年，他得到了一个每月收入为30卢比的工作——在马德拉斯港信托局（管理马德拉斯港船务的政府部门）的会计科当职员。他的两位上司分别是印度数学会的财务主管纳若亚那·耶耳（Narayana Iyer）和英国工程师弗朗西斯·斯布瑞爵士（Sir Francis Spring），后者与全印度境内的高级军官都有接触。虽然这两个人都看不懂拉马努金的工作，但他们意识到了他的天才，并鼓励拉马努金继续他的笔记本研究，帮助他使其研究成果被数学期刊接收，努力为他寻找大学里的研究职位。

1911—1913年《印度数学会刊》发表了拉马努金的5篇论文。在他第一篇文章《伯努利数的一些性质》中，将无穷级数应用到余切函数中，有效地确定了伯努利数的值，伯努利数是一个在数论和分析中有广泛应用的分数数列。他1912年的论文《关于桑加纳博士的第330个问题》和《关于联立方程组集合的注解》中提出了对于一个特定无穷级数的加和方法与含有10个未知量的方程体系的解决技巧。他在1913年的论文《不规则数》中给出了一些公式，涉及含有奇数个质因数的整数列2, 3, 5, 7, 8, 11, 12, 13, 17, 18, ……和不含有相同质因数的整数列2, 3, 5, 6, 7, 10, 11, 13, 14, 15, ……他用这些数列来求无穷乘积的值，比如$\left(1+\frac{1}{2^2}\right)\cdot\left(1+\frac{1}{3^2}\right)\cdot\left(1+\frac{1}{5^2}\right)\cdot\left(1+\frac{1}{7^2}\right)\cdots=\left(\frac{15}{\pi^2}\right)$，以及无穷求和，比如$\frac{1}{2^2}+\frac{1}{3^2}+\frac{1}{5^2}+\frac{1}{6^2}\cdots=\frac{\pi^2}{20}$。在1913年一篇简短的注解《环的平方》中，拉马努金提供了一个简单的方法来构造一个线段，使它的平方产生了一个给定环面积的近似值。他提到，对一个140 000平方英里（362 598平方千米）的圆，以他的方法构造出来的线段长与同等面积的正方形的真实边长只差大约1英寸（2.5厘米）。

许多数学期刊的一个保留特色是发表面向读者的挑战难题。1911—1919年，这个杂志发表了拉马努金提供的59道题目，第一年有9道题。他的题目涉及导数、积分、无穷级数、无穷乘积、联立方程组、完全平方及算术恒等式。其中一个让读者去寻找满足方程 $x^y=y^x$ 的正分数对，例如 $x=4$，$y=2$ 和 $x=\frac{27}{8}$，$y=\frac{9}{4}$。另一个题目需要一个证明：每个正整数都满足恒等式 $\lfloor\sqrt{n}+\sqrt{n+1}\rfloor=\lfloor\sqrt{4n+2}\rfloor$，其中符号 $\lfloor\rfloor$ 表示小于或等于括号内表达式值的最大整数。还有一道题，期刊读者中没有一个能答上来，题目是为什么表达式 $\sqrt{1+2\sqrt{1+3\sqrt{1+4\sqrt{1+5\sqrt{1+6\sqrt{1+\cdots}}}}}}$ 等于3。

1913年，拉马努金寄了一封附有10页他笔记本中的公式的信给英国剑桥大学的顶尖数学家之一——高德菲·哈代（Godfrey Hardy）。哈代和他的同事强尼·里特伍德（John Littlewood）审阅了拉马努金的工作样本后发现，尽管其中有些公式并不正确，有些结果是新近已发现的，但还是有很深刻、优美的公式透露出拉马努金极高的数学天赋。哈代兴奋地向其他教授谈起他在印度发现的"新欧拉"，并回信给拉马努金，邀请他来英国工作。

尽管拉马努金得到哈代的邀请很是高兴，也深知这是他事业提升的一个机遇，但是他谢绝了。作为婆罗门种姓的一员，旅居国外被认为是"肮脏"和应该"回避"的，意味着他不会获准再与亲人和朋友团聚。哈代对于资助拉马努金的兴趣使马德拉斯大学的管理层将他聘为特别研究学者，并从1913年5月起每月给他75卢比的津贴。在前10个月中，他作为数学教授继续与哈代进行通信，从他的笔记中选择了一些文章准备发表，并提交了3篇研究成果报告给大学里的"数学学术部"。

拉马努金这一时期的4篇研究论文发表在《印度数学会刊》1915年卷中。《关于一个数的除数的数目》提供了对于一个正整数，所有能够整除它而没有余数的除数总数的上限。《关于前 n 个自然数的平方根之和》提出了计算形如 $1\sqrt{1}+2\sqrt{2}+3\sqrt{3}+\cdots+n\sqrt{n}$ 和 $\frac{1}{\sqrt{1}}+\frac{1}{\sqrt{2}}+\frac{1}{\sqrt{3}}+\cdots+\frac{1}{\sqrt{n}}$ 的求和公式。另外两篇论文分析了一个涉及反正切函数和无穷分数乘积的积分。

1913年12月下旬，拉马努金在拿马卡（Namakkal）的娜玛吉亚女神庙中度过了3天之后，他决定接受哈代的邀请前往英国学习。当时他的母亲梦到娜玛吉亚警告她不要干涉儿子的事业，因而同意了他的远行。1914年2月，马德拉斯大学向拉马努金提供了两年每年250英镑的研究津贴，并报销旅费。哈代为拉马努金安排了在剑桥大学三一学院（Trinity College）学习的全额奖学金，并附加60英镑的补贴。拉马努金于1914年3月乘船离开印度，一个月后到达伦敦。

留学英国，1914—1919

拉马努金立即开始了课程学习，并与哈代和里特伍德共同研究。在课堂上，他从导师的讲稿中扩展出他们还未发现的新定理。他向哈代解释了笔记中的不寻常的概念，分享了那些通向新思想的灵感，解释了他证明结论时所用到的技巧。哈代向他演示如何写出严谨的数学证明。里特伍德教授他双周期函数、复变函数和其他用以填补他不平衡的数学知识的主题。拉马努金学习了新思想，他活跃的思维联想到了另外的东西，导致他走向与教授们本意不同的方向。哈代敏感地觉察到这种倾向，尝试着并不强制拉马努金按其他数学家的想法来思考，从而保护了拉马努金的创造天赋。他们共同整理了笔记中最出色的结论用以发表，并开始了新的研究方向。

拉马努金发表在欧洲数学期刊的第一篇论文是1914年的《模方程和对π的逼近》，发表在《数学季刊》上，呈现了估计π值多样方法。他简洁的算法 $\sqrt[4]{9^2+\frac{19^2}{22}}=3.141\,592\,652\,6\cdots$ 和 $\frac{355}{133}\left(1-\frac{0.000\,3}{3\,533}\right)=3.141\,592\,653\,589\,894\cdots\cdots$ 提供了π真值3.141 592 653 589 798…的近似值，分别精确到8位和14位。使用对数和平方根，他进一步将精度提高到了小数点后第31位。在所有这些估算中，他最初的一个7位近似 $\frac{1}{2\sqrt{2}}\left(\frac{99^2}{1\,103}\right)=3.141\,592\,73\cdots\cdots$ 是由一列无穷级数中的一项，另一个9位近似 $\frac{63}{25}\left[\frac{17+15\sqrt{5}}{7+15\sqrt{5}}\right]=3.141\,592\,653\,8\cdots\cdots$ 表达为两个根式之比，其中每个根式是 $a+b\sqrt{c}$ 的形式，a，b，c 都是整数。这篇文章提供了椭圆函数和模函数性质的新见解。今天，数学家们仍旧利用电脑和这篇论文中的无穷级数计算π值。

1914年6月，在伦敦数学会的会议上，哈代提交了一些拉马努金数论方面的成果，数论是研究整数性质的数学分支。拉马努金关于这个题目的长篇专题论文“高级合数”出现在《伦敦数学会公报》上。首批高级合数是2，4，6，12，24和36，它们分别含有2，3，4，6，8和9个因子。拉马努金给出了表示正整数 n 的因子数的函数 $d(n)$ 值的上限和下限。对于这类数的性质的分析展示了他对于代数不等式的驾驭能力。

不到两年的时间里，拉马努金向三一学院提交了一篇高级合数专题论文和6篇数论其他方面的论文。1916年3月，学院授予他“科学研究学士”，4年后成为博士。马德拉斯大学将对他的财政支持延长了3年，期间他又发表了15篇独立论文和7篇与哈代合作的论文。

1917年，拉马努金和哈代发表了一系列关于素数的论文。《整数 n 的质因子的正规数》发表在《数学季刊》上，他们提出了一个公式，几乎能给出任一正整数 n 的质因数的数目。通过说明一般正整数 n 含有$\log[\log(n)]$个质因子，他们提出了取整数（有很多个质因子的整数）非常稀少。这篇文章和那年他们提出的相关文章第一次系统地讨论了一个正整数质因子数目的问题。在接下来的30年中，其他数学家完善了他们的结果，并发展出一个新的数学分支——概率数论。

在1916—1918年发表的3篇系列论文中，拉马努金提出了将整数表示为平方之和的新想法。他1916年的论文《关于某个算法函数》和1918年的论文《关于某个三角和数及它们在数论中的应用》发表在《剑桥哲学会公报》上，引入了可以估算某些重要理论函数的无穷级数，例如，正整数 n 的除数之和 $\sigma(n)$和小于 n 的质数数目$\phi(n)$。他1917年的论文《关于$ax^2+by^2+cz^2+dt^2$型的数的表达式》发表在《剑桥哲学会公报》上，他在其中证明有55组正整数 a, b, c, d 可用 $ax^2+by^2+cz^2+dt^2$ 的形式表达出任何一个正整数。这些将正整数表达为平方数之和的论文引领其他数学家在这一古典领域做出许多新的发现。

在1913年寄给哈代的第一封信中，他提到了对于正整数的连分数的分析及将一个数表达为正整数之和。1918年题为《组合分析中的渐进公式》的论文发表在《剑桥哲学会公报》上，他与哈代提出了一个渐进的或说逼近的公式，可以给出 $p(n)$ 的相当精确的近似值，其中 $p(n)$ 是正整数 n 的连分数个数。通过计算无穷基数中特定个项之和，并舍掉小数部分取最近的整数，他们的公式得到了正确的 $p(n)$ 值。在之后若干年中，其他的数学家充实了他们的想法并发现了一个精确的$p(n)$公式，还将他们的逼近法发展为一个叫作圆方法的正式方法，这一方法应用在加性数论中可以解决很多问题。

在英国与哈代合作的5年中，他们在英国数学期刊上发表了28篇研究论文。这些论文在数论、椭圆方程分析、连分数和无穷级数领域都作出了巨大的贡献。他们的工作引领了许多数学领域的发展。为了表彰拉马努金对于数学的贡献，他被选为伦敦数学会会员、三一学院院士甚至伦敦皇家学院院士。他是第一个被选入皇家学院的印度人，也是第一个亚洲人。在1918年，有来自科学各个分支的104位候选人，而他是最终15个当选者之一。

尽管在英国的5年中数学成果丰硕，但他却遭受着生理和心理上的病痛。与妻子、母亲和朋友分离，对英国阴冷潮湿气候的不适应，由于第一次世界大战的爆发不能返回印度，无法遵守婆罗门素食食谱，以上种种使他变得很抑郁并曾经尝试卧轨自杀。由于出现了与当时的不治之症——结核病相似的症状，1917—1918年的绝大多数时间，拉马努金是在威尔斯、马特洛克和伦敦的医院和休养所中度过的。

有一次，哈代到病房探望拉马努金，抱怨说他搭乘的出租车牌号1 729是一个不吉利的数字。拉马努金立即回答说1 729是一个很有趣的数字，因为它是可以写为两组不同的两立方数之和的整数：$12^3+1^3=1\ 728+1=1\ 729$，$10^3+9^3=1\ 000+729=1\ 729$——这是他在印度时记在笔记本上的发现。当哈代向其他人讲述这个故事之后，这个问题被称为出租车问题，数学家们开始研究拉马努金的结论及其他具有相关数学性质的数字。现在满足方程$a^3+b^3=c^3+d^3$的4个整数a，b，c，d组叫作拉马努金数。数学家们已经证明了存在无穷多个这样的数组。

回到印度，1919—1920

1919年2月，第一次世界大战结束，加之健康状况也有所改善，拉马努金以一个著名的、有成就的数学家的身份回到了印度。马德拉斯大学聘他为今后5年的研究数学家，年薪250英镑。三一学院许诺负担他的旅费，使他能够继续与哈代保持合作研究。尽管他的健康问题并未解决，他仍雄心勃勃地工作着，探究新的数学思想。1920年1月，他给哈代写信说，他发现了一个新的概念叫作“模拟θ函数”，一个形如下式的分式的无穷求和：$\phi(q)=1+\frac{q}{(1+q^2)}+\frac{q^4}{(1+q^2)(1+q^4)}+\frac{q^7}{(1+q^2)(1+q^4)(1+q^6)}+\cdots$他在130张散页纸上记下了650多条关于模拟$\theta$函数的结果，在他去世之后，这些纸张一直保存在马德拉斯图书馆中，直到1976年才被重新发现，因此被数学家们称为“失落的笔记本”。

直到去世的4天前，拉马努金还在进行着数学研究。他如此投入地进行工作，不肯停下来吃饭，他的妻子贾纳姬不得不在他工作的时候在旁边喂他吃米饭。1920年4月26日，32岁的拉马努金由于患了肝系统阿米巴病（一种肝脏和肠道的寄生虫感染），病逝在马德拉斯附近切特普特（Chetput）的一间出租房里。

拉马努金去世15年之后，对于这位数学家的天赋，哈代打出了自己的分数。如果分数范围是1—100，他给自己25分，而给拉马努金100分。从拉马努金去世那年起，全世界的数学家对拉马努金在笔记本中记下的4 000多条定理进行了大量的研究。他们发现其中大约有$\frac{2}{3}$的成果在他得到之时还没有其他数学家知晓。2005年“阿布杜斯·萨拉姆国际理论物理中心”和“国际数学联盟”为了纪念拉马努金，设立了“拉马努金奖”以奖励来自发展中国家的年轻数学家，每年颁发一次。

结　语

尽管缺乏高等数学方面的正式训练，拉马努金却是一个极具创造力的数学家，对于代数式和无穷级数的洞察力使他在数论领域作出意义非凡的贡献。他发明的逼近π值的技巧至今仍为数学家们采用，还引入了高级合数的分析。他发展了决定正整数质因子数的方法并导致了概率数论的建立。他的对于正整数分式数的逼近公式引入了圆方法，促进了加性数论的显著发展。

十一

诺伯特·维纳

(1894—1964)

控制论之父

诺伯特·维纳(Norber Wiener)是一个神童,他发现的新方法可以解决纯数学、物理、生物和工程领域的大量应用问题。他引入的维纳度量(measure)为布朗运动提供了数学解释,并推动了概率论和随机过程的研究。维纳判据(criterion)和他对迪拉克问题(Dirichlet problem)的分析为经典位势理论奠定了坚实的数学基础。他在一般调和分析(general harmonic analysis)和陶伯定理(Tauberian theorem)方面的工作提供了关于非周期现象的研究技巧。他创建了控制论,在其中引入了理解和控制人机交互作用的统计学方法。

诺伯特·维纳为布朗运动提供了数学解释,为建立经典位势理论建立了坚实的数学基础,并开创了控制论这一学科(图片由马萨诸塞技术学院博物馆、艾米利奥·塞格雷视觉档案馆提供)。

神 童

维纳1894年11月26日出生于美国密苏里州的哥伦比亚市(Columbia)。父亲利奥·维纳是密苏里大学(University of Missouri)的现代语言学教授,母亲蓓萨·卡恩是一个商店老板的女儿。1895年,他的父亲接受了哈佛大学(Harvard University)斯拉夫语言和文学教授的职位,全家迁往马萨诸塞州。幼儿时期,维纳就显示出过人的天赋,3岁就开始学习阅读。父亲在家中教育他,并鼓励他去大学图书馆里阅读,维纳成了一个神童,在9岁时便进入高中，11岁时从爱尔高中毕业，14岁时在马萨诸塞州梅德福市的塔斯夫大学获得数学学士学位。他在哈佛大学学习了一年动物学，又在康奈尔大学学习了一年哲学，之后回到哈佛继续学习哲学。1913年，18岁的维纳获得博士学位。他关于数学逻辑的学位论文《施罗德，怀海特和罗素的代数渊源比较》，将威尔士数学家伯特兰·罗素和英国数学家艾尔弗雷德·诺思·怀海特（Alfred North Whitehead）在《数学原理》一书中构筑的逻辑系统与德国数学家厄恩斯特·施罗德（Ernst Schroeder）早先创立的代数系统进行了比较。

在哈佛大学的资助一年访学期间，维纳来到欧洲，写作哲学论文，并与一些世界顶尖的数学家一同工作。在英国剑桥大学，他师从罗素学习数学哲学，并在哈代的指导下学习复变量和勒贝格（Lebesgue）积分。1914年他来到德国的哥廷根大学，与希尔伯特一起研究微分方程，与爱德蒙德·兰道（Edmund Landau）一同研究群论。他在英国学习的第一篇论文是一篇简短的集合论专题《关于比一个给定的基本Ω系列序数大的序列中正整数的重排方法》，发表在1913年的《数学通讯》上。1914年《最高美德》赢得了“鲍德因奖”（Bowdoin Prize），这个奖是为哈佛学生发表在《哲学、心理学和科学方法》杂志上的优秀哲学短文而设立的。在集中研究数学之前发表的15篇哲学和逻辑论文中，维纳自认为最重要的一篇是他1914年的论文《关系逻辑的简化》，发表在《剑桥哲学会进展》上。他在其中描述了一种将关系论还原为类别论的方法。

1914年6月，第一次世界大战爆发前夕，维纳回到了美国，在之后5年里从事了许多临时工作。1915—1916年，他在哈佛大学讲授数学逻辑，下一个学年又在缅因大学担任数学讲师。从哈佛的预备官培训学校毕业后，他在马萨诸塞州莱恩的通用电气公司短暂地参与工程培训项目，对燃气轮机进行蒸汽消耗测试，之后一年在纽约奥尔巴尼（Albany）的《美国百科全书》杂志担任专职作家。1918年，受数学家奥斯瓦尔德·维布伦（Oswald Veblen）之邀，他加入了马里兰州海军陆战队。在那里，他同其他数学家们一起参与计算新型军用火炮的射程表，包括火力仰角、军费、风速、气压及其他参数。战争结束之后，他去《波士顿先驱报》当记者，写一些关于军官卡伦斯·爱德华（General Clarence Edwards）的候选人资格以及马萨诸塞州劳伦斯的纺织坊移民工人的困境方面的故事。

1919年，维纳获得了麻省理工学院的数学讲师职位。在他任职期间，数学系只是一个初级服务院系，为理工科的学生讲授预备课程。他的工作是每星期给本科生讲授20学时的微积分课程。在长达41年的任职中，维纳参与改革了数学系，开展大规模的研究项目，并与学校里其他部门的合作，吸引了一大批有才华的数学家。他多产的工作帮助麻省理工学院建立声望，使之成为美国纯粹和应用数学领域的顶尖研究机构。

调和分析

维纳在麻省理工学院的第一个主要研究项目是布朗运动的数学分析。1827年英国植物学家罗伯特·布朗（Robert Brown）观察并研究了花粉及其他生物粒子悬浮在水面上的快速运动。德国物理学家1905年研究了这一现象，解释说水分子随机地与漂浮粒子发生碰撞，导致后者进行无规则的运动。通过分析单个粒子的路径图，维纳提出几乎所有的路径都是连续的，但由于方向的突然改变又是不可导的。他1921年的论文《分析函数的平均值与布朗运动》发表在《国家科学院进展》上，他引入了被称作维纳度量的技巧，即通过分配单条路径的概率来计算所有路径的平均值。他在1923年发表在麻省理工学院《数学和物理》杂志上的论文《微分空间》中导出了一个针对这一方法的更普适的公式。在近20年中，这篇高度理论化的论文并没有得到相应的重视，直到法国的保罗·莱威（Paul Lévy）和俄国的安德烈·柯尔莫哥洛夫（Andrei Kolmogorov）把它用作随机过程和现代概率论的基础。维纳度量使研究者们能够构造数学模型来研究应用中大量互相独立源的微小贡献的净效应，比如，股市平均值和失真电子信号的传送。

维纳将研究重点转向了一个基础的静电学问题：如何确定一个导体的形状，使其能够带有固定电荷而不自发放电。他对这一问题的探究引导他走向狄拉克问题：确定具有行为良好的导数且在边界处取特定值的函数。他在1923年与麻省理工学院的数学家亨利·贝亚德·菲里普斯（Henry Bayard Phillips）合著的论文《净值和狄拉克问题》发表在《数学和物理》上，他在文中提出了关于长方形排布导体产生电场的初步结果。1924年他的论文《狄拉克问题》也发表在《数学和物理》上，解决了自发放电中的许多问题，提出了对于狄拉克问题更充分的处理，对位势理论及电、磁和重力场的研究产生重要影响。1924年他的另一篇论文《狄拉克问题的一个可能的充分必要条件》发表在《巴黎科学院会议译本》上，引入维纳判据，来确定导体上电压不连续的点。在这组文章中，他通过描述带电不稳定导体的所有形状提出了一个特殊的静电学问题，并通过为经典静电理论建立的严格数学基础提供了一个包含更广泛问题的框架。

整个20世纪20年代，维纳经历了生活中个人和事业的双重变化，并且找到了合作研究的新机遇。1924年麻省理工学院晋升他为助理教授。两年后他与宾夕法尼亚州杰尼阿塔学院的现代语言学副教授玛格里特·英格曼结婚。1926—1927年受古根海姆(Guggenheim)奖金支持,维纳和他的妻子访问了英国、德国、瑞士、意大利和丹麦。

旅行期间,维纳与在欧洲各处短暂停留时见到的数学家们合作研究,与新的同事建立起联系,通过推广他已发表的工作来获得新的思想。维纳回美国一年后,他们的第一个孩子芭芭拉降生。1929年他们又拥有了第二个女儿佩吉。同年,麻省理工学院提升维纳为副教授。

维纳20世纪20年代末的研究集中在处理电信号的数学方法上。数学家和工程师应用傅立叶(Fourier)分析将重复固定图案的周期性信号分解为正弦波的无穷求和。1930年他的论文《调和分析的推广》发表在《数学活动》上,提出了一种更一般的技巧将分析扩展到非周期信号。在这篇文章中,他引入了在时间区间内测量一个信号的平均能量的自相关技巧。通过证明方程 $\lim\limits_{\mu\to\infty}\frac{1}{2\mu}\int_{-\infty}^{\infty}|s(u+\mu)-s(u-\mu)|^2du=\lim\limits_{T\to\infty}\frac{1}{2T}\int_{-T}^{T}|f(x)|^2dx$,他得到了一个更一般的理论来显示可测量信号的加权平均值与图谱分布的等量关系。

这项推广的调和分析工作使维纳建立了许多针对发散无穷级数的加权平均问题的陶伯定理。1932年他的论文《陶伯定理》发表在《数学年报》上,赢得了美国数学学会1933年的"博修纪念奖",以表彰他高质量的工作和充满创造力的阐释。在这篇百页论文阐述的众多结果中,有一条很优美的素数论证明,证明了数论中的一条重要原理:正整数 n 为素数的概率近似为 $\frac{1}{\ln(n)}$。推广的调和分析及关于无穷级数的结论这两项创新工作使维纳作为一个有成就的数学家而为人知晓。1932年,麻省理工学院提升他为正教授,1933年他被选入美国国家科学院院士。

世界性的声誉使维纳能够与国外机构中的数学家进行长时期的合作,并能够邀请出众的同行来麻省理工学院作访问学者。在众多合作努力中,20世纪30年代早期,维纳对傅立叶分析(关注将一个函数表达为正弦和余弦波的无穷求和的数学分支)作出了新的贡献。他邀请奥地利数学家厄伯哈特·霍普夫(Eberhard Hopf)来麻省理工学院,致力于遍历理论(ergodic theory)中提出的积分方程的解决,因为在遍历理论中平均值是至关重要的。他们合作的论文《关于一类奇异的积分方程》发表在《柏林德国科学院会议记录,数学—物理—技术类》上,引入了维纳—霍普夫方程 $f(x)=\int_0^{\infty}K(x-y)f(y)dy$,并在维纳20世纪四五十年代的研究中起了重要作用。1931—1932学年，他在剑桥发表了一系列关于傅立叶分析的讲座。1933年这些讲稿结集出版为《傅立叶积分及其应用》。当他1934年回到麻省理工学院时，他将剑桥大学的年轻英国数学家雷蒙德·佩雷（Raymond Paley）带回美国。这两位研究者合著了1934年的《复数域上的傅立叶变换》一书，呈现了关于复数函数的新结果。

20世纪30年代末期，维纳拓展了他成功分析的应用范围：利用积分技巧处理混沌和遍历理论。1938年他的论文《均匀混沌》发表在《美国数学》上，他将描述布朗运动发展的随机运动的数学解释推广并把他扩展的技巧应用于其他情景，涉及粒子非线形、随机运动，比如空气湍流、液流和电子信号的传输噪声。1939年他的论文《无规定理》发表在《杜克数学》上，重新证明并扩展了关于随机但行为良好的粒子运动的无规定理。之后的几十年里，物理学家基于维纳的思想发展了量子力学中的相关理论。

战争年代的研究

第二次世界大战临近，维纳在20世纪30年代末参与了一些与军事目的有关的项目。他同"帮助外国流亡学者紧急委员会"一起工作，为背井离乡的欧洲数学家和科学家安排住处并帮他们寻找美国大学里的职位。1940年，他加入了由美国数学会和美国数学联盟联合成立的组织数学家参与潜在军用研究的"战备委员会"。在为政府的"科学研究与发展局"工作期间，维纳给出了能够机械解出微分方程的计算机的初步设计框架。已有的计算机均是将数字表示为10的幂方和，即采取十进制记法，他并没有对此进行改良，而是设想了一个二进制或者说二元的计算机，将数值表示为2的幂方和，例如，记号1101.101表示$2^3+2^2+2^0+2^{-1}+2^{-3}=8+4+1+\frac{1}{2}+\frac{1}{8}=13.625$。他设计用磁带存储数据并用蒙特卡罗法，即通过对大量随机数据取平均结果来解微分方程。尽管上司否定了他的初步报告，维纳的二进制表达、磁带储存和蒙特卡罗算法的设想日后成为多功能数字计算机的标准特征。

20世纪40年代末，维纳从科学研究与发展局拿到了基金，为防空炮研制了更有效的火力控制装置。作为整体解决方案的一部分，他的研究小组基于他最近的维纳—霍普斯方程提出了两种算法。他们设计了一种滤波方法，将真实信号从变形噪声中分离出来，以减小追踪飞行物的雷达信号误差。他们还发明了一种外推算法，通过前10秒的飞行轨迹来统计预测靶飞机未来20秒的可能飞行情况。维纳对这一问题最富创造的贡献在于把人对枪的操作处理为追踪和开火进程的一个组分。他的小组开发的混合控制过程是将操作者的输入和机械化滤波以及外推算法所得结果进行联合处理。

维纳1942年在他的分类报告《外推、内推及固定时间序列与工程应用》中详述了他的负反馈环和人机交互思想。这篇报告被谑称为"黄色警戒"（Yellow Peril），取自它的封面颜色，也由于这个主题的高深，这本手册在战争期间被防空炮瞄准和火力控制系统设计师们广泛采用。1949年，他完成了一个更详细的版本，处理了一些工程应用问题，影响了自动控制系统和电子通信设备的设计。此书中描绘的对预测理论和通讯理论的统计处理引出了通信工程中一种一般化的统计视角，并逐渐渗透到计量学、社会学和经济学中。

战争末期，维纳发表了对于社会问题的强烈看法。1945年在美国政府决定向日本两座城市投放原子弹之后，他成为一个对于军事冲突直言不讳的反对者并拒绝参加涉及潜在军事应用的会议和研究项目。在《科学家的反叛》（A Sientist Rebels）和《两年后反叛的科学家》两篇文章中，他表达了对于战争和杀伤性武器研制的看法，分别发表在1947年的《大西洋月刊》和1948年的《原子科学家简报》上。他警示数学和科学同行们要考虑科学研究的道德作用和社会影响。他还考虑了计算机控制机器的后果和自动化工厂的来临，工人们将从事刻板的工作或干脆被解雇。在1949年向"管理进步协会"呈递的一次报告和1952年与"美国机械工程师协会"的一次谈话中，他讨论了自动化的优点和危险，并鼓励这些团体确保培训失业的工人去做更有思想的工作，比如困难解决者、手工艺人和编程专家。1950年他的书《人类自身的能力》强调了一个即将到来的高度机械化社会所伴随的社会问题。

控制论

从20世纪40年代中期到20年后职业生涯的结束，维纳的研究集中在人与机器的相互作用和把人体看作机器进行的分析上。和墨西哥生理学家奥特罗·罗森布鲁（Arturo Rosenblueth）一起，他使用了统计的时间序列理论来分析人类脑电波电信号模型。通过使用麻省理工学院的自相关机和与"马萨诸塞州总医院"的合作，维纳和罗森布鲁发现了神经之间的冲动电流与电脑环路中电流的离散过程是相似的。他们在多篇文章中进行了解释，包括1946年的《连通可兴奋元素的网络中，尤其是心肌中冲动传导问题的数学公式化》发表在《墨西哥心脏研究所档案》上。

维纳的研究集中在人体机器的沟通和对自身功能控制的原理上。他制造了一个有活性的铁肺，可以在肌肉重新开始呼吸运动之前，让病人神经系统的信号控制人工呼吸机的工作。他的论文《与失聪者的声通讯》发表在1949年的《科学哲学》杂志上，探讨了对皮肤施以不同模式的压力来将声信号传递给听力受损者的可能方式。他的论文《人工传感器问题》发表在1951年的《美国数学会简报》上，讨论了使患者得以操控金属假肢的原理。维纳研究了一些稳态过程，比如血压、体温及其他人体通过半自动的负反馈系统对偏离常态作出反应而得以始终保持的平衡。关于这一问题的成果，集中在论文《个体和社会的稳态》和论文《医学中的稳态概念》中，分别发表在1951年的《富兰克林所刊》和1953年的《费城大学物理学家研究事务》上。

这些独立的课题是维纳一项针对控制、通讯和组织系统的更大研究计划的一部分。他引入了控制（cybernetics）一词，来描述这一新领域的研究。他的方式涉及创立一个数学框架以表达一个结构、系统或组织中不同组分之间的相互依存关系。他主张，既然多数系统是根据部分的或者不精确的信息运作的，那么统计理论必然在信息理论、预测理论和通讯理论中占据核心地位。1948年他的《控制论，动物和机器的控制与沟通》成了一本畅销书，其中提出的反馈（feedback）、稳定性（stability）、稳态（homeostasis）、预测（prediction）、滤波（filtering）等术语被广泛采用。非线形理论的流行及其在控制论中的数学基础作用引出了维纳1958年的另一本书《随机理论的非线形问题》。基于这些著作及在这一学科建立中的突出贡献，维纳被称为“控制论之父”。维纳在控制论中的工作引起了整个世界科学界的兴趣和关注。1949年，美国数学会在他们的

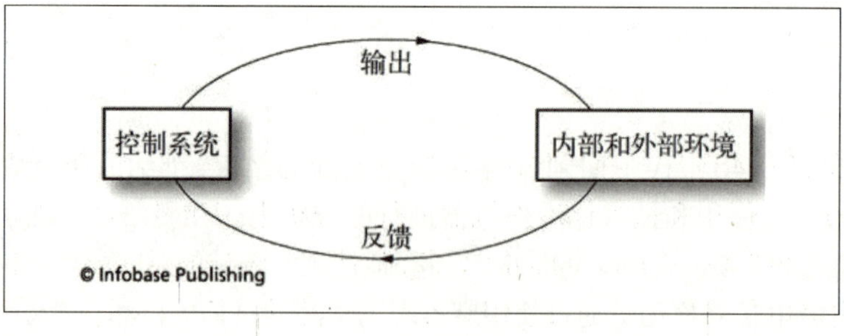

控制系统利用其关于内部和外部环境变化的信息调整其输出，以增强（主动反馈）或抵消（被动反馈）这些变化。

年度会议上选择维纳来就假肢问题作著名的乔舒亚·吉布斯（Joshua Gibbs）演讲。作为1950—1951年的“富布赖特学者”（Fulbright fellow），他在英国、西班牙、法国和墨西哥进行了巡回讲座。在随后的几年里，他又访问印度、日本和中国，与科学家和数学家们分享他的工作，涉及人体功能的数学解释及人机交互的分析。

在晚年，维纳写了许多给非专业读者看的书。两个短篇故事《大脑》和《洁具橱里的奇迹》发表在1952年的《科技和工程消息》上。他的两部自传《前神童：我的童年和青年时代》和《我是数学家：神童后来的生活》分别于1953年和1956年出版，他回顾了自己作为数学家的生活和与他的专业同行们之间的关系。在1959年从麻省理工学院退休之后，他写了一篇题为《诱惑者》的小说，主人公是一个理想主义的科学家，他还试图使制片人奥森·威尔斯（Orson Welles）对它感兴趣，将小说改变为电影。他继续阐述道德和社会问题，《自动化引出的一些道德和技术后果》发表在1960年的《科学》上，并出版了《上帝与怪物，关于控制论对宗教冲击的评论》一书。

1964年3月18日，维纳由于突发心脏病逝世于瑞典的斯德哥尔摩，两个月后，美国总统林顿·约翰逊授予他“国家科学奖”。

维纳去世后，美国数学会在1966年出版了一个特别的文集《简报》纪念他在数学和科学中8个领域所作出的贡献。1967年，麻省理工学院数学院、美国化学会和工业与应用数学会设立了应用数学领域的“诺伯特·维纳奖”，奖励5 000美元给作出杰出贡献的应用数学家，每3年颁发一次。“社会责任计算机职业会”在1987年设立了年度“诺伯特·维纳社会与职业道德奖”来表彰对社会负责的计算机专家。

结　语

在诺伯特·维纳较长的职业生涯中，他出版和发表了200多部书和论文，涉及领域从应用数学到可以用物理术语表达的问题。他对布朗运动的研究和维纳度量推动了概率论和随机过程的发展。在调和分析和陶伯定理领域，他发展了研究非周期现象的方法。而他关于防空炮、人脑电波和人机交互等控制系统的工作促使了控制论的创立。

十二

约翰·冯·诺依曼

(1903—1957)

科学和技术中的数学

约翰·冯·诺依曼(John von Neumann)先是作为一个有成就的纯数学家建立起声誉,后又对科学和技术的许多领域作出卓越贡献。在事业早期,他引入了集合论中序数(ordinal number)的新定义,建立了又一严格的数学分支——博弈论(game theory),完善了量子力学(quantum mechanics)的公理基础。在事业的后半段,他发明了冯·诺依曼计算机结构,将博弈论的概念应用到经济学中,引入了计算机数值分析的新算法,参与研制了核武器,并建立了生物有机体繁殖的细胞自动机(cellular automata)模型。

约翰·冯·诺依曼发展了冯·诺依曼代数理论,建立了又一严格的数学分支——博弈论,发明了广为流传的冯·诺依曼计算机系统结构,并参与研制了核武器(图片由格拉纳博物院提供)。

早年的集合论研究

1903年12月28日,贾诺斯·莱约斯·诺依曼出生于匈牙利的布达佩斯(Budapest)。他是家中长子,父亲马克思·诺依曼是一个富有的银行家,母亲玛吉特·堪是一个成功商人的女儿,他们共有3个儿子。1913年,他的父亲获得了一个贵族头衔,正式把姓改为诺依曼·冯·玛吉塔。贾诺斯小时候被昵称为简克斯,后来改为英语化的名字约翰·冯·诺依曼。他幼年时就能讲匈牙利语、英语、德语、法语,并能够阅读拉丁文和希腊文,6岁时就能够心算8位数的除法,还能背出从电话号码手册里记下的名字、地址和电话号码，以接待家中的来访者。

冯·诺依曼10岁之前的教育一直由家庭教师承担，之后，他进入了布达佩斯的一座包含初、高级教育的私立学校——路德学院（Lutheran Gymnasium）。学校的老师发现他已经掌握了绝大部分的标准数学课程，就安排布达佩斯大学的教授来做他的导师。17岁时，他与其中一名导师——迈克尔·伐卡特（Michael Fekete）合作发表了一篇原创研究论文《关于某个最小多项式零集合的位置》，发表在1922年的《德国数学联盟年度报告》上，推广了特殊的多项式函数群的根定理。

1921年，冯·诺依曼完成了路德学院的学习，进入布达佩斯大学学习数学，同时在柏林大学修读化学。他在柏林上课，只在每学期期末回到布达佩斯参加考试。1923年，匈牙利期刊《塞格德大学活动》刊发了他的论文《关于超限序数》，他在其中给出了序数（由德国数学家康托50年前提出）的新定义，改善了此概念的初始公式化。在柏林学习两年之后，他转入瑞士苏黎世的联邦技术所，并于1925年获得化工学位。次年，他从布达佩斯大学获得了数学博士学位，提交了一篇题为《万有集理论的公理化构筑》，在文中他提出了新的集合论公理集。

1926—1927学年，冯·诺依曼得到了洛克菲勒奖金，使他能够继续在德国哥廷根大学与希尔伯特一起研究集合论。1926—1929年，他在柏林大学担任助理教授讲授数学，次年又转入汉堡大学。他参与了希尔伯特的计划，证明数学理论不存在矛盾，建立了严格的公理化基础，由此所有的数学结果都可被证明。1927年在《数学综述》上发表的论文《关于证明的希尔伯特理论》中，冯·诺依曼显示了一系列经有限多步逻辑推导得到的数学结果，可以形成一个相容的数学子系统。1928年他的论文《集合论的公理化》发表在《数学综述》上，是他博士论文的延伸。在这篇文章中他简明扼要地列出了一些公理，并显示了集合论中的绝大部分内容都可由它们导出。1931年，奥地利裔匈牙利逻辑学家哥德尔证明了不完备定理——每个公理化的数学体系都包含既不能被证明又不能被证伪的命题，从而使希尔伯特计划无法实现。在离开集合论领域之前，冯·诺依曼又证明了关于实数积分的分解、可解群、哈尔度量（Haar measure）和线形拓扑空间的一些定理。

量子理论

冯·诺依曼进一步扩展了他在公理化系统方面的工作，对量子理论这一新的学科作出了基础性的贡献。量子论是数学物理学的一个分支，主要研究亚原子粒子。1927—1929年在他的一系列论文中，将哈密顿算符（Hermitian operator）应用到无穷维希尔伯特空间，从而为量子力学建立了数学框架。在这个数学结构中，他提出了一个有限公理集合，统一了量子力学的波和粒子理论。他关于这一主题有影响力的论文，包括1927年与希尔伯特和德国物理学家洛瑟·诺德海姆（Lothar Nordheim）合著的《关于量子力学的基础》，发表在《数学年报》上；1928年与匈牙利物理学家尤杰尼·维格纳（Eugene Wigner）合著的两篇论文《关于转动电子的量子力学谱学性质的统一解释Ⅰ，Ⅱ》，发表在《物理学综述》上；1929年的《哈密顿函数算符本征值的广义理论》，发表在《数学年报》上。

1932年在他的著作《量子力学的数学基础》一书中，冯·诺依曼给出了量子物理公理化公式的详尽总结。他在书中用了两章来分析因果律和不确定度，得出结论：尝试通过引入隐函数的方法来完全解释事件的发生，不符合量子理论的基本结构。这篇文章讨论了观测进程如何影响有关现象的测量而对量子测量作出贡献。这本书还讨论了1932年年初在《国家科学院通报》上的论文《准随机假设的证明》，文中证出了关于粒子统计分布的弱随机定理。

这本量子力学的著作出版后，冯·诺依曼作为数学家享誉世界，随后他移居美国。1929年，他与布达佩斯大学的一名经济系学生玛蒂埃塔·寇维斯结婚。1930年，他们在新泽西州的普林斯顿大学（Princeton University）做访问学者。他在这里一直工作到1931年，并加入了普林斯顿大学新成立的高级研究所，与詹姆士·亚历山大、阿尔伯特·爱因斯坦、马斯顿·莫斯、奥斯瓦尔德·维布伦及赫尔曼·外尔一起成为这里创始的6名数学家。1933年，他成为《数学年报》和《数学选编》的编辑之一。他唯一的孩子玛瑞娜，出生于1936年。1937年他与妻子离婚，来到波兰与卡拉若·丹结婚，他的第二任妻子后来成为第一台电脑的程序员之一。

博弈论

20世纪30年代，博弈论这一有关竞争与合作的数学领域，成为冯·诺依曼的研究方向之一。20世纪20年代，他曾研究过“二人零和博弈”，即两名竞争参与者，通过抉择使得一人获益，一人等量受罚。在1928年发表在《数学年报》上的论文《关于策略博弈论》中，他证明了在所有的二人零和博弈中，每个玩家都有一个最佳策略唯一准则。这篇论文还给出了 n 名玩家博弈的正则定义，使1921年法国数学家爱弥尔·波莱尔引入的思想公式化，为博弈论建立了严格的数学基础。

1937年他的论文《关于一个一般经济平衡的模型和布饶尔定点定理的应用》发表在奥地利专题文集《1935—1936年年度数学研讨会成果》上，他在其中将博弈论的理论概念应用到经济学领域中。

这篇有影响力的论文引入了许多定量技巧给出经济现象的数学解释，包括价格—成本和供求不对等、产品集的活度（activity）分析、稳态增长、鞍点表征和互补闲置（slackness）条件。利用拓扑学中的布饶尔定点定理和一些几何中的其他结论，冯·诺依曼证明了在一般条件下优等策略的存在。通过这些数学模型，他指出在经济中，与增长率直接相关的是利率而不是资本数量。经济学家用"冯·诺依曼革命"一词来描述这篇文章对于平衡、增长和资本的经济学研究所带来的巨大变化。

1944年，冯·诺依曼与德国经济学家奥斯卡·摩根斯特恩合著了《博弈论和经济行为》。此书为效用（utility）和不确定状态的抉择理论提供了公理化基础。不确定状态下的抉择是指这样一种行为模型：一个经济中的玩家关于各种选择的价值只拥有一些不定的信息，但他在其中必须选择一种策略。冯·诺依曼和摩根斯特恩将博弈论的概念广泛地应用到各种情形中，比如经济参与者之间互相合作而组成的联盟、无竞争状态下的垄断以及多个参与者之间的自由贸易。这篇数学经济学方面的开创性论文极大地影响了经济学理论的世界性实践。

冯·诺依曼保持着他在这一数学分支上的兴趣，始终研究着博弈论方面的工作。1953年他参与了《博弈论的贡献，第一卷》其中两章的撰写。在《博弈的微分方程解》中，他和美国数学家乔治·W.布朗（George W. Brown）用分析中的连续性技巧解决了表达不连续的博弈论问题。而在他与他的博士后学生唐纳德·B.吉力斯和约翰·P.梅布瑞（Donald B. Gillies and John P. Mayberry）合写的《扑克中的两个变量》一章中阐述了机会和策略联合情形下的博弈论应用。1954年他的论文《确定最佳策略的数值方法》发表在《海军后勤研究季刊》上，提出了他曾帮助发展和实施的军用计算机解法。

算子理论

冯·诺依曼发表的论文中有近$\frac{1}{3}$是关于算子理论这一代数分支的。他在研究量子力学时对无限维希尔伯特空间引入的新思想导致了有界和无界对称算子理论的重新公式化。1929年他的文章《关于无界矩阵的理论》发表在《纯粹和应用数学》上，1931年他的论文《关于函数算子的函数》发表在《数学年报》上，这是他一系列全面讨论操纵向量函数性质的论文中的两篇。

1929年他的论文《关于函数算子代数和正规算子理论》发表在《数学年报》上，他在其中引入了后来被称作“冯·诺依曼代数”的算子环。与美国数学家弗朗西斯·墨瑞（Francsis Murray）一起，他写了4篇系列论文《关于算子环Ⅰ，Ⅱ，Ⅲ，Ⅳ》发表在1936—1943年的《数学年报》上。这些文章解释了如何讲冯·诺依曼代数分解基础结构即因子之和，并将它们分成了5种不同的类型。这些论文以其透彻的思想和对一些异常性质的优美解法至今仍被函数分析者们置于重要地位。

原子武器与核能

在20世纪40年代早期，美国准备参加第二次世界大战，冯·诺依曼将他先前在纯粹数学上的研究转移到应用上来。在1937年成为美国公民之后，他具有科学家与军事和政府组织顾问两种身份。1940—1957年他是马里兰州“阿博丁鉴证基地”“弹道研究实验室科学顾问委员会”的一员，1943—1955年为华盛顿的“海军军需局”工作，并在1947—1955年作为马里兰银泉（Silver Spring）地区的“海军军需工会”顾问。最初，他在这3个组织中的工作主要是弹道计算，即基于发射角、装药容量、风速、气压和其他变量计算防空炮的射程。后来几年，他参与设计了计算机硬件，发展了军用课题的数值技巧。

1943年，冯·诺依曼成为路斯阿拉摩斯（Los Alamos）科学实验室的顾问，在那里，作为曼哈顿计划（Manhhattan Project）的一部分，政府组织了一大批科学家研制原子武器。冯·诺依曼分析了球坐标的限制，而坐标系的选择对产生足够量的裂变物质从而引发初始内爆至关重要。借助一些早期的计算机系统，他争分夺秒地设计和运行程序来分析爆炸过程中产生的冲击波和退化波（deterioration wave）的水动力学。他在内部文件中展示了他的研究成果，如1942年的报告《引爆波的理论》，1944年的《地下爆炸引起的表面水波》和1945年的《冲击波的折射、交会和反射》。1946年6月，在美国向日本的长崎和广岛投下两枚原子弹之后，他是太平洋马歇尔（Marshall）群岛比基尼（Bikini）环礁站的核爆测试观察者之一。1947年他因在战争期间的军事工作被授予“总统荣誉奖章”和美国海军的“杰出公民奖”。

在接下来的5年中，冯·诺依曼在新一代炸弹——核聚变武器的研制中起到了举足轻重的作用。在1946年提交的一个内部技术报告“路斯阿拉摩斯科学实验室LA-575”中，他和匈牙利裔的科学家爱德华·泰勒（Edward Teller）一起提议制造1 000倍于第一颗原子弹威力的超级炸弹。作为1950—1955年“美国武装力量特种武器计划”成员、1951—1957年“美国空军科学顾问组”成员、1952—1954年“原子能一般顾问委员会”成员和1943—1955年“路斯阿拉摩斯科学实验室”顾问，冯·诺依曼参与了1952年11月第一颗氢弹引爆的科学和政治工作。

作为1954—1957年“防空导弹顾问委员会”（之后被称作“冯·诺依曼委员会”）的主席，冯·诺依曼参与研制了长射程导弹来运送核武器到靶目标。作为1949—1954年田纳西州“橡树岭（Oak Ridge）国家实验室”的顾问、1953—1957年“原子能技术顾问会”成员和1954—1957年“原子能导弹”成员，他还探究了和平时期原子能的作用。1955年，他在以下3篇文章中表达了自己对核时代的看法：发表在《财富》杂志上的《我们能从技术中幸存吗》、发表在《武器科学基础》上的《抵御核战》和发表在《技术综述》上的《核能对物理和化学科学的影响》。1956年，为了表彰他在核武器和原子能发展中作出的贡献，他被授予“总统自由奖章”、“阿尔伯特·爱因斯坦纪念奖”和“恩瑞克·费米奖”。

计算机结构和数值分析

在20世纪40—50年代，冯·诺依曼对计算机硬件设计及程序解题的数值算法开发作出了卓越贡献。1944年，他加入了美国计算机的先锋J.普瑞斯珀·埃克特（J. Presper Eckert）和约翰·毛彻利（John Mauchly）在宾夕法尼亚大学摩尔学院（Moore School）的研究小组，致力于“电子数值积分和计算器”，第一个通用目的的电子、数字计算机研究。他和埃克特、毛彻利一起参与设计了包含若干新颖设计想法的“电子不连续变量自动计算机”。1945年，冯·诺依曼提交了一篇内部文件，题为《关于EDVAC的第一手稿》，提供了这种机器的组件和功能轮廓。这篇初步的报告引入了计算机记忆中指示程序电子化存储的概念，使计算机能够逐步执行程序的命令而不需要人工干预。尽管埃克特和毛彻利提出了最初的绝大部分概念，这篇报告中的组织结构还是被称为“冯·诺依曼系统结构”。这个系统结构包括5个分立的单元，分别为计算、逻辑控制、记忆、输入和输出以及存储程序的概念，这些基础设

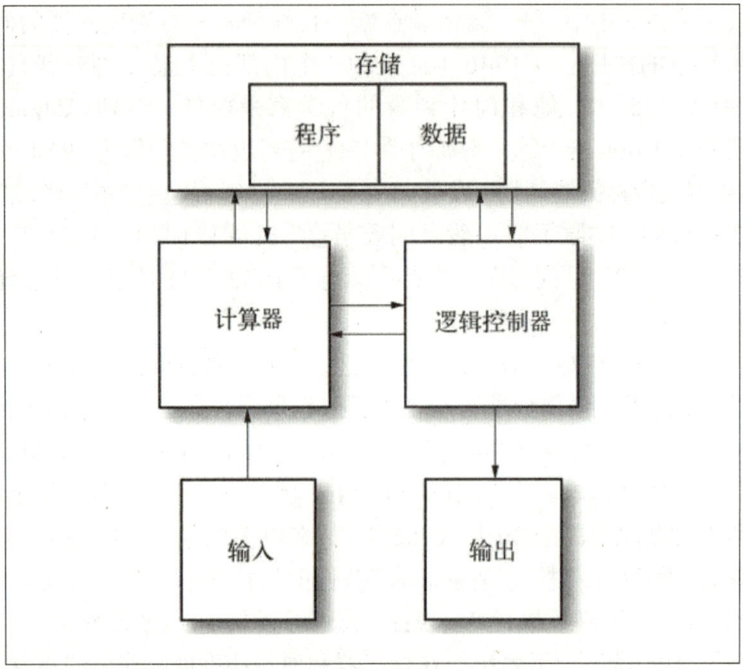

大多数非平行计算机是按照冯·诺依曼系统结构来组织的，即包含5个分立的单元：计算、逻辑控制、输入、输出和程序及数据存储器。

计仍应用在当今大多数的非平衡计算机中。冯·诺依曼和美国数学家及计算机科学家赫尔曼·古德斯汀（Hermann Goldstine）在一篇未发表但广为流传的论文《大型计算机的基本原理》中进一步考察了这些设计思想。

1945年下半年，冯·诺依曼终止了与埃克特和毛彻利的合作关系，在高级研究所（IAS）发起了一项研制一台计算机的工程。1952年完成的IAS计算机完满达成了冯·诺依曼所有的设计理念，被用于实验科学研究。作为1946—1952年"国家研究理事会"的"高速计算委员会"（CHSC）成员，他完全共享了这台电脑的设计细节。1952—1955年，世界范围内有17家实验室复制了IAS计算机，包括RAND公司以冯·诺依曼命名的JOHNNIAC计算机。

除了在计算机硬件方面的先锋工作，冯·诺依曼还开发了能够进行计算机数值分析的新颖算法。1945年，他引入了归并排序算法，即一个数组的前半部分和后半部分递归地排序再合并。他改进了电脑编程中寻找本征值、多变量函数极限值、转置矩阵和非齐次偏微分方程求解的方法。他还发展了稳态分析的一般原理，以确保电脑得出的答案不会因约化数值和近似技巧产生的误差积累而变得不可靠。

冯·诺依曼在数值技巧上的研究对蒙特卡罗法有重要意义，此法是用随机统计样品来获得近似数值答案的算法。他在1949年蒙特卡罗法讨论会上提交了《与随机数位相关的多种技巧》，其中介绍了平方取中法来产生伪随机数。这种方法通过对每个输入进行平方再选取中间八位数作为下一次的输入来产生一系列8位整数。在他们1950年发表在CHSC的期刊《数学表及其他计算辅助》上的报告《ENIAC计算出的e与π的前2 000个小数位值的统计声明》中，冯·诺依曼及希腊裔美国数学家尼古拉斯·梅彻普里斯（Nicholas Metropolis）和德裔美国数学家乔治·W.瑞特维斯那（George W. Reitwiesner）一起确定了他们得到的π的数位是随机分布的，但e的数位却明显有固定的随机模式。在1955年发表在同一期刊上的文章《$\sqrt[3]{2}$的连分数展开》中，冯·诺依曼和美国数学家白杨特·塔克曼（Bryant Tuckerman）一起在电脑程序设计中应用了连分数的技巧来获得数值$\sqrt[3]{2}$的2 000个偏微商，并分析了这些结果的随机性。冯·诺依曼在数值分析方面的工作激励了其他研究者使用电脑来进行随机数的实验和理论探讨，并促成了蒙特卡罗法的广泛使用。

自动机理论

与计算机硬件设计平行，冯·诺依曼发展了对于生命有机体如何传递和处理信息的兴趣。他开始研究细胞自动机，即在一个系统网络（grid）中，其迭代时间步的进化按照某些固定法则由邻近细胞状态决定的细胞。1946年，他提出了一种自我复制自动机，随后实验证实了这些自动机能够产生增长的复杂后代。这些未发表的研究计划以万能构造机（universal constructor）告终，这种自动机能够对自身结构信息及自我复制方式进行编码。他还用自动机理论来考察以不可靠组件设计可靠机器的可能性。

冯·诺依曼关于自动机的最早文献是1951年发表在专题《大脑行为机理》上的《自动机的通用和逻辑理论》。这篇文章详述了他在1948年加利福尼亚州帕萨得那（Pasadena）召开的西肯研讨会上发表的演讲《模拟逻辑网络和自动机》。在1957年去世时，冯·诺依曼留下了两项未完成的有关自动机理论的工作。1956年他在耶鲁大学（Yale University）发表了“西利曼讲座（Silliman Lectures）”系列，平行地介绍了人脑和数字计算机方面的工作。这些演讲的未完成的总结在1958年结集成书——《电脑和人脑》。1966年他的同事亚瑟·巴克斯（Arthur Burks）完成了他关于自动机理论的手稿，出版了《自我增殖的自动机理论》一书，详细介绍了万能构造机概念。

在整个事业生涯中，冯·诺依曼获得了许多以表彰他多样的研究成就的奖章。他分为两部分的文章《近乎周期函数和群》分别发表在1934年和1935年的《美国数学会公报》上，为他赢得了美国数学会（AMS）的博修纪念奖。1937年美国数学会选他做年度国家大会的研讨讲座，1944年美国数学会请他做吉布斯讲座。他在1951—1952年担任美国数学会的主席。另外，意大利、秘鲁、荷兰和美国的7个国家科学院选他为会员。1957年2月8日，在与癌症艰难斗争了两年之后，从轮椅到病榻，冯·诺依曼在华盛顿去世，享年53岁。

一些组织进行了持久的哀悼，纪念冯·诺依曼对管理科学和电脑科技作出的贡献。操作研究和管理科学所每年向对操作研究和管理科学作出基础性和长久性贡献的个人颁发“约翰·冯·诺依曼奖”。1990年，电力和电子工程所设立了“约翰·冯·诺依曼奖章”表彰在计算机科技领域作出杰出贡献的人。2005年，美国邮局发行过一张纪念邮票来纪念这位有影响力的美国科学家。

结 语

在一个知识日益专业化的时代，冯·诺依曼仍对数学、科学和技术的众多分支贡献了重要和开创性的思想。物理学家纪念他为量子力学建立了公理化的基础；经济学家赞赏他将博弈论应用到社会科学学科；在计算机技术中，冯·诺依曼系统结构被看作是数字计算机设计的绝对主流模型；军事领导感谢他对核武器发展作出的贡献；生物学研究者继续着他发展的新颖的自我复制自动机思想；在数学领域内，冯·诺依曼代数也继续影响着算子理论的研究。影响了如此众多的学科，约翰·冯·诺依曼无愧于20世纪最著名的数学家之一。

十三

格蕾丝·莫瑞·霍珀

(1906—1992)

计算机软件的开拓者

格蕾丝·莫瑞·霍珀(Grace Murray Hopper)离开大学数学教授职位之后,成为了马克Ⅰ号(Mark Ⅰ)计算机的第一个程序员。她写了第一个编译程序,使计算机能够将编码模块进行组装而不仅是通常的存储器。她用英语书写指令的FLOW-MATIC软件,成为广泛应用的COBOL编程语言的基础。在她为美国海军工作中,她与产业领导者的接触,她的著作和她频繁的会议演说影响了自动化数据处理软件的发展和标准化。她使电脑程序中的"电脑错误"(computer bug)和"调试"(debugging)等术语广泛流行。

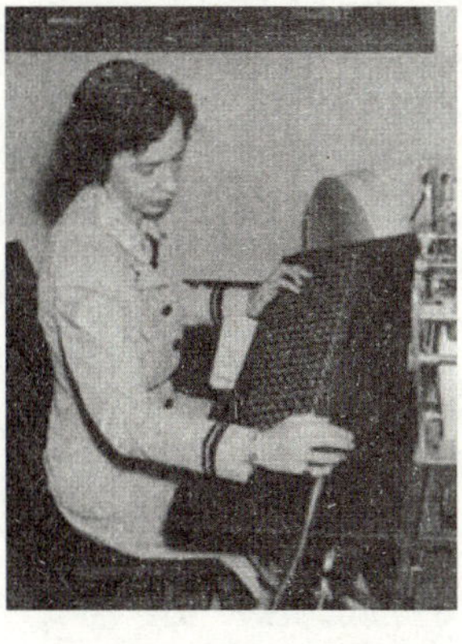

海军中校格蕾丝·莫瑞·霍珀为马克Ⅰ号(Mark Ⅰ)计算机编制了程序,写出了第一个编译程序,详细构建了COBOL编程语言的基本思想(图片由贝特纳/CORBIS图片库提供)。

早年生活和教育

1906年12月9日,格蕾斯·莫瑞·霍珀出生在纽约城(City of New York)。父亲沃特·弗莱特彻·莫瑞是保险经纪人,母亲玛丽·凯姆贝尔·范·霍恩是民间工程师之女。莫瑞是长女,她对事物充满兴趣,喜欢用金属构件制作机械玩具。有一天她拆开了7个闹钟,检查它们的内部构件。母亲热爱数学,父亲虽有生理残疾却坚持自强自立,这些都深深地影响了她的人生观。莫瑞先后就读于纽约的两所私立女子学校——格林翰姆学校和斯顾梅克学校,并在新泽西州平田的哈特瑞治学校读大学预科。除了学习数学和科学，她还喜欢参加运动，欣赏音乐和表演。

1924年，莫瑞进入纽约帕基普希的瓦萨学院（Vassar College），主修数学和物理。在完成必修的人文和科学课程之外，她还辅导同学的物理，旁听植物学、生理、地理、商务和经济课程。大学二年级期间，她正式被吸收进入美国最古老的大学荣誉社团“菲–贝塔–卡帕”（Phi Beta Kappa）。1928年大学毕业，她拿到数学和物理学位时，还获得了瓦萨学院的基金，进入了康涅狄格州纽黑文的耶鲁大学。1930年她与纽约大学商务学院的英文讲师温森特·福斯特·霍珀结婚。

1931年，格蕾丝·莫瑞·霍珀接受了瓦萨学院数学讲师的职位，工资不多，每年只有800美元。她教授代数、几何、三角、微积分、概率、统计、分析和机械制图。在瓦萨大学教书期间，她继续了研究生课程和在耶鲁大学的数学研究，1932年获得数学博士学位。在代数学家奥依斯顿·欧尔的指导下，她完成了题为《不可约性判别准则的新类型》的博士论文，她在其中探讨了一个多项式可以被写为两个更简单的多项式之积的条件。她的学位论文使她加入了美国科学研究协会（Sigma Xi），并晋升为副教授。1936年，《美国数学月刊》刊发了她的论文《没有产生的七作为毕达哥拉斯数理论的索引》。10年教书之后，1941—1942年，她作为瓦萨教师在纽约大学库兰特研究所修读高级课程并开拓进一步的研究。

编程和调试马克系列计算机

1943年，美国加入第二次世界大战之后，霍珀试图应征加入美国海军。她时年36岁，身高1.7米，重48千克，海军以她年龄过大、体重过轻为由拒绝了她。海军进一步向她说明，他们不批准她的申请是因为她作为数学教授的工作对于战争是很重要的。霍珀离开了瓦萨的教师职位，说服招募者接受她进入“女子志愿应急队”（Women Accepted for Voluntatry Emergency Service，简称：WAVES），这是美国海军预备役的女子分队。在1944年6月底，她从马萨诸塞州北安普顿美国海军预备役女子中等海员学校以第一名的成绩毕业，并被任命为初等上尉。5天后，她申请到在哈佛大学军械计算工程部霍华德·艾肯（Howard Aiken）的指导下工作。

1937年，艾肯作为海军中校和哈佛大学的数学物理教授曾提议设计一种自动计算机。1939—1943年，他与IBM公司一起在纽约恩迪科特的IBM实验室研制了“自动顺序控制计算机”（Automatic Sequence Controlled Calculator，简称：

ASCC)。1944年1月，在测试之后，IBM将它拆掉，移送给哈佛大学，在以后的战争中这台机器租用给了海军。马克Ⅰ号，作为第一台美国制造的大型自动顺序数字计算机，重达5吨，有75万个组件，用掉了853千米长的电线，高2.4米，宽2.4米，长15米。马克Ⅰ号的3 300个机电继电器使它能够进行每秒3次的23位有效精度的加法。

霍珀的第一个任务是为这台计算机编程，计算自动推进火箭轨道的反正切级数系数。程序员的职责要求她将计算算法和公式转化为二进制编码的计算机指令，然后通过打孔的纸带输入计算机。她所编写和运行的关于弹道射程表的大部分程序都提示了防空武器的射程与发射角、弹药容量、风速、气压和其他一些变量有关。她还编程计算了船尾部牵引的扫雷探测器的清扫面积。霍珀、艾肯和由8名海军人员组成的小组，保持马克Ⅰ号每天24小时运行，进行各种军用运算，包括确定钢板的张力强度，分析无线电波的传播和模拟原子弹爆炸引起的冲击波。

在艾肯实验室工作的第一年，霍珀写了一本描述马克Ⅰ号编程程序的手册。这本561页的手册提供了计算机每个组件和电路功能以及完成各种任务的样本程序的细节性描述。1946年，《自动顺序控制计算机操作手册》出版，霍珀的手册成为《哈佛大学计算实验室年报》的前35卷。

由于计算实验室的人员增加，霍珀承担了监管所有程序编写及培训新程序员的责任。所有以0和1组成的机器语言编码的程序员都必须懂得计算机最基础水平的硬件结构功能，她编制了机电继电器的时间表，附以展示机器内部顺序操作的电路图。在一系列笔记中，她记录了之后编程要用到的计算平方根、三角函数、数值求和与其他基础任务的编码片段。她鼓励每个程序员都收集一个类似的编码片段记录，与合作者们分享自己的常规工作，以减少编码的错误和重复性劳动。

在继续编程、操作和维护马克Ⅰ号的同时，霍珀和她在计算实验室的同事又开发了它的后继系列马克Ⅱ号。到1945年中期，马克Ⅱ号已可操作并在四则运算时具有5倍于马克Ⅰ号的速度。1945年9月，马克Ⅱ号停止运行，她和程序员小组发现有一只飞蛾卡在了1.7万个继电器中的两个之间。他们用一只镊子把这只昆虫夹了出来，并记录在日记本上，标明他们“调试”（debugged）了这台机器。尽管哈佛人员曾经用“错误”（bug）一词描述计算机的故障，但霍珀对这一插曲的频繁复述使“电脑错误”和“调试”的术语广为流传。霍珀将这一技术术语扩展到软件问题，用“调试一个程序”来描述确定输入计算机指示的逻辑或语法错误的过程。

战后，霍珀离开了活跃的军事任务，重新回到瓦萨任职，并加入了美国海军预备役。她接受了一个3年的基金。1946—1949年，作为工程系统和应用物理的民间研究者继续在哈佛艾肯计算实验室工作。她和艾肯一起，于1946年在《电工程》上发表了论文《自动顺序控制计算机Ⅰ，Ⅱ，Ⅲ》。她在文中的第一部分描述了马克Ⅰ号的机械原理及加减法的处理进程。在第二部分解释了如何执行设计更多操作的乘除法。最后一部分描述了如何制备和设计用于向计算机输入指令的打孔带。

为了鼓励有关计算机及计算这一尚显年轻但蓬勃发展的领域的公开讨论，霍珀和艾肯组织并主持了关于计算的第一次国际大会。1947年1月他们在哈佛召开的"大型数字计算机研讨会"，吸引了来自大学、工业和政府的实验室和研究组的300名参会者。霍珀注重与同行之间的交流与合作，并在事业中继续组织和参与了许多类似的活动。

霍珀在计算实验室的主要职责是领导民间程序员们的工作：例如，原子物理、无线电波、光和天文等军事、科学和商业应用领域编制程序。主要的工作是与美国空军计算包括涉及在电子学和雷达领域有重要应用的贝塞尔函数在内的14卷数值表。1948年，霍珀和同事的第一个商用数据处理程序是为"精明生活保险公司"计算保险金、红利、租用利息和印刷顾客票据。这个成功的程序计算机使她确信计算机可以被广泛地应用于商业，但这个想法当时并不被计算机领域与她同时期的人认可。

1946—1948年，计算实验室的成员设计并制造了第三台计算机马克Ⅲ号。这台电子计算机用真空管替代了继电器，比马克Ⅰ号的计算速度提高了50倍。马克Ⅲ号用金属覆盖纸制磁带替换了打孔纸带向电脑输入程序和数据。1948年，在霍珀及程序员小组成功地在马克Ⅲ号编码和运行了各种测试程序之后，它被送往空军。

编译器和COBOL编程

1949年，霍珀接受了宾夕法尼亚州"埃克特-莫彻利电脑公司"（EMCC）高级数学家的职位。她为这家公司工作了18年，经历了1950年被雷明顿-兰德公司收购和1955年与斯伯里公司的合并。计算机先锋——埃克特和莫彻利在1947年离开宾夕法尼亚大学摩尔学院之后创立了EMCC，帮助开发了电子数值积分器和计算器（ENIAC）。作为EMCC的第一个工程，埃克特和莫彻利与北拉普（Northrup）航空公司签约设计并制造了二进制自动计算机（BINAC）。霍珀掌握了用0，1，2，……7等八进制记号来编程，相对于0和1表达的二进制语言有一些进步。1951年，雷明顿-兰德公司推出万用自动计算机（UNIVAC），第一台批量生产的商用机。由于装备了电子真空管、金属带和磁核存储，UNIVAC比马克Ⅰ号计算速度高1 000倍，并能够处理数值和代数数据。

在研究UNIVAC的编程技巧期间，霍珀发挥了很重要的作用。她游说、研制和实施了编译器（compiler）（她引入的一个词，以描述这样一个程序，它使计算机能够从更小编码模块构建程序）的概念。她在计算机的存储器中储存了子程序（subroutine），引导电脑运行特定函数的编码片段并为每个子程序编排了3个字母组成的记忆码。1952年，她做出了第一个编译器，被称为A-0，它自动按照提供的编码指示组装和排列子程序。最终组装的程序被电脑作为一个单元处理。1952年5月，在"计算机联盟"资助的于匹兹堡梅隆研究所召开的会议上，霍珀在题为《电脑的教育》这篇论文中陈述了她的编译思想。但她的计算同事们对这个让计算机自己处理大部分编程过程的全新想法却很迟疑。

作为UNIVAC部门自动编程发展的负责人，霍珀坚持开发新的编译器并推广它们的用途。在她主持的仪式上，她帮助组织和宣传海军自动计算方面的研讨。在1953年发表在《计算机和自动化》上的论文《编译程序》中，她解释了编译的基本原理。与莫彻利合写的论文《编程技术对计算机设计的影响》发表在1953年的《无线电工程所进展》上。1953年她还说服了杜邦（DuPont）化学公司、美国普查局、美国海军和美国空军使用她发明的A-2型商业编译器。到1956年，当UNIVAC开始使用霍珀的新一代编译器MATH-MAGIC时，整个计算产业彻底接受了编译器概念。为了与IBM的"公式翻译"竞争，MATH-MAGIC的设计能够使程序员使用包括英文动词和数学符号在内的指示编写科学用途的程序。

除了为科学应用开发A系列的代数编译器，霍珀还发展了B系列商用编译器来处理数据。尽管她的上司拒绝了她在1953年发展英语商用编译器的建议，她仍继续这个项目的研究。1955年1月，她递交了一份题为《数据处理编译器的初步定义》的内部报告，阐述了一种使用"Input, Compare, Go To, Transfer, If Greater, Jump, Rewind, Output"（输入、比较、走到、转移、如果更大、跳过、倒回、输出）等指令处理库存和价格信息文件的模板化编译器。她还运行了以法语和德语书写相同指令的程序，向她的上司展示机器的灵活性。她成功的展示说服了斯伯里-兰德公司出资发展这个产品。到1956年年末，她的能够识别20种英文单词和短语指令的B-0或FLOW-MATIC编译器被美国钢铁、西屋（Westinghouse）、杜邦、洛克西德（Lockheed）、美国海军和美国空军采用，用于薪工、票务、库存控制等。霍珀和她的小组成员还去访问客户，提供软件使用的培训。在两星期的训练之后，程序员便能够使用FLOW-MATIC，这些英文的指令使编程和调试的时间减少到原来的$\frac{1}{4}$。

1957年，当IBM引入了“商业翻译器”（COMTRAN）、霍尼韦尔公司引入了“全自动化编译技术”（FACT）时，霍珀和计算产业的其他领导者意识到发展能够在各种机器上通用的标准化计算机语言的必要性。她帮助组织了1959年在华盛顿五角大楼举行的会议，产业领导者、政府和大学就发展一种统一的数据处理语言达成共识。为了统筹这项巨大的工程，他们组成了一个由空军上校查尔斯·菲利普（Charles Phillips）领导的管理委员会，即“数据系统语言大会”（CODASYL）。作为CODASYL的特别顾问，霍珀成为对主体工作起决定作用的形式和进程决策者中有影响力的一员。1960年，“短期委员会”（Short-Range Com）推出了“通用商用语言”（COBOL）的第一个版本。由于如此多的委员会成员都是UNIVAC的客户，他们将霍珀FLOW-MATIC编译器的大部分设计并入了这个新的高级编程语言。

霍珀同她在UNIVAC部的编程组将COBOL语言应用到他们的计算机上。1960年12月6日，UNIVAC和RCA公开宣布他们开发出了COBOL编程语言的商业版本。那一天，霍珀在UNIVAC Ⅱ上运行了一个测试程序。第二天，在RCA501机上运行同一程序得到了完全相同的结果。这个高度公开化的宣言证明了编程语言的标准化是可以成功实现的，实现了高级软件和程序运行的特定硬件的分离。COBOL使用了可读的英文指令并能从一台计算机移植到另一台上，达成了霍珀的期望。她在UNIVAC后来的几年中参与编写了这个日后应用最广泛的高级语言的手册及工具。

除了开发FLOW-MATIC和直接地促成COBOL外，霍珀保持着紧张的日程安排，频繁地出席会议，与工业、政府、军方和教育等部门的同事交流她关于未来计算的看法。她典型的演讲有1958年电子数据处理大会上的《商业和工业中的自动化编程》、1959年计算机应用火炮大会上的《自动化编程语言和辅助》和1959年国家机器会计联盟会议上的《数据处理编译器》。

霍珀不断增多的公开露面和在计算机领域的成就使很多组织授奖于她。海军在1952年晋升她为上尉指挥官，1959年又获得中校军衔。1962年她成为电力电子工程所提名的最早两名女士之一。1963年，她当选美国高级科学联盟的会员。1964年，女性工程师协会授予她“成就奖”。UNIVAC在1961年晋升她为系统和编程研究的负责人，1964年晋升为高级科学家。

回到海军

1966年，60岁的霍珀已在美国海军服役超过了20年，海军通知按照规章安排她在年底退休。在7个月的退休生活之后，1967年，海军又将她召回担任临时职务直到1986年。她最初的任务是为海军所有非武器计算机进行编程语言的标准化。作为五角大楼海军编程语言组的负责人，她的职责是确保所有为海军提供计算机的硬件厂家使用美国国家标准局（ANSI）确立的COBOL标准化编译。与工业领导者一起，她参与编写了一个COBOL编译器，它是检验特定厂家是否符合所有ANSI标准COBOL编译标准的测试程序。她还开发了一些翻译程序，将非标准的COBOL语言转换为标准版本。1971年，霍珀的小组编写了一本训练和参考手册《COBOL基础》，这本手册发给了所有海军计算机合同商，帮助他们在计算机上执行COBOL标准。

为了表彰霍珀在海军服役期间的工作和她对计算机科学的贡献，1969年数据处理管理联盟提名她为“年度计算机科学人物”。1973年，在国会的特别决议中，她被晋升为上校，因为她年事过高，无法按照常规程序晋升。同年霍珀当选为国家工程院院士，接受了“功勋勋章”（Legion of Merit），她成为当选“英国计算机协会杰出人物”的第一位美国人，也是第一位女性。

在1977年海军军衔重整之后，霍珀成为华盛顿海军自动化数据指挥部的成员，负责对新技术的采纳提出建议，并提供关于计算机技术在海军中的应用的评估报告。她推荐使用微机网络而不是集成的主框架使海军处理系统更有效率。除了履行她的军事职责，她还在乔治·华盛顿大学教授管理科学，并于1984年与史蒂芬·门代尔（Steven Mandell）合作出版了大学教科书《理解电脑》。海军在1983年晋升她为海军准将，两年后又升为少将军衔。1985年，她为《海军策略性指挥和控制》一书撰写了一章《未来的可能性：数据、硬件、软件和人》。同年，海军把在加州圣迪格的新数据处理中心命名为“格蕾丝·莫瑞·霍珀服务中心”。1986年，霍珀接受了国防部的最高奖项“国防杰出贡献奖”，并以79岁高龄退休，成为军队服役年龄最大的军官。

在服役的最后的一年前，霍珀作为高级顾问加入数字设备公司（DEC）。

1986—1990年，她代表DEC在计算机产业论坛及其他场合中发言，每年发表多达200次关于先进计算概念和信息与数据价值的演讲。在演讲中，她经常向听众们展示3.6米长的电线，这是电子信号在1纳秒（10的9次方分之一秒）中传播的距离，还有一卷1 000倍长的电线表示1微秒，以劝告听众不要浪费时间。她向听众们说，她在办公室里放了一只反时针方向走的钟表来鼓励人们进行非常规的思考。她不厌其烦重复的一条建议是，实施一个好的想法时，事后请求原谅比事先请求允许要容易。1991年，她被授予工程和技术领域的最高荣誉“国家技术奖章”。1992年1月1日，霍珀在弗吉尼亚州亚历山德亚家的梦中离开人世，享年85岁，并埋葬在弗吉尼亚州的阿灵顿国家公墓。

结　语

霍珀被称作“令人惊奇的格蕾斯”“计算机时代的祖母”“资深软件女士”和“祖母COBOL”，他影响了计算机时代前40年的发展进程。她引入的能够从子程序的存储库中选择和排列编码模块的编译器从根本上改变了计算机编程者的工作方式。通过FLOW-MATIC编译器和在CODASYL的工作，她影响了可移植、类英语、标准化的商用COBOL变成语言的拟订和成型。她在海军和工业制造者中的工作帮助了军用和商业数据处理软件及政策的标准化进程。

十四

阿兰·图灵

(1912—1954)

现代计算之父

阿兰·图灵(Alan Turing)参与设计和制造了一些早期的电机和电子计算机。他对理论图灵机概念的构想解决了数学逻辑中的决策问题,为多用(multipurpose)计算机的基础设计提供了基本原理。在第二次世界大战期间,他利用统计、密码学(cryptography)和逻辑的知识设计了能够破译德军密码的机器。他发明了图灵测试来判断一个机器是否具有人工智能。他在计算机硬件和软件方面的工作为他赢得了"现代计算之父"的称号。

阿兰·图灵在第二次世界大战期间破译了德军密码,构想了理论图灵机的概念,从而建立了多用计算机基础设计原理(图片由时间与生命/吉蒂图片社提供)。

教育和中心极限定理

1912年6月23日,图灵出生在英国伦敦的帕丁顿教区(Paddington)。父亲朱留斯麦吉森·图灵是外事局的成员,母亲是爱莎尔·莎利·斯通尼。图灵和他的哥哥约翰由一对退休的军官沃德夫妇抚养,而他们的父母居住在印度。这两个男孩平时在伦敦的公立学校上学,每年假期时到威尔士、爱尔兰、苏格兰、法国或意大利与父母会面。他们的父亲1926年退休之后,定居在法国北海岸的旅游胜地迪纳尔(Dinard),将他们送往英国南海岸唐塞特的一座寄宿制男子学校。在这所学校的5年中,图灵由于数学成绩突出而得到了很多奖励,并独立地开展化学实验。1930年他的同学克利斯朵夫·墨卡姆不幸去世，图灵转而对关于人类意识的玄学问题深感兴趣，这对他今后计算机方面的研究至关重要。

1931年，图灵获得了剑桥大学国王学院的奖学金，他集中精力研习数学。他加入了学校里的“道德科学俱乐部”。第三学年的12月，他在该组织的会议上宣读了自己的论文《数学和逻辑》。这篇论文的主要意思是说数学内涵丰富，不可能被还原为纯逻辑的应用。1934年，在他3年学制的末期，他的成绩名列“数学荣誉学位考试”（Tripos）的前9名，被授予“B–星辩士”（B–Star Wrangler）优秀奖，还得到了200英镑的补助，这使他能够继续进行一年的研究生教育。

在他大学学习的最后一年和研究生工作的这一年中，图灵对概率和统计产生了兴趣。1933年的秋季学期，他听了天体物理学家亚瑟·斯坦利·爱丁顿（Sir Arthur Stanley Eddington）爵士关于科学方法论的一系列讲座，其中探讨了这样一个事实，实验测量中的观测误差倾向于具有近似的正态，或说高斯分布。不满足于爱丁顿对这一现象的非正规推导，图灵给出了一个严谨的数学证明，这一基本原理被称为独立随机变量的中心极限定理。尽管芬兰数学家加尔·瓦德曼·林德堡（Jarl Waldeman Linderberg）在12年前就获得了这一结果，图灵1934年题为《关于高斯误差函数》的论文还是使他在1935年进入了国王学院，一年后他获得数学硕士学位，1936年这篇论文作为最好的数学论文获得了“史密斯奖”。

图灵机的引入

1935—1937年，图灵的工作集中于可决定性（decidability）的问题上。1931年，奥地利裔的匈牙利数学家哥德尔证明了有一些数学声明是不能够被证明的。在此3年前，希尔伯特提出了与此相关的“决定性问题”（Entscheidungs problem），即决定一个给定数学证明是否被证明的算法是否存在。希尔伯特认为这个问题是数学逻辑中的主要问题。图灵在1937年发表在《伦敦数学会公报》上的论文《关于可计算数，及在决定性问题中的应用》中指出，这样的算法是不存在的。

图灵的论文引入了一种抽象的机器，即图灵机，它的移动决定于它所扫描到的符号和它所处的状态。他的理论机器能够识别当前磁带方格中的符号；擦去符号、替换符号、不做任何处理；改变自身的状态；移往上一个或下一个方

1	0	1	0	1	0	……

	b̸	0	1
S0	0, S1, right	1, S1, right	No change, S1, right
S1	1, S0, left	No change, S0, right	0, S0, left

图灵机包含一个无限长度的磁带和一个有限的指令集，同时给定状态和特性，就能决定操作。在操作表中列出6条法则将使图灵机以一个空白磁带开始，产生一个无穷的序列：1010101010……代表可计算数的二进制展开。在行S0和列b̸中的指令表示，如果机器处于状态0，当前的符号是空白，那么它就会写下符号0，把自己的状态改为1，并将磁带向右移一格。

格，处理另一个字符。这个机器遇到每个字符时所采取的操作已事先由一个有限规则集，即操作表决定。每个指令都可被表达为5个参量：当前状态、当前字符、擦去/置换操作、新状态和左/右运动。如果没有与当前状态和符号对应的指示，机器就会停止运行。

借助这个抽象机器，图灵引入了两个严格的定义，使他能够提供决定性问题的答案。他正规地定义了一个算法就是一个能够被图灵机执行的有限操作集。他还定义了如果介于0和1之间的实数能够使某种图灵机由空白带开始，产生一个由无限0和1序列组成的这个数的二进制展开，那么这个数就是可计算的。比如，一个二进制展开1101000…表示无穷求和 $\frac{1}{2}+\frac{1}{2^2}+\frac{0}{2^3}+\frac{1}{2^4}+\frac{0}{2^5}+\frac{0}{2^6}+\frac{0}{2^7}+\cdots$ 得到的数值。通过这些定义，图灵证明了如果所有给定的图灵机都产生一个无穷的0和1序列而不能停止，那么不存在确定的算法。通过显示图灵机产生了一个可计算的数却不能由有限算法确定的事实，他证明了决定性问题的答案是“否”。

尽管图灵在1936年4月就完成了这篇文章，但直到1937年1月才发表，因为美国数学家阿龙哲·彻奇（Alonzo Church）在他1936年4月发表在《美国数学》上的论文《基础数论的一个未解难题》中得出了相同的结论。彻奇用到了λ-可定义性（λ-definability）来证明算法化不可解问题的存在性。各自读了对方的文章后，这两位数学家意识到他们是用不同的方法独立地解决了决定性问题。图灵在他1937年发表在《符号逻辑》（彻奇前一年创建的期刊）上的论文《可计算性和λ-可定义性》中证明了他们二人结果的等价性。他们独立发现的结果被合成为彻奇-图灵理论。

除了解决决定性问题，图灵关于可计算数的论文中引入了万用图灵机的概念，当一个多用计算机采用适当算法时，可以执行任何自动化计算设备的功能。他建议通过读取磁带上的"描述数字"，多用机可以编程执行任何计算或自动化的操作序列。这篇论文中详述的万用图灵机成为第一个工作计算机的模型。

1936年9月，图灵乘船来到美国，和新泽西州普林斯顿大学的彻奇开始为期一年的合作研究。他接受了剑桥大学3个"保护人访问者基金"中的一个，于是延长了一年，并在彻奇的指导下拿到了博士学位。1938年完成的学位论文《基于序数的逻辑系统》，发表在次年的《伦敦数学会公报》上。他这篇数学逻辑领域的理论，细致地探讨了由序数α构建的逻辑系统中问题的可解性。他在这篇论文中提出的思想影响了此后20年数学家们的研究。波兰数学家爱弥尔·波斯特（Post, Emil Leon）独立地提出了与图灵机等价的概念，参考20世纪40年代早期图灵的论文，他发展了一个系统，按照不可解度将问题分类。20世纪50年代末期，奥地利数学家乔治·克雷塞（Georg Kreisel）将图灵的序数逻辑进行扩展，来描述非正规证明方法。

除了论文研究，图灵在普林斯顿期间还完成了代数、数论和布尔逻辑（boolean logic）等方面的工作。1938年他发表在《数学年报》上的论文《李群的有限近似》讨论了一个数学结构——有限群的构造方法，它占有了一个相关的、更复杂李群的大部分性质。同年另一篇发表在《数学选编》上的论文《群的延伸》，给出了一个更有效和普遍的方法，来得到关于德国数学家瑞霍德·拜尔（Reinhold Baer）导出的群延伸的一些结果。图灵尝试机械地计算黎曼ξ函数来推翻黎曼假设——数论中几个首要的未解难题。离开普林斯顿之后，他仍继续着这方面的工作，最终写成了1939年的论文《ξ函数的一种计算方法》，但直到1943年才发表在《伦敦数学会公报》上。

1938年，在结束博士论文之后，图灵回到了国王学院，继续获得奖金。他带回了在普林斯顿物理学院研究生机器商店制造的电机继电器。这些电子设备可以对逻辑操作"交"（and）、"并"（or）、"否"（no）做出响应，并能够物理地执行图灵和同事们在之上勾画的方程系统——逻辑门。他们将这些构件组联合起来制造出了第一个做乘法运算的三级电子计算器。这一年图灵申请到了40英镑的基金，他用电机继电器来制造一个特殊用途的模拟计算器以计算黎曼ξ函数。由于第二次世界大战爆发，他未能完成这项工作，把事业转向了其他方面。

破译德国海军密码

1939年9月4日，第二次世界大战欧洲战场开始的第二天，图灵申请了位于白金汉郡布莱切利公园的“政府代码及加密学校”，加入到秘密“超”（Ultra）计划的加密术组，负责破译德军密码。德国当时已经发明了叫作“英格玛”（Enigma）的加密机，这台机器有3个回转轮，每个包含26个位点（setting）和有26个洞的穿孔板来编码字母，产生的加密码有上兆（百亿亿）种可能。基于这项工作，一组波兰数学家已经系统地破译了一种早期、原始英格玛机加密的信息，图灵和他的同事研制成功的机器破译了德国发送给北大西洋上U-船站的情报。

图灵以不同的方式继续着加密术方面的工作。他参与研制了一种电机继电器加密机器，能够有条不紊地测试密码直至找到正确的组合。这种机器因为继电器开关发出的滴答声音而被叫作“炸弹”（Bombes），使破译一条情报的时间由几星期减少到几小时。图灵还利用他的统计知识研制了采用序列分析、经验方法和证据权重对数的新的统计破译技术。1940年，他写了一篇关于英格玛机的内部分类文件，《英格玛机的数学原理》，在布莱切利公园被称为“教授的书”。1941年，图灵成为该组织的领导者，直接向英国首相丘吉尔写信申请更多训练有素的成员加入。丘吉尔把他们的工作看作是秘密“超”计划的重要组成部分，因此把这个请求放在了优先地位。到1941年年底“炸弹”已相当成熟，在德国海军送出情报几分钟后便能破译。随着对U-船站军事智能控制的提高，北大西洋上的商用和军用航线变得更加安全。

1943年，当德军发明了一种新的密码机“洛伦兹”（Lorenz）和一种新的编码系统“鱼”（Fish）之后，英国和美国的智能小组联合起来设计制造了第一台可操作的电子计算机。这台被叫做“巨人”（Colossus）的机器使用了1 500个电子真空管，比“炸弹”快1 000倍。这台机器融会了图灵的设计思想并沿用了“炸弹”中成功的组合和统计算法。1944年早期，“巨人”成功地破译了“洛伦兹”加密的情报。1945年，为了表彰图灵在战争期间所起的重要作用，英国政府授予他“大英帝国令”。

除了在布莱切利公园的工作外，图灵在战争年代还花了一些时间撰写数学逻辑方面的研究论文，并向美国计算机设计者和密码分析者征求意见。1941年，他写了分为3部分的未发表的手稿《关于彻奇系统的几个定理》。次年在《符号逻辑》上发表了相关论文《关于彻奇类型理论的一个正规定理》，这是他与前剑桥大学教授麦克斯韦·纽曼合写的，还有一篇《彻奇系统中点作为括号的用途》。这组论文细化了彻奇的λ微积分系统，使之成为计算机科学家的有力工具。1942年年末，图灵到美国进行了为期5个月的出行，他访问了柯达公司、贝尔实验室、国家现钞登记公司、IBM、海军计算机实验室、海军加密组和通讯供给活动组，交流情报破译和计算机研制的想法。

ACE和MADAM计算机工程

在战争的前5年，图灵在两个计算机计划的发展中起到了举足轻重的作用。1945年6月，他拒绝了剑桥大学的教师职位，加入了伦敦的国家物理实验室（NPL）的数学分部，这是一个意在设计和研制多用计算机的政府分支。基于他在“炸弹”上的工作，图灵设计了一台被称作“自动化计算引擎”（ACE）的电子计算机。他的设计包含了许多现代计算机的基本特征，包括内部存贮指令、随即获取记忆、微编程和利用模块执行子程序需求。1946年3月，他提交了一份题为《建议的电子计算器》的建议研制ACE。这篇报告对计算机进行了详细完整的描述，包括一个逻辑电路图和11 200英镑的造价估计。他将这种计算机展望为万用图灵机的物理执行，通过编程，不仅可以解密，进行数值计算，还能下棋，解字谜方格。在1946年12月和1947年1月向供给部以及1947年2月向伦敦数学会做的报告中，他描绘了ACE计划和机器能够通过编程学习、能够犯错误、能够具有真正的智慧的看法。由于资金和政治问题，这项计划被推迟了一年，又由于开始时的工程工作问题又拖延了一年，图灵感到很沮丧，1948年辞去了国家物理实验室的工作。两年后，这家实验室成功地制造了一个对他的最初设想有所缩减的版本，即“飞行员ACE”（Pilot ACE），并进一步研制出了一个商业模型DEUCE。

1948年，纽曼邀请图灵接受曼彻斯特大学的职位，在那里他成为新成立的“皇家学会计算实验室”的代理负责人。这个由数学家和科学家组成的团体设计并研制了“曼彻斯特自动数字机”（MADAM）。图灵负责设计了这台计算机的软件，发明了为更大型程序书写子程序和编写使计算机能够执行精确计算数值分析的标准化方法。在1948年发表在《力学和应用数学季刊》上的论文《矩阵处理过程中的约化误差》中，他讨论了操作数组时程序的局限性。1949年6月，在剑桥大学的计算机《电子延迟存储自动计算器》（EDSAC）的发布会上，他提交了一篇《大型程序检测》的论文，其中他解释了确定电脑程序正确性的系统方法。他主编的曼彻斯特大学计算实验室的研究成果《曼彻斯特电子计算机程序员手册》于1950年出版。图灵在1951年曼彻斯特大学计算机大会上提交的论

第二次世界大战后，图灵设计了"自动计算引擎"（ACE），它包含了许多现代计算机的基本特征，包括内部存贮指令、随即获取记忆、微编程和利用模块执行子程序需求（影像作品）。

文《本地编程方法和转换》中，他进一步解释了MADAM的编程技巧。1951年，为了表彰他在计算机和图灵机设计方面的工作，他当选为皇家学会会员。

人工智能的图灵测试

1947年，图灵向伦敦数学会做出陈述，他最终的目标是设计和制造具有真正智慧的计算机。1947—1948学年，他在剑桥大学学习神经学和生理学，进一步增强了他对人脑工作原理的认识。在1948年写给国家物理实验室的报告《智能机器》中，他详细叙述了他对一台会思考的电脑的设想。关于这一主题的论文主要是1950年发表在《意识》（Mind）上的《计算机和智能》。在这篇文章中，他提出了一种实验来检测电脑是否具有人工智能。他的"模拟游戏"，即图灵测试中是让一个人通过键盘输入问题并从远程获得回答。这个实验需要人类个体来判断回答者是人还是计算机。图灵预测在今后的50年中，计算机就可以胜任这个游戏，在5分钟问答之后，人类只有70%的概率正确辨认出远端的回答者。图灵测试现在仍被用来判定一台电脑在多大程度上具有人工智能。

图灵公开地宣讲人工智能以便获得广泛支持，使政府资助计算机方面的研究。1951—1952年，他参与录制了英国广播电台（BBC）的节目“数字计算机能思考吗”和“可以说自动计算机在思考吗”在1953年出版的书《比思绪更快》的《数字计算机在棋类中的应用》一章中，图灵写了“棋”的部分。他的评论强调了棋类游戏中策略决定的能力是人类智慧的基本品质。1954年发表在《科学消息》上的论文《可解与不可解问题》中，他向大众读者指出了一些计算机解决问题能力的局限性。

生物生长中的数学思想

20世纪50年代早期，图灵对数学理论在生物形态上的应用以及生命有机体的模式和形式开始感兴趣。尽管他写了一些有关这些题目的手稿，但只在1952年《皇家学会哲学记录》上发表了一篇《地貌的化学基础》。在这篇文章中，他分析了以下的数学现象，对于描述生物体生长的微分方程组，初始条件中微小变化将引起日后长期的发展和行为上的重大变化。他讨论了这个性质应归咎于生物体在适应环境过程中的不对称发展。通过这篇论文，他试图解释动物皮肤的条纹和斑点以及叶序——植物上叶子的排布。图灵关于生物形态的未发表的论文包括《菊花演变概述》；与英国植物学家克劳德·W.沃德劳（Claude W. Wardlaw）合写的《植物形态理论中的扩散反应》；专题论文《叶序形态理论》，包括《叶序的几何与描述》、《生物形态的化学理论》和《球形对称案例的形态方程解法》。

在开展人工智能和生物形态学的工作的同时，图灵继续着纯数学领域的研究。他1950年发表在《数学年报》上的论文《涉及消去的半群中的字问题》考察了判断一个给定代数元素组合是否等价于这个代数结构的幺元（identity elememt）的算法的存在性。普斯特曾经证明了对于半群结构这样的算法是不存在的；图灵将同样的结果应用到符合一个附加条件（消去律）的半群中。在1953年发表在《伦敦数学会公报》上的论文《黎曼ξ函数的一些计算》中，图灵实现了他在20世纪30年代晚期提出的用计算机计算黎曼ξ函数值的想法。

1952年，图灵因同性恋被拘留并被指控严重地触犯了英国法律。他失去了清誉，被处以一年查看，被迫进行雌激素治疗。1954年6月7日，在进行涉及氰化钾的电分析实验中，他摄食了致命量的剧毒品。警方在他身边找到了一个沾有氰化物的吃了一半的苹果，将他的死判定为自杀。

结　语

在他丰富的职业生涯中，阿兰·图灵是纯数学家、计算机工程师和计算机科学家。他引入的图灵机为数学逻辑中的决定性问题提供了答案。他制造了电机继电器，参与设计了特种用途的计算机“炸弹”和“巨人”来破译密码情报，他还设计了多用ACE电脑。作为一个计算机科学家，他为MADAM计算机开发了编程技术，为人工智能引入了图灵测试。他将数学许多分支（统计、加密术、群论、数论和逻辑）的知识应用到发展破译密码的算法，应用到研究生物有机体形态学，应用到分析黎曼 ξ 函数。

1966年，国际专业计算机科学家的团体——计算机联盟，设立了“年度A. M. 图灵奖”以表彰对计算机科学领域作出杰出贡献的计算机科学家和工程师。通过将最高荣誉命名为图灵，这个协会纪念了他在连接数学基础和计算局限上的重要贡献。鉴于他在计算机硬件、软件和未来计算机设想上的先锋工作，他被称为“现代计算之父”。

十五

保罗·厄多斯

(1913—1996)

旅行研究伙伴

在横跨70年的研究生涯中，保罗·厄多斯(Paul Erdös)与500多位研究者合作了1 500多部书和论文。从来没有在学术部门中担任任何职位，他周游世界，发表客座演讲，访问具有相同数学兴趣的同行。他这种进行联合研究的合作方式影响了数学家工作方式的变化。厄多斯在图论、组合和集合论等领域作出了重大贡献，帮助建立了数学的新分支拉姆齐理论(Ramsey theory)、概率数论和极端性理论(extremal theory)。他在数论中最重要的发现是他发展了关于质数、过剩数、连续积分乘法和整数列等定理的新证明。他幽默风趣，行事独特，对难题有强烈的好奇心，这些促使他成为国际数学界的名人。

保罗·厄多斯与500名研究者合作了1 500多部书和论文，设计图论、组合、集合论和数论(图片由陈凡提供)。

聪明的厄多斯

1913年3月26日，厄多斯生于匈牙利首都布达佩斯。父亲莱约斯和母亲安娜·威尔亥姆·厄多斯是犹太人。姐姐麦达和珂拉在厄多斯出生前几天死于流行性猩红热。在一年后的第一次世界大战中，他的父亲被俄国军队囚禁，而他则被送至囚犯劳动营。作为家中唯一的孩子，厄多斯在母亲全方位保护下渐渐与外界隔离。母亲对他可谓有求必应，以至于厄多斯11岁才学会如何系鞋带，21岁才开始自己动手把黄油涂在面包上。由于不会做饭、开车，以至于成年后他都强烈地依赖于朋友与同事的协助。

由于父母都是高中数学老师，厄多斯大部分的童年是在数学世界中度过的。他两岁时就可以做一些简单的算术题目。3岁时就理解了负数的含义，有一次还向母亲炫耀说100减250是"-150"。他4岁就能够心算4位数的乘法。他的童年教育基本上是在家中进行的。之后，他进入了父亲执教的塞格德高中。在学校里他和同学比赛解《中学数学》月刊上的题目。他的照片和解题方法曾在1926—1930年的《中学数学》中数次刊出。尽管厄多斯擅长计算和解题，但他对论证数学性质正确性的逻辑推理更为着迷。17岁时他已经知道了毕达哥拉斯定理，即关于直角三角形三边长度的著名几何定理的37种证明。

第一篇研究论文

高中毕业时，厄多斯以在标准大学入学考试中最高分的成绩考入位于布达佩斯国立大学。这是一所为匈牙利最聪明的年轻人提供数学及其他科学领域先进知识的大学。在那里，他认识了一群经常在公园里的雕像前聚集或是徒步到野外研究数学问题及其证明的学生。有时候厄多斯几乎一动不动地坐在那里，完全陷入沉思。每当想到一个有深刻见解的想法时，他就会激动地跳起来，挥舞着胳膊走来走去。他和朋友们会一起讨论他的想法，以确定是否对解题或证明命题有所帮助。

18岁时，作为大一新生，厄多斯发现了一种证明80年前俄国数学家契比雪夫（Pafnuty Chebyshev）已经证明为定理的新方法。定理涉及了素数，即全体除1及自己外不能被其他正整数所整除的正整数。契比雪夫已经证明对于任意大于1的数字 n，在 n 和 $2n$ 之间必有至少一个素数。例如，当 $n=5$ 和 $2n=10$ 之间有素数7，在13和26之间有素数17，19，23。契比雪夫已经给出了一个运用高深数学方法证明其正确性的长篇解释。厄多斯发现了一个更简单易懂的证明，并且扩展了定理内容：如果 $n>7$，则在 n 与 $2n$ 之间有至少两个 $4k+1$，$4k+3$ 形式的素数。塞格德大学的数学教授卡尔马（László Kalmár）将厄多斯的证明翻译成德语并推荐给他所在大学的刊物《塞格德文学和科学成就》（Literary and scientific achievements at Szeged）。发表于1932年的题为《契比雪夫定理的证明》（Proof of a theorem of Tschebyscheff [Chebyshev]）的论文是厄多斯漫长而又多产的数学生涯中1 521篇论文的第一篇。

第二年，厄多斯发现了一种证明数论学家詹姆士·西尔维斯特（James

Sylvester）和爱塞·思彻（Issai Schur）已经证明的关于过剩数分布定理的新方法。对于一个正数 n，如果它的因数（可以整除它的数），加起来大于 n，则 n 被称为过剩数。例如，12是一个过剩数，因为它的因数1，2，3，4，6加起来大于12。厄多斯1934年在《伦敦数学会刊》上发表的题为《一个西尔维斯特和西尔维斯特定理》的论文中解释了他的证明。厄多斯的工作成果给思彻留下了深刻的印象，称厄多斯为"布达佩斯的魔法师"。这两篇论文使厄多斯获得了数学博士学位。

共同的研究合作

在公园和厄多斯讨论数学问题的朋友圈对厄多斯一生专业研究的方式有着持久的影响力。1934年，厄多斯和保罗·图然（Paul Turá）在《美国数学月刊》上共同发表了一篇名为《关于数论基本理论的一个问题》的论文。同一年他和乔治·塞克斯（George Szekeres）写了一篇名为《关于一个给定顺序的阿尔贝群的数目和相关理论问题》的论文，并发表于《塞格德文学和科学成就》上。依斯瑟·克莱因（Esther Klein）发现了同一平面上五点随机排布的一个性质，她和厄多斯、塞克斯一起工作，想要将这个结果推广到点数更多的情况。在此期间，她与厄多斯坠入爱河并结婚。1935年厄多斯和塞克斯写了题为《一个几

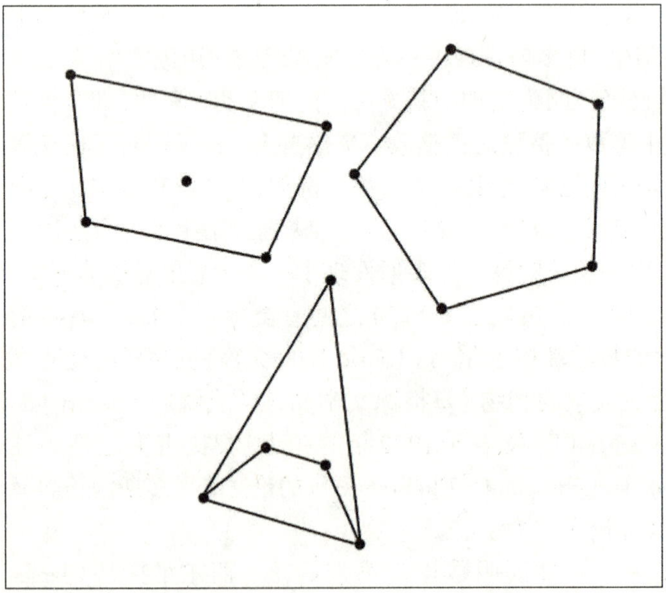

"快乐结局问题"，对于平面上的五个点，如果任意三点都不共线，则必存在四个点组成的凸四边形。

何的组合问题》论文，发表在《数学选编》上，其中展示了关于这一问题的工作成果，厄多斯戏称其为“快乐问题”。

在他的学术生涯中，厄多斯曾与500多位研究者合作论文。这些充满热情的合作影响了数学家们从事研究的方式。厄多斯1932年发表第一篇研究论文时，只有10%发表于数学期刊的文章有一位以上的作者。大多数数学家只是独自工作，直到成功证明了一个定理以后才与别人交流。70年后，50%以上这个领域的研究论文都是合作的。数学家们通常会讨论未完成的想法并一起工作去证明定理。尽管这种变化并不能都归功于厄多斯，但他有着任何个人都无法比拟的深远的影响力。

有一个有趣的玩笑，每个数学家都获得了一个厄多斯数字，用以说明他距离这位多产的合作者有多远。厄多斯的厄多斯数字是0；近500位曾与厄多斯共同写作论文的数学家的厄多斯数字是1；6 000多位曾与厄多斯的合作者合作过但没有和厄多斯本人合作过的数学家的厄多斯数字是2；曾与上述6 000人合作过的人的厄多斯数字为3；以此类推。结果几乎所有健在的数学家的厄多斯数字都小于10，由此可以看出厄多斯在当代数学的联合研究中处于多么中心的位置。

四处游历的数学家

1934年，在完成他的博士论文后，厄多斯获得了英国曼彻斯特大学研究员的职位。在曼彻斯特4年的工作中，他还拜访了在其他欧洲大学的同事，但却从来不会在一个城市一次停留很长时间，这也是他整个事业中的习惯。通过这些合作产生了46篇研究论文，大部分是关于数论的问题。在《伦敦数学会刊》上，他发表了包括1935年的《关于一些整数列密度》、1936年的《关于将一个整数表示为k的k次幂之和》和1938年的《关于能够被表示为二进制的整数》在内的16篇论文。

厄多斯这个时期最有影响力的工作成果是在一个新的数学分支——极端性理论中的两个结论。1938年题为《关于任一数都不能被其他两数之积整除的数列及相关问题》的论文，发表在俄罗斯期刊《托马斯克大学学术交流——从图论到数论的技巧》上。在这篇论文中，厄多斯使用图论的技巧解决了数论中的一个问题。基于这项创新策略，图兰发展了极端性理论。在极端性理论中，数学家详细研究了诸如一个图在没有一个三角形的情况下最多可以有多少条边的问题。

同年，厄多斯、中国数学家柯召（Chao Ko）和德国数学家理查德·雷达（Richard Rado）证明了厄多斯-柯-雷达（Erdös-Ko-Rado）定理。尽管直到1961年这一定理才以"有限集合系统的相交定理"为名发表在《数学季刊·牛津系列》上，但它立刻就成为极端性理论中最基本的结果之一。随着这一数学领域的发展，厄多斯的诸多贡献在提炼主要问题及提供新解法的策略方面起到了重要作用。

1938年的欧洲处于第二次世界大战的深渊中。厄多斯逃到了美国，在新泽西州普林斯顿高级研究所他得到了为期一年的数学研究职位。受到波兰数学家马克·凯克（Mark Kac）访问讲座的启示，厄多斯开始运用概率统计解决数论问题。这两位数学家发现对于任意正整数 n，小于 n 的质因子的个数符合正态分布。这一重要的结论——厄多斯-凯克定理，他们在1940年发表在《美国数学期刊》上的论文为《可加和数论函数中的高斯误差定律》。这篇论文建立了数学的一个新领域——概率数论，并引入了被称为厄多斯方法的技巧。

在文章中，厄多斯还证明了连续整数的乘积不可能是一个平方数。这一结论是他一生寻找和解决的典型问题类型——容易陈述却难以证明的深刻结论。他的两篇关于这一问题的论文——《连续整数乘积的观察Ⅰ，Ⅱ》发表在1939年的《伦敦数学会刊》上。

1940—1954年，厄多斯曾在宾夕法尼亚大学、普渡大学、密歇根大学、圣母玛丽亚大学短暂任职，但从来不会隶属于某一特定机构。他对教授一门有准备的课程不感兴趣。他更喜欢边游历北美，边发表客座讲座挣钱，并且拜访数学界的同行。在每一个地方，他都一连几天埋头于热烈的研讨会中。在整个事业中，他平均每年写40篇论文，并与近20位新的研究人员合作。四处游历时，他只携带一个装有一套衣服的箱子，一个装满论文复印件的购物包和一个可以随时记录新想法的笔记本。他通过写信和寄明信片与世界各地的同行交流，每年千余张。当他到达一个数学家的家中做短暂的访问时，他总会以他的名言给予问候："另一张房顶，又一个证明。"

丰富的数学贡献

与人合作的和自己独立的研究，厄多斯对数学的许多分支作出了重要贡献并建立了许多有待探索的新分支。他1942年在《数学年报》上发表的论文《关于迭对数定律》，对数论作出了重要贡献。和阿尔弗来德·塔斯基（Alfred Tarski）一起创立了现代集合论的基础——不可达基数理论。他们的工作在1943年《数学年报》上的一篇题为《关于互斥集合族》的文章中也有提及。在组合的算术理论中，他举出了很多关于分割的典型实例——把一个正数写为其他正数的和的形式。以4为例，4可以写为3+1或者是2+2或者是2+1+1或者是1+1+1+1。他在1973年出版的论著《数数的艺术》(The Art of Counting)包含了他在这方面的很多有影响力的论文。在几何学方面，他曾提出如何分割一个大正方形而使分出来的每一小块都是一个不同大小的正方形的问题。他也曾努力推广数学中的一些冷门领域，比如，数学家们用于研究离散数据中模式发生的拉姆齐理论。

厄多斯通过证明具有某些拉姆齐性质的图的存在，从而在图论中引进了概率论。虽然并没有构造出这样一个图，但他证明了特定条件下满足这些性质的随机图的存在具有实证概率。他发表于1947年的《美国数学会简报》上有影响力的论文《关于图论的一些看法》中给出了概率论方法的第一个具体应用，而这种方法直到现在仍被离散数学和电脑理论研究者们频繁采用。

1949年，厄多斯做出了职业生涯中最辉煌的发现——他和挪威的数学家阿特·西尔伯格(Atle Selberg)一同发现了质数定理的一个优美证明。这个著名的数论结论是指，对于任何的正整数 n，小于 n 的质数的个数约为 $\frac{n}{\ln n}$ 个。这个问题由来已久，法国的莱格德和德国的高斯在1800年前后都曾提出并试图求证，直到1896年法国人雅克·哈德马德(Jacques Hadamard)和查尔斯·德·拉·瓦列-贝吉姆普森(Charles de la Vallée-Poussin of Belgium)才给出了详尽的证明。而厄多斯和西尔伯格独立地证明了两个定理，联合这两个定理即为这个著名命题提供了一种更加简洁的证明，这一成就在数学界中广受称赞，但是两人都因为怀疑对方学术抄袭而争得面红耳赤，一定程度上这也玷污了这光辉的成就本身。后来，两人的争端终于有了定论。西尔伯格被授予1950年度享有盛名的“菲尔兹奖”(Fields Medal)，这个世界大奖一般颁发给40岁以下取得重要成就的数学家。厄多斯也获得了由美国数学学会颁发的1951年度数论领域中的弗兰克·奈森·科尔奖，以奖励数论领域中的最佳论文。厄多斯的这些贡献也出现在1949年的《国家科学会学报》上一篇题为《关于基础数论中一个证明质数定理的新方法》的论文中。

怪 才

在厄多斯一生中的很多时期，他到世界各地的游历是很受限的。第二次世界大战期间，他甚至到东欧返乡探亲都受到了政府的严格管制。1954—1963年，美国政府也拒绝他入境。1941年8月，他与英国数学家阿瑟·斯通(Arthor Stone)以及日本数学家角谷静夫(Shizuo Kakutani)一起入狱，罪名是非法侵入纽约长岛上的一个军用雷达设备区。后来，这次事件被政府官员引证为他通敌而对国家安全造成威胁的证据。于是，在他的护照恢复之前，厄多斯只好频繁前往加拿大，在那里他才得以安全地同美国同行们一起探讨共同的合作课题。

厄多斯终其一生都保持与母亲的密切联系。他的母亲曾收集整理他的学术论文达20年之久，并频繁地把这些材料发给需要它们的人。每个仲夏，她都和厄多斯一起到匈牙利科学院附近的宾馆度假，在那里，她还能见到儿子的一些学术界同事。厄多斯的母亲从1964年一直到1971年她去世之前，始终是他动荡不安的游历生活的旅伴。在她死后，她为厄多斯担下的大量职责，落在了来自新泽西的AT&T 贝尔实验室的让·格林汉姆(Run Graham)和陈凡(Fan Chung)两个人的肩上，他们曾与厄多斯共同写过很多论著。他们开始接手邮件的传递、整理、签证、缴税甚至于他的日程安排。最后，两人甚至还在房间中辟出一处，作为厄多斯每年度过一两个星期的临时住处，这个临时住处包括卧室、浴室和书房。

正因为有这些人妥善安排了他生活中的每个细节，厄多斯才得以将他生命中的每一分钟都贡献给了数学。他常常在清晨5点起床，然后持续工作19个小时，其间仅仅小睡片刻。有时3组数学家在他宾馆的房子里集会，每一组讨论着不同的问题。而厄多斯以一个国际象棋大师(Chess Master)的独特风格穿梭其间，同时为3个不同的数学命题提供证明。还有一次，他在接受一只眼球的白内障手术时，乞求医生允许他在手术过程中用另一只眼睛阅读文献。很显然，医生拒绝了这种异想天开的要求，但是却批准了手术时让另一位数学家在场，从而两人能在手术室中探讨数学问题。在1996年密歇根克拉玛祖(Kalamazoo, Michigan)的一次会议上，年迈的厄多斯因体力不支而晕倒，人们手忙脚乱地把他送到医院，医生为他植入了心脏起搏器。在这时，厄多斯说服医生同他一起继续参与晚上的会议，这样，他就可以按照计划参加会后的盛宴了。

厄多斯同样以他的慷慨闻名。他经常与拥有数学天分的学生一起分享他的时间和拮据的钱财。1984年，当他获得沃夫奖(Wolf Prize)的5万美元奖金时，他将其中的3万美元捐献出去，以资助以色列工学院设立一项奖学金。而剩下的钱他也送出了绝大部分，仅仅为自己留下了720美元。他经常将诸如会见有前途的学生、悬赏分类问题的解答等写进他的行程安排。而后者的奖金从基础问题的10美元到需要年持久复杂的工作问题的3 000美元不等。在宴席中的闲谈中，他随意写下的10道问题就足够他可怜的宾客们忙活几年了。

在厄多斯的生涯中，他发明了很多丰富多彩的谚语并为人称道，这些谚语被称为"爱氏语"（Erdos-ese）。当他准备好讨论数学问题时，他习惯于对他的朋友们说："我的大脑开机了"（My brain is open），他甚至把一个朋友戏称为"ε"，一个数学家们经常用于表示小量的希腊字母。女人是"老板"（bosses），男人是"奴才"（slaves）；当谈论政治时，他曾把苏联戏称为"乔"（Joe），因为共产主义的领导人名叫"约瑟夫·斯大林"（Joseph Stalin）；而美国在他口中成为"山姆"（Sam），这个雅号来自美国的"山姆大叔"（Uncle Sam）；一个人"来了"代表出生，"离开"代表死亡。一个愚蠢的定理是"无足轻重的"（trivial），一个停止了数学研究的数学家被称为"死亡"。他不欣赏音乐和酒精，把音乐和酒精描述为"噪声"和"毒药"。他喜欢咖啡，在试着证明数学定理时，经常一杯接一杯地灌，他经常说，实际上一个数学家就是以咖啡为原料生产定理的机器。

厄多斯认为，数学与其说是一种科学，不如说更是一类艺术。他认为仅仅为结果寻找正确的证明方法是不足取的；他觉得这种证明更应该是创造性的、有真知灼见的，也要殚精竭虑而成。有时候，一个优雅例证比经由一个枯燥乏味的方法发现全新结果更让他感到自豪。他的很多论著，包括关于契比雪夫定理的第一篇论文、与西尔伯格对质数定理的证明，都是美不胜收的思维享受。他曾开玩笑地说，上帝有一个叫作"宝典"的收藏，在这个宝典中藏有所有数学问题的详尽解答。当他发现或者了解一个天才的证明时，他往往说那是"直接从宝典中抄下来"的。

厄多斯经常思考并讨论他的死亡问题。当他还是青少年的时候，他就经常对他年迈时的生活表示出深深的忧虑。他曾开玩笑说，在他孩提时代，这个世界的年龄估计为20亿年，而按照现在科学家们的估计，宇宙的年龄应该为45亿年。这样算下来的话，他的年龄也就因此而猛增了25亿年。在他55岁的时候，他开始自诩为"保罗·厄多斯，P.G.O.M."，意思是"可怜又伟大的老人"（poor great old man）。每隔5年他就在这个雅称上增加一些字母，直到他已经成为"已故的保罗·厄多斯，P.G.O.M.L.D.A.D.L.D.C.D."，即可怜而又伟大的老者、活着的死者、考古学上的新发现、合法的死者、值得的死者（poor great old man，living dead，archaeological discovery，legally dead，counts dead）的时候，他才不得不停下这项伟大的命名工作。因为匈牙利科学院的成员过了75周岁生日就从政府名单中划去不再算数，所以厄多斯也是以最后两个字母C、D（值得的死者）作为回应。

1996年的9月20日，在参加波兰华沙召开的一个图论研讨会时，厄多斯在宾馆的房间里突发心脏病，虽然及时送往医院，但最终救治无效身亡，享年83岁。在他去世的前几年里，数学界一直因他为数学领域的突出贡献而为他加冕，共有15所大学和8个国家科学院接受他为成员。为了庆祝他的生日，数学家们组织了许多国际会议，发表研究论文集。在他去世后，格林汉姆和陈凡发表了一份图论中厄多斯未解问题的名单，并许诺给这些问题的解决者以奖金。美国得克萨斯州的一个银行家及业余数学家安德鲁·拜尔（Andrew Beal）设立了一个基金，奖励其他数学领域的厄多斯问题的解答。

结　语

厄多斯署名的1 521篇数学研究论文使他以最多产的研究者载入数学史册。其中1 100篇论文至少有一位合作者，使数学家们意识到了合作研究的必要。厄多斯对已建立的数学分支，如数论、组合、图论和集合论作出了重要的贡献，并发展了极端性理论、概率数论和拉姆齐理论作为数学的新领域。他是20世纪数学的定义者之一。

十六

朱丽亚·罗宾逊

(1919—1985)

数论和数学逻辑的发现

朱丽亚·罗宾逊（Julia Robinson）的大部分职业生涯都不是全职的大学教员，但是她在数论和数学逻辑方面作出了重大贡献。她证明了环与场的决策问题定理，为数学逻辑作出了贡献。在数论上，她提出了罗宾逊假设，证明了指数丢番图方程的核心定理，这对解决希尔伯特的第十个问题至关重要。她是美国国家科学院第一位女性数学家，是美国数学学会的主席，并因其对数学的贡献获得了麦克阿瑟基金奖。

朱丽亚·罗宾逊提出了罗宾逊假设，证明了指数丢番图方程的核心定理。这个定理对解决希尔伯特的第十个问题至关重要（特此感谢康斯坦斯·里德）。

数学学子

朱丽亚·霍尔·鲍曼（Julia Hall Bowman）于1919年12月8日出生在美国密苏里州的圣路易斯。她的父亲拉菲尔·鲍尔斯·鲍曼是名器械商，母亲海伦·霍尔·鲍曼毕业于商学院。1922年母亲去世后，朱丽亚和姐姐康斯坦斯就去了亚利桑那菲尼克斯附近一个偏僻的小地方，和祖母住在一起。一年后，父亲把生意转手，和第二任妻子伊登尼亚·克里德堡一起搬到亚利桑那。1925年，他们一家搬到加利福尼亚的洛马角（Point Loma）。朱丽亚在那里上了小学，直到9岁的时候因为感染猩红热、风湿热和舞蹈病而休学。她在一家护理院躺了一年，然后在圣迭戈的新家休养了一年。其间她跟着家教学习，一周学习3个上午。12个月之内，她成功地掌握了5—8年级的课程。

朱丽亚喜欢玩水枪和来福枪，也喜欢骑马和艺术。除此之外，在高中和大学学习过程中，她对数学的兴趣越来越浓厚了。1936年从圣迭戈高中毕业时，她获得了学校的数学奖、生物奖、物理奖以及科学通才奖。16岁她进入圣迭戈国立学院，希望能获得数学教师的资格。然而，在数学史的课程中，她阅读了埃瑞克·滕博尔·贝尔（Eric Temple Bell）的《数学人》一书，由此对数学研究和数论着迷。大学3年级以后，她转到了加利福尼亚伯克利分校，开始了数学研究院的生涯。

在伯克利，她结识了许多数学学生和教授，他们给她很多的帮助。1940年，她获得数学学士学位，并进入伯克利研究生院。她参加了数学家兄弟会。研究生第一年的时候，她在俄罗斯统计学家耶尔泽·奈曼（Jerzy Neyman）的伯克利统计实验室做实验助手。1941年，她取得了数学硕士学位。她还通过了公务员考试，本可以在华盛顿做一名夜间工作的初级统计员，但是她还是放弃了这个职位，决定继续深造。在研究生院的第二年，她获得了助教的职位，教统计概论。1941年12月，她和拉菲尔·罗宾逊结了婚。他是她在伯克利第一年教授数论的教授。大学的校规不允许夫妻在同一个院系任教，因此在第二次世界大战期间，朱丽亚·罗宾逊改做伯克利统计实验室一个军事项目的研究助手，同时继续旁听研究生院的数学课。1948年，她在《加利福尼亚大学数学学刊》上发表了第一篇论文《论精确序列分析》。这是她在统计实验室研究的成果。在这篇论文中，她对前不久的序列数统计分析结果做出了新的证明。

代数中的决策问题

1946—1947年，朱丽亚·罗宾逊的丈夫在新泽西的普林斯顿大学做访问教授，她一同前往，继续从事学术研究。在普林斯顿，她对数学逻辑产生了兴趣。数学逻辑是数学的分支学科，通过形式论证和连贯的推理来获得抽象的结构。1947年，她回到伯克利，在波兰逻辑学家阿尔弗雷德·塔斯基（Alfred Tarski）的指导下开始博士项目。1948年，她的博士论文《代数中的可定义性和决定问题》发表在《象征逻辑月刊》上，并因此获得博士学位。她的研究还扩展了塔斯基和出生在摩拉维亚的美籍逻辑学家库尔特·古德尔（Kurt Goedel）的工作。1931年，在古德尔的自然数算法不可决定原理中，他证明了没有单一的运算法则能够确定与加法、乘法、初等逻辑和代表正整数变量有关陈述的真伪。

1939年，塔斯基指出，通过证明存在一个能够判定实数命题真伪的运算法则，就可以证明实数的算法是可以被确定的。朱丽亚·罗宾逊的博士论文证明了有理数（可以被拆分为两个整数之积的数）的代数运算是不可被决定的，这是因为含有有理数的每个方程都可以通过无限次的代数运算转化为含有整数的方程。罗宾逊的结论是，有理数代数可以充分构成所有基础数论的问题，而有理数域在算法上是不可解的。虽然数学家们仍然在研究这个问题，但至今没有任何人超越朱丽亚·罗宾逊的结论。

在接下来的几年中，朱丽亚·罗宾逊继续她的研究，发表了3篇关于数学逻辑中决定问题的文章。1959年，她的论文《代数环和场的不可被决定性》发表在《美国数学界学报》上，把博士论文的结论扩展到更广义的数学结构，即环和场。1962年她的论文《论代数环的决定问题》发表于《数学分析和相关课题研究：纪念乔治·波尔亚（George Polya）论文集》上。她指出代数各种场中的整数环是不可决定的。在1963年伯克利国际讨论会上，她在论文《可定义性及场和环中决定问题》中，阐明了更进一步的结论。该论文收入1965年专著《模的理论》中。她的研究使其他的数学家对任意数场决定问题不可解的证明成为可能。

博弈论与政治学

1949—1950年，朱丽亚·罗宾逊作为初级数学家就职于美国加利福尼亚圣达摩尼卡的兰德公司。她研究了有限的二人零和博弈策略。在二人博弈中，竞争参与者双方的选择都会导致一方获益和另一方同等程度的损失。她提出了用重复方法求解这个"虚拟游戏"问题值的方法。在重复博弈中，每一个参加者都会对所有竞争对手的行为做出反应，采用最优战略。在她的论文《求解博弈问题的重复方法》中，她证明了如果参与者增加，那么两个竞争者的收益就会汇聚于游戏之中。这篇论文发表于1951年的《数学年报》上，是她在这个数学分支中唯一的著作，五十多年来一直是博弈论的奠基作之一。

20世纪50年代，朱丽亚·罗宾逊一直参与她最初研究的数学领域之外的多项研究。1951—1952年，她获得了美国海军研究署的一项资助，在斯坦福大学从事应用数学的工作，研究水力，即运动中液体的属性。那时加利福尼亚大学的行政长官要求所有教职员工签署一个反共和党忠诚誓言，朱丽亚·罗宾逊支持那些因为拒绝顺从而失去工作的教员。她深深卷入了民主党的政治活动，积极支持伊利诺伊州长阿德莱·史蒂芬森(Adlai Stevenson)1952年和1956年两次失败的总统选举。1958年，她作为乡村选举团组织者，支持阿兰·克兰斯顿(Alan Cranston)成功当选州长。

希尔伯特的第十个问题

虽然朱丽亚·罗宾逊的兴趣很广泛，但是她一直都致力于数论领域的数学研究，这个领域主要研究正整数的属性。在她的数学研究生涯中，首要的关注点是丢番图分析，即数论中求整数系数的多项式方程整数解的方法。1900年，德国数学家大卫·希尔伯特提出了23个数学问题，他视这些问题为20世纪数学进程中的中心问题。他列出的第十个问题是要求数学家找到一种算法，来确定给出的丢番图方程是否有整数解。1948年，朱丽亚·罗宾逊开始着手于研究希尔伯特的第十个问题，到1976年她发表了关于这个问题的最后一篇论文，她在解决这个问题上作出了一系列不可替代的重大贡献。

朱丽亚·罗宾逊最初对解决希尔伯特的第十个问题的贡献主要在回归方程上，也就是每个正整数的值由更小正整数的值所决定的方程。1950年，在马萨诸塞州的剑桥举行的哈佛大学国际数学大会上，她做了一个题目为《普遍回归方程》的简短谈话，后来发表在《美国数学界学报》上。她在这篇论文中证明，一个变量的所有普通回归方程都可以通过合成或者倒置的方法从两个特殊的原始回归方程中得到。在稍后的论文中，她发现了回归方程的其他属性和回归定义的束。

1952年，她的论文《代数中存在判断的可定义性》发表于《美国数学界学报》上。在文中，她证明了存在判断的可定义性的几个重要的结论和指数方程。如果一个可解丢番图方程中的参数可以得出整数集的所有值，那么这个正整数集是存在判断可定义的。求幂是高阶的运算，比加法和乘法更加复杂。在求幂运算中，代数表达中的幂数或者指数是一个变量，而不是一个数。在这篇论文中，朱丽亚·罗宾逊证明了在求幂运算中，二项式系数、阶层和质数是存在判断可定义的。她也证明了在显示出粗糙幂增长的等式中，求幂关系$x=y^2$是存在判断可定义的。她把研究范围从多项式丢番图方程扩大到求幂丢番图方程，这篇论文对解决希尔伯特的第十个问题作出了重要贡献。

1959—1961年，朱丽亚·罗宾逊与美国研究员马丁·戴维斯(Martin Davis)和希拉里·普特曼(Hilary Putman)合作，得出了离解开希尔伯特的第十个问题仅一步之遥的结论。1959年，戴维斯和普特曼给朱丽亚·罗宾逊寄了一份论文草稿，是他们正在做的求幂和回归束。朱丽亚·罗宾逊帮助他们简化了证明过程，并去掉其中一条限制条件，从而强化了定理的解释力。他们合作的成果是1961年发表在《数学年刊》上的《求幂丢番图方程的决定问题》。在这篇论文中，他们证明了在求幂中，每个回归可列举束都是存在判断可定义的。这个结论的后果是，没有算法可以确定幂丢番图方程是否有整数解。

在这篇论文中，朱丽亚·罗宾逊提出了一个罗宾逊猜想。她假设存在一个丢番图方程，增长比二项式方程快，但是不比幂方程快。如果这个方程真的存在，求幂就是存在判断可定义的，幂丢番图方程就和二项式丢番图方程等值，因此，对希尔伯特的第十个问题的回答应该是否定的——不可能创造一种运算法则来决定给出的丢番图方程是否有整数解。在1960年国际逻辑、方法论和科学哲学大会上，她提交了他们共同的论文，题目为《幂丢番图方程的不可决定性》。

1961年，朱丽亚·罗宾逊接受了去除疤痕组织的心脏手术，这是她幼年那场风湿热的病留下的后遗症。手术之后，她的健康状况有了好转，可以骑车、徒步旅行和划独木船，并且在伯克利作为兼职教员每年讲授一门研究生的数学课。她频繁参加数论的学术会议，提交她对于丢番图方程的研究论文。1968年，她

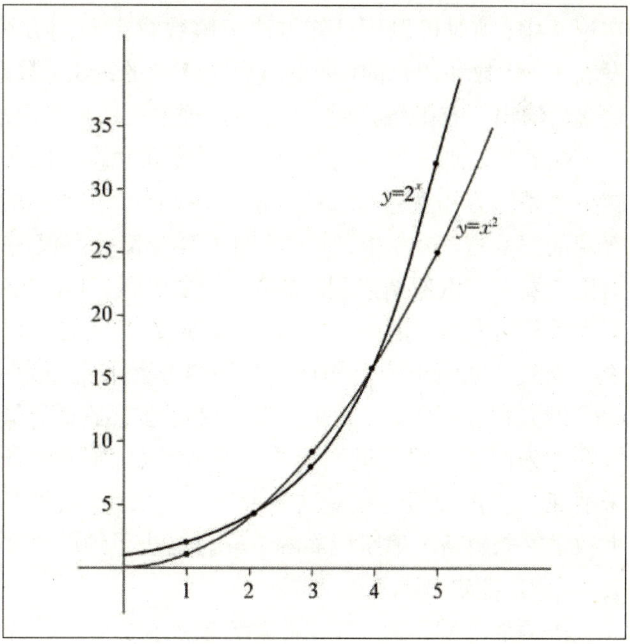

幂方程$y=2^x$比二项式方程$y=x^2$增长得快。解决希尔伯特的第十个问题的关键步骤，是猜想存在一个比二项式方程增长得快，但是不比幂方程增长得快的丢番图方程，这就是罗宾逊的假设。

的论文《一个变量的回归方程》发表在《美国数学界学报》上。她证明了所有的回归方程都可以通过零方程和后续函数，用合成和普通回归的运算方法得到。学报还发表了她的另外两篇相关论文《回归可列举束的有限代》和她在1969年的论文《不可解的丢番图问题》。她还撰写了一篇总结希尔伯特的第十个问题研究现状的文章。其中一篇是1969年的文章《丢番图决定问题》，发表在《数论研究》上。还有一篇是她在纽约的斯多尼布鲁克（Stony Brook）数论暑期研究所做的发言——《希尔伯特的第十个问题》。

1970年1月，22岁的俄罗斯数学家尤利·马提亚舍维奇（Yuri Matijasevich）发现了满足罗宾逊猜想的丢番图方程，最终解决了丢番图方程问题。他指出，在$n=F_{2m}$的关系中，当F_{2m}是斐波那契序列的第2m个元素时，斐波那契数1，1，2，3，5，8，13，21……可以用含有n、2m的二项式丢番图方程和整数变量来表达。马提亚舍维奇构建的这个例子对罗宾逊猜想提出了必要的存在性定义，即存在一个比二项式增长得快，但不比幂方程增长得快的方程。因为最终解决了希尔伯特的第十个问题，朱丽亚·罗宾逊、马提亚舍维奇、达维斯和普特曼一起获得了国际的广泛承认，被列为"荣誉级"数学家。

在用否定法成功地解决了这个著名的数学难题后，朱丽亚·罗宾逊开始研究丢番图方程的其他属性。1971年，在罗马尼亚布加勒斯特举行的第四届逻辑、方法论和科学哲学国际会议上，她提交了题为《解决丢番图方程》的论文。在论文中，她对可以用已知方法求整数解丢番图方程进行了归类。在1973年发表于《代数和逻辑的一些选定问题》上的论文《数论方程的公理》中，她对数论函数给出了有限组公理，从这些公理中可以推导出皮阿诺（Peano）公理。

接着朱丽亚·罗宾逊开始了和马提亚舍维奇的研究合作。她成功地找到了减少丢番图方程变量个数的方法。1974年，在他们的论文《可列举数列的两个普遍的三变量表达》中，他们证明了幂增长关系仅用三个变量就可以定义。这篇论文发表在俄罗斯期刊《数论和数学逻辑》上。次年，他们的合作论文《把任意丢番图方程简约为一个由13个未知数组成的方程》发表于《代数录集》上。论文反映了如何把一个任意的丢番图方程重新写为一个至多由13个变量组成的等价方程。不久，马提亚舍维奇成功地把必要变量的数量减少为9个。他坚持要把朱丽亚·罗宾逊列为共同作者，以肯定她对研究方法作出的贡献，但是朱丽亚·罗宾逊拒绝接受这个荣誉。结果是，直到1982年，这个发现才被加拿大数学家詹姆斯·琼斯（James Jones）写进了他的论文《普通丢番图方程》中，发表在《象征逻辑月刊》上。

朱丽亚·罗宾逊、马提亚舍维奇和达维斯一起合作，于1974年完成了论文

《希尔伯特的第十个问题——丢番图方程：一个负解的诸多积极面》。1974年5月，在迪卡尔布北伊利诺伊大学希尔伯特问题讨论会上，朱丽亚·罗宾逊提交了这篇论文。论文通俗地介绍了数学逻辑学家求解希尔伯特的第十个问题所获得的很多结果。1976年，这篇论文在会议记录中发表，题目为《由希尔伯特的问题而来的数学进展》。这是她发表的最后一篇论文。

专业领域中的荣誉和贡献

1976—1985年，朱丽亚·罗宾逊大部分时间都在协助她的同行工作，以及接受她在解决希尔伯特的第十个问题中所扮演的角色所带来的荣誉。1976年，她入选美国国家科学院（NAS）。同年，加利福尼亚伯克利大学聘请她为终身全职教授，同时减轻她的教学负担。这是她曾经做过兼职讲师的地方。1978年，她被选为美国数学学会副主席，并被推荐为美国科学进步协会的成员。

两个专门的数学学会邀请她在国家级的会议上做主要的演讲。1980年，美国数学学会邀请她出席安·阿尔伯在密歇根大学举行的第八十四届夏季会议声望最高的讨论式演讲。她的4个演讲总称为《在逻辑和算术之间》，讲述了她在数学逻辑和数论领域的兴趣所在：从古德尔的工作与可计算性，到希尔伯特的第十问和指数方程，再到各种场和域的决定问题，最后到非标准的代数模型。女数学家协会（AWM）1982年1月在俄亥俄州辛辛那提召开的联合数学大会上，提名她为艾米·努德（Emmy Noether）讲师。在这次大会上，上千名来自工业与应用数学学会、美国数学学会以及女数学家学会的数学家汇聚一堂，听她演讲《代数中的函数等式》。

在过去几年中，美国数学学会和其他一些组织仍然继续以各种方式肯定朱丽亚·罗宾逊的成就。1982年，她被数学界的同事选为美国数学学会会长。在1982—1983年、1983—1984年的任期中，她支持在数学和科学领域给女数学家和未被充分代表的少数族裔更多的发展机会。1983年，由于她对数学的贡献，她被授予约翰·D.和凯瑟琳·T.麦克阿瑟基金奖，连续5年提供给她6万美元的年度研究经费。1985年，美国艺术与科学院选举她为成员。同年，科学学会主席团选举她为主席，但是因为健康状况恶化，她没有接受。

1985年7月30日，在和白血病进行了长期的搏斗之后，朱丽亚·罗宾逊去世，享年65岁。圣迭戈高中设立了朱丽亚·罗宾逊数学奖，奖励那些数学成绩优异的毕业班学生，以纪念她。她的丈夫设立了朱丽亚·B.罗宾逊奖学基金，奖励伯克利的数学系研究生。这些奖项用于鼓励和帮助那些有天赋的人在数学领域从事他们感兴趣的工作。

结　语

在去世前，朱丽亚·罗宾逊希望人们回忆起她时，不是想起她所获得的某项荣誉或者某个职位，而是记得她解决过的问题和证明过的定理。她是第一位入选国家科学院、第一位担任美国数学学会的主席、第一位获得麦克阿瑟基金奖的女性，她的这些荣誉都来自她在数学逻辑和数论的发现。她在博士论文中得出的结论，以及在场和域决定问题上的研究论文，都为理解数学逻辑中的决定问题作出了贡献。她的罗宾逊猜想和她对指数丢番图方程关键定理的证明，是解决希尔伯特的第十个问题的关键步骤。

十七

欧内斯特·威尔金斯

(1923—2011)

数学家、科学家和工程师

在J. 欧内斯特·威尔金斯(J. Ernest Wilkins, Jr.)60年硕果累累的生涯中,他因为对数学、科学和工程的贡献而获得全国的肯定。他是第一批获得数学博士学位的非洲裔美国人之一,供职于高级研究机构,还入选美国国家工程院。

他的数学研究对微分方程、高级微分、几何、函数理论以及多项式领域都作出了贡献。他设计了太空望远镜的光学器件和冷却引擎的散热片。他最卓越的贡献是发现了伽马射线的渗透性和中子能的分布,这对设计核能工厂和放射场至关重要。

J. 欧内斯特·威尔金斯从事随机多项式求零的研究。他还协助开发了防伽马射线辐射的防护罩(特此感谢丹·德莱,芝加哥大学的校友杂志)。

早期成就

1923年11月23日,J. 欧内斯特·威尔金斯出生在美国芝加哥。威尔金斯的父亲是一个成功的律师,担任库克乡村酒吧协会的主席。这是一个芝加哥附近非洲裔律师的职业组织。20世纪50年代,威尔金斯的父亲被艾森豪威尔总统任命为劳动助理秘书并加入民权委员会,从而成为全国闻名的人物。威尔金斯的母亲获得了硕士学位后在芝加哥的学校从事教学工作。威尔金斯的两个弟弟约翰和朱利安都获得了法学学位,参与到父亲的律师事业中。

威尔金斯还是孩子的时候,就显示出了非同寻常的心智能力。13个月的时候,他就能够背诵字母,5岁的时候就学会了如何加减乘除。小学的时候,他的智力测验分数是163分,是天才的分值。他也喜欢参与竞争。7岁的时候,他已经是打二十一点的高手了,几年以后他获得了社区乒乓球比赛的冠军。

在学校中,威尔金斯的成绩一直很优异,他以突出的各科成绩提前4年高中毕业。13岁时他成为芝加哥大学有史以来录取的年纪最小的学生。他的教授们推荐他成为在大学生中声望最高的国家荣誉协会Phi Beta Kappa的成员。在由美国数学协会资助的威廉·劳威尔·普特南(William Lowell Putnam)全国数学竞赛中,他进入了全国前10名。1940年,威尔金斯从大学毕业,获得数学学士学位,年仅16岁。

芝加哥大学邀请威尔金斯继续深造,攻读数学博士学位。要获得这个学位,学生必须参加额外课程,并通过研究证明新的定理或者数学规律。完成一年的高级课程以后,1941年,威尔金斯获得硕士学位。在接下来的一年半中,他完成了更加专业的高级数学课程,和他的研究指导员马格努斯·贺斯特纳斯(Magnus Hestenes)一起,研究解决高级微分问题的技巧。在他的博士毕业论文《变量微积分中参量形式的多重积分》中,他发表了他的研究结果。1942年12月,19岁生日刚过去几个星期,威尔金斯就成为第八位获得数学博士学位的非洲裔美国人。

数学教授

新泽西普林斯顿高级研究院的数学所给威尔金斯提供了博士后研究奖学金。1942—1943年,在全美最顶尖的数学机构中,他成为在那里开展研究的8名数学家中的一员。他获得了这个机会,成为该机构邀请任命的第二位非裔美国数学家,美国历史上只有两位。经过潜心的全职研究,他在高级几何上有了新的发现,并在论文中描述了他的发现。1943年,《杜克数学期刊》发表了他的两篇研究论文:《第一典范笔形》和《投影微分几何的一类特殊表面》。

完成博士后研究后,威尔金斯在获得大学教授教职上遇到了困难,只有美国南方为数不多的几个被称为“有黑人历史的学院和大学”(HBCUs)的高校才愿意聘用非裔教员。这些院校的首要任务是给非裔美国人,无论性别,提供高等教育,因为很多高等教育机构都拒绝接受非裔的学生。美国亚拉巴马州的塔斯克吉(Tuskegee)就是这样的一个机构。1943—1944年,这家机构聘请威尔金斯为数学系教授。虽然威尔金斯比他的一些学生年龄还小，但他的数学知识和他对教学的关注赢得了学生的尊重。他继续在微分方程、高等微积分、高等几何、统计学和疾病扩散等领域建立新理论、发展新方法的研究。在两年中，6家数学期刊刊登了他的7篇研究成果。这些论文包括：1944年发表在《美国数学学会报告》上的《论线性微分方程解的增长》；1944年发表在《数学年鉴》上的博士生毕业论文；1945年发表在《数学统计年鉴》上的《关于斜度与峰度》；1945年发表在《数学生物物理报告》上的《传染病的微分方程》。

科学家和工程师

虽然威尔金斯的早期成就都预示着他可能成为一位成功的数学研究者和大学教授，但是他离开了学术圈，并且在接下来的26年中在工业界和政府资助的研究项目中工作。1944—1946年，他在芝加哥冶金实验室工作，研究把铀转化为钚的技术，在这个转化过程中将释放巨大的热量。威尔金斯发明了一种方法来冷却产生放射性物质的仪器。他在冶金实验室的工作是美国政府研发原子弹的"曼哈顿计划"的一部分。这一个巨大的工程聚集了上千名世界上最优秀的天才数学家、科学家和工程师，其中包括21位获得科学界最高荣誉——诺贝尔奖的科学家。

1946年，威尔金斯加入了位于纽约州水牛城的美国光学公司。4年中，他以数学家的身份参与设计太空望远镜。设计这种复杂的精密镜片需要圆锥曲线的知识，还有几何和物理领域的高端知识。他继续开展数学研究，在函数理论、几何、微分方程和高等微积分领域作出成就。他的10篇研究论文发表在数学期刊上，其中包括：《具有优先限制条件的波尔扎（Bolza）等周问题》，发表在1947年《美国数学学会报告》上；发表在1948年《数学年鉴》上的《潜析方程的普遍可求和性》；1948年发表在《美国数学学会学报》上的《贝萨尔（Bessel）方程的纽曼序列》；1950年刊登在《美国数学期刊》上的《一般化的施鲁米尔希序列的一般术语》。1947年，他与克洛丽亚·斯图尔特（Gloria Stewart）结婚，几年后夫妻俩有了一个女儿沙朗（Sharon）和一个儿子J.欧内斯特·威尔金斯三世。

1947年，威尔金斯遭受了另一次种族歧视。他当时计划参加在佐治亚州举行的美国数学学会的会议，与会者是上百名数学家和数学教授。当会议组织者知道他是黑人之后，通知他不得和白人数学家住在同一个宾馆，也不许和他们在一个餐厅吃饭，他的食宿被安排在附近的一个黑人家庭里。威尔金斯对这种被视为二等公民的方式激怒了，他取消了计划，以后很多年他都拒绝参加在南方举行的数学会议。

伽马射线

在接下来的20年中，威尔金斯一直致力于研究核反应的和平应用。1950年，他参加了纽约怀特普莱恩斯（White Plains）由其他6位科学家一起组成的美国核发展公司（NDA）。他既是一位高技术数学家，也是研发的主管，同时还是该公司的主要股东。该公司在10年中成长为一个拥有三百多名科学家的组织，威尔金斯参与了决定公司未来的重大决策。

威尔金斯和他的同事赫尔伯特·古德施坦（Herbert Goldstein）共同研究了裂变过程，在这个过程中，原子核释放出巨大的能量和低能量的射线。经过一系列的实验，他们发现高能量的伽马射线能够穿透一些物质，但不能穿透另一些物质。他们的研究成果发表在1953年《物理评论》上，标题为《伽马射线穿透的系统计算》，这项研究对建立核反应堆发电厂有重要意义。这个发现对研发保护宇航员和设备不受伽马射线以及其他太阳产生的高能量微粒放射辐射的防护罩也很关键。

在和诺贝尔奖获得者奥格纳·维格纳（Eugene Wigner）的合作中，威尔金斯确定了如何预测在核反应中，吸收不同物质的高能量和低能量射线的数量。他们的工作被称为“维格纳-威尔金斯方法”，用来估算中子能量的分布，是发展核燃料的关键一步。核燃料可以用来发电，给潜水艇和太空船提供动力。1956年，在国际和平利用原子能大会上，威尔金斯展示了他中子吸收的研究成果。

除了在美国核发展公司突破性的基础研究以及管理工作之外，他继续学习深造。他在纽约大学夜间班上了两年半的课，1956年获得机械工程学士学位。他以优异的成绩毕业，被选入Pi Tau Sigma和Tau Beta Pi两个荣誉工程师组织，并获得优秀工程毕业生奖。3年以后，他获得了纽约大学机械工程硕士学位，时年37岁。

1960—1970年，威尔金斯继续在位于加利福尼亚圣迭戈的动力学公司原子部门进行核能量的研究。他从理论物理的助理主席、防护科学和工程助理总监升为计算研究总监。10年间他的研究项目中有一项是冷却核供能的引擎。核反应产生的巨大热量可以被附着在引擎上的金属翅带走，这些金属翅被称为散热片（热沉），他用数学知识确定了什么形状的散热片可以从引擎带走最多的热量。1961年发表在《工业和应用数学期刊》上的论文《最小厚度的薄散热片的最小质量》，是他多篇论文和技术报告中详细介绍研究结果的一篇。

重返教授岗位

1970年，威尔金斯重新回到学术界，在华盛顿特区的霍华德大学热应用数学物理专业担任资深教授。他教学生如何用数学和物理的理论和方法来解决光学、核能以及科学和工程其他分支的问题。他新的研究兴趣包括赌博策略、线性系统、多项式的根、希尔伯特空间以及多重积分，并在数学期刊上发表了8篇相关论文。其中包括1972年发表在《美国数学学会学报》上的《存在内部限制的粗略策略》；1973年发表在《应用数学分析期刊》的《一个任意多项式实根期望个数的最大值》；1975年发表在《最优化应用数学》中的《希尔伯特空间的变分问题》。

除了教学和研究，威尔金斯还和詹姆士·唐纳逊（James Donaldson）——霍华德数学系的系主任，一起为改变非裔美国人获得数学学位的困难状况而努力。他们一起组织了一个博士项目，1976年，霍华德大学成为第一所提供数学博士学位的大学。在大学校园外，1974—1975年，他是美国核学会的主席；

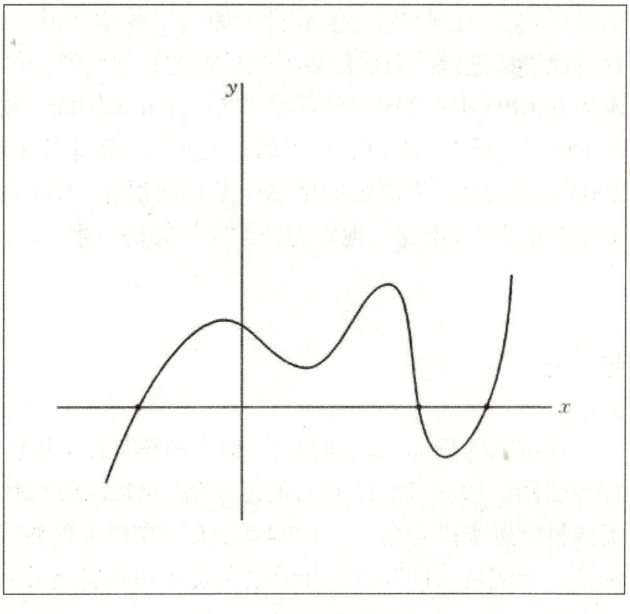

N次多项式可以有0—n个根，也就是多项式曲线和水平轴的焦点个数。威尔金斯分析了当多项式系数任意的时候，根的平均个数。

1975—1977年，他是美国数学学会委员会成员。

1977—1984年，威尔金斯离开霍华德大学，任职于爱达荷州的一家大工程公司EG&G。他担任公司的副总裁和科学工程部的副经理，把核科学和光学的研究结合起来。1982年他在《核科学和工程》上发表了论文《核反应的最小临界质量，第一部分和第二部分》，讨论了核反应设计和操作的临界问题。在1984年发表于《美国光学学会期刊A：光学与视觉科学》上的论文《发光分解度的最大临界》中，他展示了研究光学设备的设计和制造的成果。1984—1985年，他是前冶金实验室，（现更名为"Argonne国家实验室"）的访问科学家。30年前他曾在这里参与过曼哈顿计划。现在，当时的研究都转为美国能源部和平利用核能的研究。

暂时退休

1985年，威尔金斯退休。但是5年后，他又重新出来工作，成为亚特兰大佐治亚州州立大学应用数学和数学物理的资深教授，这是美国的另一所UBCU。在这里的13年中，他教授给学生他所研究过的科学和工程领域用数学解决问题的方法。在数学会议上，他指导其他高校的学生如何在数学和科学领域进行职业发展。1992年，他为美国数学学会制作了一个录像，名为《热传导扩大表面的最优化》。在录像中，他解释了如何用数学知识为核能驱动的引擎设计散热片。他继续进行任意系数多项式求根的数学研究，并发表了6篇论文，其中包括发表在1991年《美国数学学会学报》上的《任意三角多项式实根的期望数量》和1997年在同一期刊上发表的《任意一组勒让德多项式实根的期望值数量》。2003年，已经79岁高龄的威尔金斯再次退休，搬回到芝加哥的老家。2011年，威尔金斯去世，走完了他作为数学家荣耀的一生。

结　语

在威尔金斯非凡的生涯中，他在科学、工程和数学3个不同领域获得了荣誉和奖励。1956年，32岁的他由于伽马射线和放射防护的重要研究而被选为美国科学进步协会会员。1964年，由于在核工程领域的杰出工作，他被选为美国核学会成员。1976年，由于他在设计和发展核反应堆发电站上的贡献，国家工程院接受他成为该院第二位非裔成员。1980年，美国陆军授予他杰出公共服务勋章。1994年，美国数学会授予他终身成就奖，并设立了年度讲座系列以向他表示祝贺。这个年度讲座系列都挑选不同的数学家来发表关于他们研究的演讲，成为美国数学学会最重要的年度本科生数学会议。

在他60年的数学家、科学家和工程师生涯中，他为大学、政府和私人公司工作过，完成了上百个报告和研究，并发表在科学、工程和数学的刊物上。伽马射线的发现和放射保护罩的发明，对航空航天、核医学以及核能工业产生了巨大影响。数学家们仍然继续沿用并继续发展他在高等微积分、高等几何和函数领域里提出的思想。

十八

约翰·纳什

(1928—2015)

获得诺贝尔奖的博弈理论家

约翰·纳什(John Nash)因为博弈论获得诺贝尔经济学奖。他在合作和非合作博弈中引入纳什均衡的概念,深刻地影响了博弈理论,并在经济学、生物学和政治科学中被广泛应用。他在流形嵌入和流体流动上的创造性研究,使他获得了有创造力的、有光明前景的年轻数学家的声誉。他和精神疾病进行了30年的斗争,20世纪90年代才重返研究岗位。

早年教育

约翰·纳什对合作和非合作博弈提出了纳什均衡概念,获得了诺贝尔经济学奖(Reuters/CORBIS)。

1928年6月13日,约翰·福布斯·纳什(John Forbes Nash, Jr)出生在西弗吉尼亚州的布卢菲尔德(Bluefield)。他的父亲约翰·福布斯·纳什是阿巴拉契亚能源公司的电力工程师,母亲马格利特·弗吉尼亚·马丁是英语和拉丁语教师。父母都受过高等教育。他的父亲从得克萨斯州的农业和机械学院(现在的得克萨斯A&M学院)获得了学士学位,他的母亲在马撒(Martha)华盛顿学院和西弗吉尼亚大学学习语言。纳什和他的妹妹玛莎都在当地的公立学校上学,并且从父母那里得到额外的辅导。

当纳什还是一个男孩的时候,就发展出超越一般课堂内容的兴趣。他很害羞,也不善于与人交际。他更愿意一个人读书,或者在实验室做电学、化学和爆炸实验,而不是参加体育活动或社交。在学校里，他发现了解决数学问题的非常规方法，比老师在课堂上讲的方法还好。在阅读了埃瑞克·滕博尔·贝尔（Eric Temple Bell）的《数学人》一书后，他对数学研究产生了兴趣，并且证明了数论中的一些经典结论。在高中高年级的学习中，他在布卢菲尔德学院上额外的数学课。17岁的时候，纳什和他的父亲一起写了《用悬链公式计算电缆与电线的垂度与压力》的论文，发表在1945年《电学工程》上。这篇文章描述了电缆和电线适当电压的改进方法，这是他经过几周实验测试和数学分析的结果。

1945年，纳什在全国性的数学竞赛中获得了乔治·维斯丁豪斯（George Westinghouse）奖学金，一共有10位学生获得该奖。他进入宾夕法尼亚州匹兹堡的卡耐基技术研究所学习。最初他被录取进化学工程专业，但是在参加了张量演算和相对论的课程后，他转到了数学专业。

他两次参加劳威尔·普特南（Lowell Putnam）数学竞赛，这是由美国数学学会资助的全国大学生解题竞赛。但两次都没有进入全国前5名，这让他觉得很沮丧。作为本科生，他独立证明了布劳尔（Brouwer）不动点定理，这是一个代数拓扑学的原则，即在n维表面的任意一个连续的函数必然至少在一点上回到自己。在学习国际经济学的时候，他勾勒了交易策略的最初思想，这成为他1950年发表论文的基础。

1948年，他同时获得数学学士学位和硕士学位，进一步申请研究院的博士生项目。他的教授理查德·J.杜芬（Richard J.Duffin）在推荐信中只写了一句话：纳什是一个天才。在哈佛大学、普林斯顿大学、芝加哥大学和密歇根大学的奖学金中，纳什选择接受了享誉全国的新泽西普林斯顿大学约翰·肯尼迪奖学金。

1948年9月，纳什进入普林斯顿，他同时在几个纯数学领域广泛涉猎，包括拓扑学、代数几何、博弈论和数学逻辑。他很少参加课程，也不看参考书，而更喜欢不受基本规则的限制去重新发现一些数学属性。这个习惯使得他发展出思考问题的原创方法和看待问题的独到视角。在宿舍里，他经常玩逻辑和战略的游戏，包括围棋、象棋和军棋游戏。他发明了一种和六盘棋相似的拓扑游戏，被其他的研究生称为“纳什游戏”（Nash）。

博弈论的革命

1948—1951年，纳什完成了博士论文和4篇研究论文，引起了博弈论的革命。博弈论是研究合作和竞争的数学分支学科。20世纪20年代，匈牙利数学家约翰·冯·纽曼（John von Neumann）分析了两个人的零和游戏。在零和游戏中，两个竞争参与者的选择产生的结果是，一方所得即为另一方等量所失。在冯·纽曼后来的论文中，以及在与普林斯顿大学经济学家奥斯卡·摩根斯坦（Oskar Morgenstern）合著的《博弈论和经济行为》中，冯·纽曼把形式的数学理论应用到经济学领域。纳什分析了两个竞争者以上的情况，讨论了参与者可能合作或者竞争的一般性战略，从而扩展了博弈论。他引入了使得博弈论全面发展的基础概念、工具和方法，使得博弈论被广泛运用到进化生物学、经济理论和政治战略中。

纳什第一项有关博弈论的研究是1950年发表在《美国数学学会学报》上的两页的论文，题目为《N人博弈论的平衡点》。1949年11月，在普林斯顿学习了14个月之后，纳什向数学学院提交了这篇论文，简要地引入了一个由n个人参与的有限的、非合作性的博弈的概念。在这个博弈中，参与者多于两个，每个参与者在不知道其他人战略方案的情况下，在有限的战略方案中做选择，以获得自身优势的结果。纳什使用的布劳尔不动点定理，简要地证明了在这样的博弈中，存在着至少一个战略均衡，或者一个战略集合。按照这个战略集合行事的每一个参与者，若改变战略，都不可能增加自己的收益。这个战略均衡的思想，现在被称为“纳什均衡”（Nash equilibrium），成为博弈论最常用的解决问题的概念。纳什均衡产生的结果和冯·诺伊曼的二人博弈、零和博弈相同，而且表明了在更一般性的博弈中，冯·诺伊曼分析中的稳定组合必然特征不一定总是存在。

这篇关于博弈论的论文形成了纳什博士论文的中心内容。在他的研究指导员阿尔伯特·W.图克尔（Albert W.Tucker）的指导下，他完成了博士论文《非合作博弈》。1950年他参加了该论文的答辩，更加完整地阐述了n个参与者的非合作博弈的一般性理论，并更加详细地证明了每个博弈都应该至少有一个纳什均衡点，这篇27页的论文并没有立即发表。纳什和研究生同学罗伊德·夏普利（Lloyd Shapley）用纳什的观点分析了一个三人扑克游戏的具体例子，图克尔建议纳什不要在论文中采用这个例子，于是纳什和夏普利在《数学研究期刊》上发表了两人合作的论文《一个简单的三人扑克游戏》。

在博士论文中，纳什对理性博弈和群体博弈的均衡点有两种解释。他把理性博弈定义为一次性博弈，即参与者拥有对整个弈局结构的知识。在群体博弈中，参与者重复参与博弈，不一定理性行为，也不一定知道整个弈局的结构，通过可获得的战略的相对优势收集信息。群体博弈的概念没有在他发表的任何论文中出现，而是在20世纪70年代被研究进化战略的数学家独立发现。自然选择过程通过推动有机体适应性的最优化而达到均衡。在经济学中，群体行为的理论提供了“适者生存”的数学基础，也就是在市场条件下，只有利润最大化的公司才能够生存的论断。

20世纪50年代末，纳什的论文《交易问题》发表在《经济计量学》上，这是一本数学经济的期刊。在这篇论文中，他引入了解决在有惩罚的条件下二人合作博弈的概念，被称为“纳什交易解”。两个达成追求共同优势的参与者，事先约定违背约定的行为将受到惩罚，纳什的交易解对两个参与者都是满意的。纳什本科时在卡耐基技术研究院上经济学课的时候就形成了这篇论文的基本观点。1949年春季学期，他在普林斯顿发展了对这个问题更复杂的解决方法。他定义了每一个解都必须满足的4个定理，或者4个基本原则，然后证明了存在使博弈结果总和最大化的唯一解。期刊编辑试图说服他不要使用两个孩子玩球棒、玩球、玩玩具和玩刀的例子，而采用更加复杂一点的例子，但是却没能说服他。

这篇论文还介绍了纳什交易博弈的概念。这是一个简单的二人博弈，每个参与者都需要现有资源的一定比例。如果参与者需求的总和不超过资源的总价值，两人都能够各得所需；否则两人就什么都得不到。纳什证明，任何一对增加资源总值的参与者都构成了无限多均衡点的一个。他还解释了两个参与者可获得的可替代性资源，以及从博弈中得不到收益而产生的后果，使得理性的参与者寻求除了资源五五分成之外的替代方案。这篇论文成为经济学理论的经典，并且影响了国际谈判战略。

1951年，《数学年鉴》发表了纳什的论文《非合作博弈》。论文中的一节详细地探讨了纳什均衡的补充观点，用角谷静夫的定点理论重新证明了均衡的存在。这篇论文的主要贡献是提出了“纳什计划”，提议把合作博弈引入到非合作博弈的更大框架中。他论证道：合作博弈和重复协商、多次交易的过程构成了更大的非合作博弈。这种重合把两种不同博弈的数学分析统一了起来。

纳什关于博弈论的第五篇也是最后一篇奠基性论文，是1953年发表在《经济计量学》上的文章《两个人的合作博弈》。他原本打算在他的博士论文的一章中讨论这个观点，但是他的指导者图克尔建议他把这个议题从初稿中删去。在这篇论文中，他更加完整地讨论了在《交易》一文中提出的有限制惩罚条件的纳什交易解，并且对有一系列惩罚的博弈给出了纳什交易解。纳什证明，对理性参与者来说，有一系列惩罚的博弈，即当竞争对手违背了约定的策略时，另一方可以从一系列惩罚方案中选择的博弈，可以归结为一个有固定惩罚的博弈，因为每

参与者2

参与者1	A	B
a	1, 2	−1, −4
b	−4, −1	2, 1

1951年，纳什在论文中举了这个有两个均衡点的二人非合作博弈的例子。收益矩阵说明如果参与者1采用策略a，参与者2使用策略A，参与者1会得到1个单位的收益，而参与者2会得到两个单位的收益。纳什解释说，虽然（*a*, *A*）和（*b*, *B*）是均衡点，但是实际情况是，双方都会因为躲避−4的损失而导致产生（*a*, *A*）的趋势。

一个参与者都采取惩罚最大化的策略。和传统的经济学理论不同，经济剩余的理性分配将产生唯一的结果，而与参与者的谈判技巧无关。

纳什的博士论文和发表的这4篇有关博弈论的文章，影响了数学、经济学、政治学和生物学的发展。他的思想鼓励博弈论理论家分别发展合作博弈和非合作博弈的理论，同时又把它们统一在非合作博弈的框架下。经济学家把纳什的理论作为精确的数学方法，来分析各种竞争情形下的人类行为。政府和军队高层用他的观点来分析外交谈判和国际军事冲突。与广义的数学理论被接受和使用的过程不同，纳什均衡的概念是从社会科学慢慢渗透到自然科学领域。20年后，生物学家才开始把它的理论用于理解动物和植物进化和互动的逻辑。

流形和流体流动的研究

在国际数学界里，纳什被公认是具有原创性思想的天才数学家。虽然博弈论使他得到了一些认可，但是使他成名的主要是20世纪50年代流行嵌入和流体流动分析。1950年，他从普林斯顿获得博士学位，留校任教一年。1951年，他获得了麻省理工学院数学系C.L.E 莫尔教员的两年职位。1953年，他成为副教授。虽然非正统的教学和考试方式使学生们都不喜欢他，纳什却因为涉足广泛的研究获得了同事们的尊重。他研究的领域包括实代数变化、黎曼几何、抛物方程、椭圆方程以及部分微分方程。

1949年，在普林斯顿做研究生的时候，纳什就在代数几何上获得了突破。代数几何是研究多项式方程根的数学分支，他把这个定理作为博士论文的替补方案，如果博弈论的方案在系里通不过，就研究这个问题。在这个替补研究中，他试图证明，任何一个集合表面的广义范畴，都和代数变化紧密联系，或者说，是一个多项式方程定义的在更高维空间中的表面，这就叫作流形。在1950年9月哈佛国际数学大会上，他做了题为《流形的代数逼近》的报告。纳什又花了一年时间完成报告。1952年11月，他的最终研究成果《实代数流形》发表在《数学年鉴》上，这是对代数几何的重要贡献。他的结论让那些认为流形比代数变化复杂得多的数学家大为吃惊。他的结论使数学家能够把流形和相关的函数研究转化为分析多项式根的问题。

在此后的两年里，纳什继续发展他的结论，完成了两篇等容积嵌入的论文，从流形到保留相应一对点距离的更高维空间图。1953年春天，在普林斯顿的研讨会上，他做了关于黎曼流形嵌入到三维欧几里得几何空间的发言。1954年11月，《数学年鉴》上发表的论文《C^1等容积嵌入》描述了这种方法。这种嵌入法保留了点距离的测量，但是引入了不规则点，即新表面具有偏斜属性的异常点。在论文发表之前，纳什解决了论文中的难点，提交了更为详细的名为《黎曼流形嵌入问题》，发表在1956年1月的《数学年鉴》上。他的解题技巧由两部分组成，包括求多项式根的迭代步骤，接着是去掉异常点的光滑方法。纳什的嵌入定理给解题过程中求解一组偏微分方程提供了方法，被俄罗斯几何学家米凯尔·格罗莫夫（Mikhail Gromov）称为“闪电式的袭击”。普林斯顿的数学家约翰·H.康威（John H. Conway）把纳什的嵌入技术归为20世纪最重要的数学分析。1966年，德国数学家于尔根·莫舍尔（Juergen Moser）调整了纳什的理论，把它应用于天体力学中，这个方法被命名为“纳什-莫舍尔定理”。

除了在流形领域的研究，纳什还研究水动力，即流动液体的属性。1954年，《美国数学学会报告》发表了他的论文《流体流动持续性和唯一性的一系列结论》。他用偏微分方程，即包含有几个变量微商函数的方程，来分析液体动力的不规则运动。1956—1957年，他获得了斯罗恩（Sloan）奖学金，这样他就可以在普林斯顿的高级研究院（普林斯顿高级研究所）从事研究，并访问纽约大学的库朗特（Courant）数学科学研究院。这一年中，他完成了《抛物线方程》一文，并发表在1957年《国家科学院学报》上。更加详细的论文《抛物线和椭圆形方程的连续解》发表在1958年的《美国数学期刊》上。在这些论文中，他论证了抛物线和椭圆方程的存在性、唯一性和连续性定理。他引入了另一种创造性的方法，把非线性的微分等式转化为简单的线性方程，从而求解非线性方程。虽然他的突破性进展获得了很多的关注，包括库朗特研究院的邀请，但他因为听说意大利数学家埃诺·德乔吉在椭圆函数上通过不同的方法和他得出了相同的结论而感到很失望。

1950—1954年，他作为咨询师供职于兰德公司。这是一个美国空军在加利福尼亚圣莫尼卡（Santa Monica）建立的研发机构。他分析了博弈论在军事和外交策略上的应用，并撰写了报告和备忘录。1950年8月，他提交了题为《理性非线性效用》的报告和《二人合作博弈》的备忘录，后者成为他1953年论有惩罚博弈的论文。1952年，他在备忘录《一些弈局和博弈的方法》中讨论了博弈运算法则的计算机化。1952年，他和兰德公司的同事罗伯特·M.特拉尔（Robert M. Thrall）合写了备忘录《一些战争博弈》，分析了博弈论的潜在军事用途。1954年，他与密歇根大学的两位兰德公司同事格哈德·卡利施（Gerhard Kalisch）和埃娃·德尼林（Evar D. Nering）以及普林斯顿大学的同事约翰·W.米尔纳（John W. Milnor）合著了1954年的报告《一些实验性的n人博弈》，发表在《决策过程》一书中。这份合著报告涉及的雇佣主题的交易实验结果，成为实验经济领域的开山之作。1954年，在他的兰德备忘录中包括《机械记忆的高维核心数组》《求解微分博弈的持续反复方法》以及专门研究博弈计算机应用的《平行控制》。1954年，纳什没有通过忠诚调查，他被指控为有违法行为，警方逮捕了他，随后他被兰德公司解雇。

与妄想型精神分裂症斗争

20世纪50—80年代，纳什和妄想性精神分裂症作了长达30年的斗争，他的生活和事业都因为疾病受到了极大的破坏。在这期间，他间歇性地会产生一些数学的灵感。1957年2月，他和他以前的学生埃里西亚·伊舍·拉尔德（Alicia Esther Larde）结婚。次年，麻省理工学院授予他终身教职。不久他就表现出精神病的症状。他产生了幻听，并且宣称国外通过《纽约时报》中的文章给他发送密码电文。1959年4月，他的妻子把他送到波士顿郊外的私人精神病机构——麦尔里恩医院，医生诊断他为妄想型精神分裂症。两个月后，他出了院，辞去了麻省理工学院的职位，离开了妻子和刚刚出生的儿子约翰·查尔斯·马丁·纳什,去了欧洲,试图了结自己的美国公民身份。回到美国和家庭团聚后,他们搬到普林斯顿,随后纳什在新泽西州立特伦顿(Trenton)医院里接受了几个月的胰岛素休克治疗。

在纳什离职期间,他的同事从美国国家科学基金会获得了资助,提供给他1961—1962年在普林斯顿高级研究所任教的职位。他回到了对水动力的研究,把以前的研究扩展到用偏微分方程分析流体流动。1962年,他的论文《一般流体的微分方程康齐(Canchy)问题》发表在《法国数学学会报告》上。他证明了19世纪的法国数学家奥古斯丁-路易斯·康齐的问题存在唯一的解。他的研究为其他数学家求解纳维尔-斯托克斯(Navier-Stokes)偏微分方程提供了可能性。

20世纪60年代中期,纳什继续在疗养院养病。这一时期他有两次数学创作上的高峰。1963年,他的妻子提出离婚。他在新泽西州贝尔米德(Belle Meade)的克里尔(Career)诊所接受了5个月的氯苯嗪安定药物治疗。1964年,他在普林斯顿高级研究所找到了求解表面异常点的方法。日本数学家广中平佑(Heisuke Hironaka)在1983年的著作《代数与集合Ⅱ》中,把这个方法称为"纳什爆炸性的转换"。1965年,他在克里尔诊所待了8个月,然后在马萨诸塞州沃尔瑟姆的布兰代斯大学做研究。1966年,《数学年鉴》刊登了他的论文《有分析数据的隐函数方程求解分析》,论文中他扩展了先前对等容积嵌入定理的研究。同年,他完成了另一篇论文《异常点的弧结构》,这篇论文直到1995年才得以发表在《杜克数学期刊》为他一生的著作所出的专刊上。

20世纪70—80年代,纳什被人们称为"数学殿堂里的魔影"。他时常在夜间徘徊在普林斯顿校园数学大楼里,把密码电文涂写在黑板上。他住在前妻的房子里,继续在普林斯顿图书馆和计算机中心进行独立研究项目。虽然20世纪70年代他没有写出什么论文,但是他写出了一些进行大量运算的程序。20世纪90年代早期,他的精神病症有所好转,他在有限制的条件下重返教学岗位。

获得诺贝尔奖

很多学术组织都对纳什的工作给予承认。1978年,控制研究和管理科学研究所授予他约翰·冯·诺伊曼理论奖,奖励他在非合作博弈上提出的纳什均衡。1990年,经济学会选举他为会员。1995年,美国艺术和科学院选举他为会员。1996年,国家科学院选举他为会员。1999年,美国数学学会因为他的论文《黎曼流形的嵌入问题》授予他Leroy P.Steele开创性研究贡献奖。1994年，由于他在博弈理论的开创性研究，他和匈牙利经济学家约翰·C.哈桑伊（John C.Harsanyi）、德国数学家海因哈德·塞尔腾（Heinhard Selten）一起被提名诺贝尔经济学奖。

纳什重新开始了数学研究的工作。1996年8月，在西班牙马德里举行的第十次精神病大会上，他在全体会议上讲述了自己患精神病的经历。次年，他出版论文集《博弈论论文集》，书中收录了7篇有关博弈论的论文。2001年，他和前妻复婚，他伟大的前妻在他生病期间帮助他渡过难关，电影《美丽心灵》就以自传方式塑造了他妻子的形象。纳什在普林斯顿任高级数学研究员，继续他在数学逻辑、博弈论、天文学和引力学的研究。2003年，他在宾夕法尼亚州立大学教授理想货币、空间-时间、重力波以及非合作博弈的课程。

2015年，纳什因车祸离世，“普林斯顿的幽灵” 走完了传奇的一生。

结　语

在1948—1958年的10年中，约翰·纳什对博弈论、代数几何和液体动力学作出了奠基性的贡献。他提出的纳什均衡、纳什交易解和纳什计划，对合作和非合作博弈的研究产生了革命性的影响。流形中的等容积嵌入纳什-莫舍尔定理，解决了代数几何的一个重要问题。他在液体动力的研究中引入了偏微分理论的新方法。他患精神病30年，当他痊愈时，被授予诺贝尔经济学奖。

十九

约翰·何顿·康威

(1937—　)

“生命游戏”的创造者

约翰·何顿·康威（John Horton Conway）发明的生命游戏把细胞自动化的概念介绍给了广大的读者，也把这个概念引进了游戏的数学分析。他提出的虚数概念改变了数学家对数字和游戏的理解。康威群和他的有限群地图，回答了长期未解的群论问题。他数量丰富的著作和论文对球面填充、点阵、编码、纽结和其他很多数学领域都作出了贡献。

约翰·H. 康威在游戏数学分析、数论和有限群分类中引入了新的思想（特此感谢罗伯特·马休斯）。

几何难题和有限群

约翰·何顿·康威于1936年12月26日在英国利物浦出生。他的父亲塞里尔·H.康威是利物浦男校研究机构的实验室助手，在约翰和两个姐姐早年的时候，父亲就引导他们接触科学和数学的思想。约翰4岁的时候已经可以做诸如整数幂之类的心算了，比如$2^1=2$、$2^2=4$、$2^3=8$、$2^4=16$等。他在小学里学习成绩很优秀，大部分学科都是第一名。11岁的时候，康威宣称自己的事业目标是做剑桥大学的数学教授。在中学里，他的数学成绩是最优秀的，并且对天文、蜘蛛和化石产生了兴趣。

完成高中学业以后，康威获得了剑桥大学贡威尔和凯伍思学院（Gonville and Caius）的奖学金，1959年，他在该学院获得数学学士学位。他在数论理论家哈罗德·达文波特（Harold Davenport）的指导下，在剑桥继续研究生阶段的研究。他的博士生毕业论文通过证明每个正整数都可以写为37个五次幂的整数之和，解答了经典数论的问题。在研究生院中，他对数学逻辑和超限数的属性发生了兴趣，超限数是确定无限的不同程度的数。1960年，他获得了学院的理论数学布朗奖。两年后他获得了博士学位，在剑桥的理论数学系任讲师。

在剑桥大学的学习过程中以及在早年的职业生涯中，康威对几何难题和几何关系都有浓厚的兴趣。1961年，他和他的同学米歇尔·盖用数学方法分析了索马立方体，这是丹麦发明家帕尔特·海恩（Piet Hein）的三维难题。他们确定了把7个不规则形状拼成3×3×3的立方体的240种方法。不久以后，康威发明了一种被称为“康威难题”的更大的变体，用18块形状拼成5×5×5的立方体。在1964年发表于《剑桥哲学学会报告》的论文《佩尔金小姐的棉被》中，他阐述了用最小数量的不同大小的方块覆盖$n \times n$的方形面积且没有重叠部分的研究。他在一生中写了很多关于贴瓷砖、镶嵌、覆盖的文章。他和盖也研究了被称为多面体的四维几何图形。1965年在丹麦哥本哈根举行的凹面讨论会上，他宣读了自己的论文《四维阿基米德多面体》。在论文中，他列举了64种凹面的、非多棱镜的、相同的多面体，包括他们发现的一种新的形状——反棱柱形。

康威在纽结理论上也提出了创造性的想法。还是在高中的时候，他就研究了缠绕，这是纽结最基本的二维组成元素。1967年，在他的论文《纽结和链环，以及它们的一些代数属性的列举》中，他提出了通过缠绕识别纽结的简易办法，被称为康威纽结符号。该论文发表在《抽象代数的运算问题》上。在这篇论文中，他还介绍了康威纽结，即有11个交叉，不能再进一步被分解的最简单纽结以及康威多项式，即具有和纽结的几何属性相应的数学属性的多项式。

20世纪60年代末期，康威对大型几何结构的分析引出了群论中的3个新对象，解决了群论中的经典问题。群论是分析数学结构的代数分支。1965年，英国数学家约翰·里奇（John Leech）找到了把超球面体包裹进24维度的方法，以使每个对象都和196 560个其他对象接触。康威只用了12个小时就完全分析了里奇点阵的属性。1968年，他在《美国科学院年鉴》上发表的论文《8 315 553 613 086 720 000序列的完全群和零星的简单群》中提出了他的发现，在他1969年的论文《8 315 554 613 086 720 000序列的完全群》中完整地描述了这个群，该文发表在《伦敦数学学会报告上》。在他的研究中，康威详细地分析了在自身的结构中包括几乎所有当时所知的有限的、零星的简单群在内的整块群。他指出，这个结构中还包含了3种先前未知的群：Co_1，包含了4 157 776 806 543 360 000个元素；Co_2，包含了42 305 421 312 000个元素；Co_3，包含了495 766 656 000个元素。这些群被命名为"康威群"。

在此后的15年中，康威和他剑桥大学的4个博士生同学罗伯特·T.库尔提斯（Robert T.Curtis）、西蒙·P. 诺顿（Simon P. Norton）、理查德·A. 帕克（Richard A. Parker）和罗伯特·A.维尔逊（Robert A. Wilson）一起，列举了所有的有限群，解决了代数学家一个多世纪以来一直试图解决的问题。1985年，他们的著作《有限群地图：简单群最大值的亚群和一般特征》，对所有的有限群——有有限多个满足4个代数属性要素的数组——进行了综合归类和详细描述了它们的结构。其间，康威还发表了讨论具体群的若干论文，包括1979年和诺顿合作的《巨型月光》，发表在《伦敦数学学会报告》上。在这篇论文中，他们分析了有多于8×10^{53}个元素的巨型群，并且用椭圆形方程提出了和巨型群有关的月光形猜想。英国数学家理查德·波尔切德（Richard Borcherds）求解了这个猜想，因此获得了1998年菲尔德奖章。

"生命游戏"

数学游戏和发明新游戏是康威的兴趣爱好，也是他的研究课题。20世纪60年代，他和剑桥大学的同学米歇尔·S.帕特森发明了游戏"芽"，是两个人用纸笔玩的游戏。两人先在纸上画两个点，然后依次用线连接任意两个点，且不和已画的线相交，然后在新画的线上再增添新的点。当游戏一方无法在不交叉的情况下连接两个点，或者所连接的点已经和另外3个点连过线的时候，游戏就结束了。不久，康威改进了这个游戏，用小十字代替了点，这样就有4个臂用来连线。

康威发明和分析的另外两个游戏，是福特球和希尔规则。福特球（Philosopher's Football的缩写，意为哲学家的足球）是一个两人游戏，在如同围棋棋盘那样的小方格上下用白色和黑色标记。首先把代表球的黑色标记放在棋盘中心，玩游戏的人依次把白色的标记放在棋盘上，或者移动球跳过一个或者多个白色标记，以把球移到对手棋盘的界限内为胜。20世纪70年代，康威发明了数字希尔游戏。游戏中，两个玩家一次说出一个整数代表硬币的面值，这个值不能通过前面的硬币值用任何运算方式得出。在英国出生的加拿大数学家理查德·盖的文章《康威希尔规则的二十个问题》，发表在1976年《美国数学月刊》上，从数学角度讨论了这个游戏。

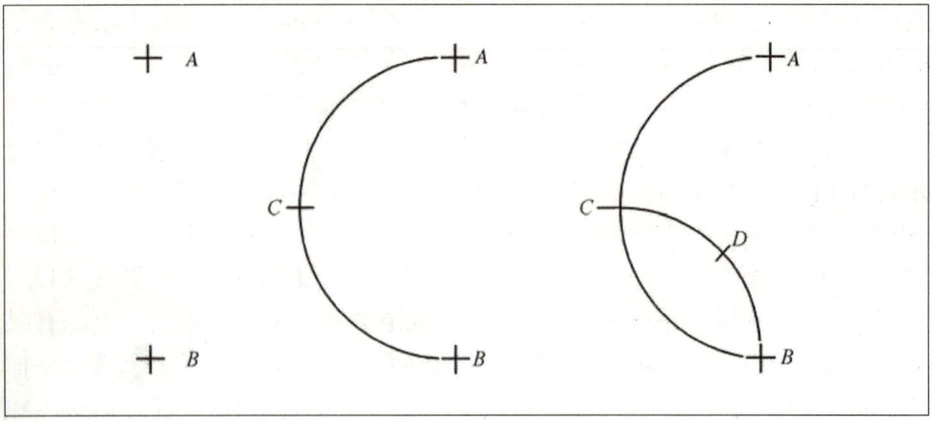

康威发明的一种用纸笔玩的游戏是“芽”。从十字A和B开始，第一个玩家的可能行为是连接这两个叉的这两臂，然后增加另一个十字C。第二个玩家可能会选择连接C和B的这两臂，然后增加十字D。当其中一个玩家不能够用不交叉的曲线连接两个十字的臂的时候，游戏就结束了。

1970年，康威发明了著名的生命游戏。在这个游戏中，方格上的每一个细胞都有两种值：生或者死。在接下来的步骤或者代际的变化中，每一个活细胞或者生存，或者死去；每一个死细胞或者一直死亡，或者重新获得生命，取决于相邻的8个细胞。少于2个邻居的活细胞会因为孤立而在下一代死去，一个多于3个邻居的活细胞会因为过于拥挤而死去，一个恰好有3个邻居的死细胞在下一代会活过来。这套简单的规则被称为“23/3”。通过这套规则，康威发现了细胞生长、重生和与它们的环境互动的构造。他发现很多细胞构造的重复模式，或者随着时间流逝聚合为一种固定的模式。

他称一行或一列的3个细胞为“闪光警戒灯”，从一代到下一代发生水平和垂直的变化。L型的3个细胞组合会成为固定的2×2细胞块。T型的4个细胞组合在9代以后会形成稳定的一系列“闪光警戒灯”。5个细胞构成的“滑翔机”模式每隔4代沿对角线移动一步。

1970年10月至1975年12月，数学作家马丁·戈登纳（Martin Gardner）在《科学美国人》杂志专栏《数学游戏》中，分10部分连载了康威的“生命游戏”。游戏很快传播开来，向大众介绍了细胞自动控制的概念，以及棋盘上细胞形态根据细胞和周围邻居的状态发生代际变化。无论是业余的还是专业的数学家，都可以在电脑上分析各式各样的细胞最初形态。康威请专栏读者创造出永恒的细胞形态。麻省理工学院人造智能实验室的威廉·高斯佩（William Gosper）发现了滑翔枪，可以复制和产生无限的滑翔枪。科学研究者用科学游戏和其他形式的细胞

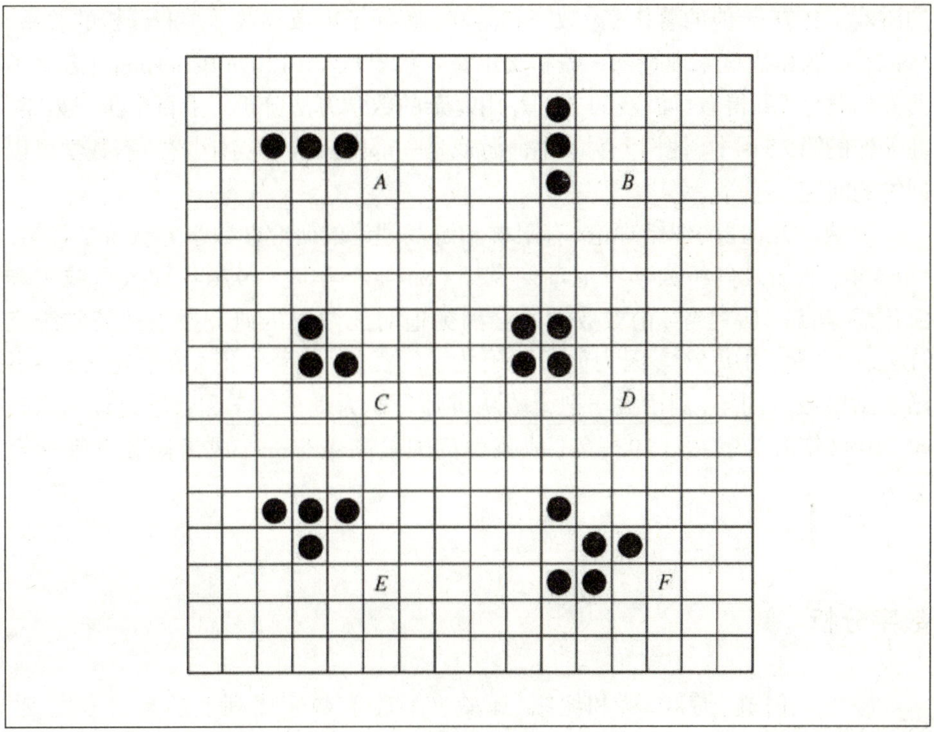

康威的生命游戏中，一行3个细胞（A）或者一列3个细胞（B）构成了从一代到下一代发生垂直或水平变化的"警戒闪光灯"。L型的3个细胞组合（C）会成为固定的2×2细胞块（D）。T型的4个细胞（E）通过9个代际的变化，会形成一组"闪光警戒灯"。5个细胞形成的"滑翔机"（F）每隔四代沿对角线移动一步。

自动控制，来调试DNA在有机体代际间传递信息所扮演的角色，以及研究进化和自然选择的过程。

康威对游戏数学分析的兴趣使他发展出了被称为"虚数"的一系列数。20世纪70年代早期，他在分析围棋游戏中观察到，每一局比赛的最后一部分都由一些有共同数学特征的小游戏构成。他持续地观察，把数字的概念扩展到二人游戏也是一个数。他的虚数自然地完备了数字系统，使它包括整数、有理数、实数、合成数和无限数。美国计算机学家唐纳德·克努特在1974年创作了科幻小说《虚数：两个学生在纯数学中发现完全的快乐》，在这部小说中，康威被描绘成上帝的角色。

康威写了3本关于游戏、游戏分析和它们与数字关系的书。1975年，在他的著作《所有聪明和美丽的游戏》中，介绍了对大量游戏的分析，包括一些他发明的游戏。1976年他的著作《论数字和游戏》解释了虚数和数学游戏分析的关系。1982年，他和数学家理查德·盖和艾尔文·伯里坎布（Elwyn Berlekamp）合著了两卷的著作《赢得数学游戏的方法》，用复杂的数学方法分析了上百个游戏策略。在著作的第25章中，他们证明了生命游戏是一部图灵机，能够回答所有数学可以回答的问题。

康威对几何谜、纽结理论、有限群和游戏理论的研究在数学界获得了肯定。1964年，他加入剑桥大学悉尼苏塞克斯（Sussex）学院，1970年加入贡威尔和凯伍思学院。1971年，伦敦数学学会因为他对无限群的研究授予他波尔维克（Berwick）奖。1975年，因为他对娱乐数学的贡献，戈登纳把《数学狂欢》一书赠送给康威。同年，剑桥大学把康威从讲师升职为理论数学和数学统计的副教授，1983年升为教授。1981年，他获得英国最高荣誉——成为伦敦皇家学会会员。

数字分析

除了几何谜、游戏、群和纽结，康威在数字和数字序列上还有很多发现。1972年，在《大数和小数》一书中，他发表了早年对于数字性质的观察。1973年，发表在期刊《尤里卡》（Eureka，“找到了”之意）的《黑暗后的黎明》中，他解释了如何用“世界末日”运算法则在两秒之内心算出过去或者未来任意一个日期的星期数。用相似的方法，他能够在同样短的时间里确定月相。

康威提出了仅仅通过乘数运算产生整个质数序列的运算法则。1980年，在期刊《数学情报员》中，他把他的解法称为“2.4问题”（Problem 2.4），并鼓励读者分析他的方法。他的质数生产机由14个标记为A到N的分数组成。从2开始，把现有的数和第一个分数相乘，得到一个整数。不断进行这个过程，直到得到2的幂次方。这个表达中的幂数就是下一个质数，乘法运算继续进行。这个简单和低效的运算法则需要280步才能产生前3个质数2、3和5。

1986年，在发表于《尤里卡》（Eureka）上的论文《视觉衰退的奇妙化学》里，康威引入了看和说的序列，并且全面地分析了它的属性。从阿拉伯数字1开始，任何一个序列的后序项都由朗读前一项数字得到。根据这个规则，第二项读作“一个1”（one 1），即11；第三项读作“两个1”（two 1s），即21；第四项读作“一个2一个1”（one 2 one 1），即1211；依此类推有111221，312211，13112221。在论文中，康威证明了数列第n个数可以被λ^n整除，λ就是康威常数，大约等于1.303 577，是一个71次幂的多项式的唯一正解。

1988年，他在AT&T贝尔实验室做的讲座“一些疯狂的序列”（Some Crazy Sequences）中，康威引入了递归定义序列。这个序列的前两项为A（1）=1, A（2）=1，第n项由表达式A（n）=A［A（n–1）］+A［n–A（n–1）］定义。回归数列的前几项是1，1，2，2，3，4，4，4，5，6，7，8，……。他证明了对于A（2^k）=2^{k-1}，任何一个整数k, A（2n）≤2. A（n），当n很大时，这个序列的各项都非常接近于$\frac{n}{2}$。他悬赏1 000美元求解只要n>N，就有$\left(\frac{A_n}{n}-\frac{1}{2}\right)<\frac{1}{20}$的整数N。1991年，贝尔实验室的研究员柯林·L.马洛斯（Colin L. Mallows）证明了N=1 489，从而获得了奖金。

在过去的10年中，康威写了两本关于数的属性的书。《关于数的书》是他在1996年和理查德·盖合著的书，介绍了关于数字的一系列的观点，包括数的属性，包括整数、分数和虚数；数论的重要结论；一些重要数的属性，比如π ≈ 3.141 59。这本书还指出，10亿和万亿是不连续的，从而引入了n亿万的概念，在美国表示1后面有3N+3个零；在英国表示6N个零。2003年，《论四元数和八元数：他们的几何、代数和对称》一书出版，这是他和他的学生德雷克·斯密施（Derek Smith）合著的，关于可以用四元数和八元数分析的四维和八维几何图形。

$\frac{17}{91}$	$\frac{78}{85}$	$\frac{19}{51}$	$\frac{23}{38}$	$\frac{29}{33}$	$\frac{77}{29}$	$\frac{95}{23}$	$\frac{77}{19}$	$\frac{1}{17}$	$\frac{11}{13}$	$\frac{13}{11}$	$\frac{15}{14}$	$\frac{15}{2}$	$\frac{55}{1}$
A	*B*	*C*	*D*	*E*	*F*	*G*	*H*	*I*	*J*	*K*	*L*	*M*	*N*

康威发明了一种简单低效的质数制造机器，由14个分数组成。从2开始，不断地和列表中的分数相乘，产生整数值。当答案是2的幂次方时，这个指数就是下一个质数。前19步产生的是2M=15, 15N=825, 825E=725, …, 68I=4=2^2，2就是第一个质数。50步之后，1就包括8=2^3，得出的结论是3就是第二个质数。

球体、点阵和编码

康威的大部分关于数的研究都是在美国完成的。1984年他离开剑桥，接受了宾夕法尼亚大学的暂时职位，任哈德马赫（Rademacher）讲师。1985年，他在伊利诺伊的芝加哥大学做春季学期的访问教授，之后获得了新泽西普林斯顿大学约翰·冯·诺伊曼数学教职的永久职位。在普林斯顿，他继续发表相关的一系列论文，包括球形填充、整数点阵和编码理论。

1988年，康威与美国数学家奈尔·J. H. 斯罗恩（Neil J.H Sloane）合著《球形填充，点阵和群》，介绍了在组合学（研究运算技巧）的最新研究成果。这本书被其他分析球形填充的几何学家奉为“圣经”（bible）（球形填充的几何学，研究如何最有效率地把同等大小的表面填充到固定容积中）。1988—1997年，康威和斯罗恩合著了7篇论文，讨论点阵，即一系列点在多维空间中被放置成规则的、重复的形式的代数结构，发表在《伦敦皇家学会会刊》上。他们研究了二次方程的形式、理想形状、矩阵的群以及和坐标相关的问题。他们两人现在正在合写一本书，题目暂定为《低维度群和点阵的几何》。

康威也在相关的领域，比如解码理论中取得了研究成果。解码理论是操纵和传输数据块的方法分析。他的这项研究可以追溯到20世纪70年代，那个时候他写了关于二重二进位的论文。1985年，他和斯罗恩获得了“多维码解码技巧”专利。他近期的著作包括1990年的论文《完整词典编纂码》，发表在《离散数学》刊物上。1993年，论文《以整数为模的自二重码》，发表在《组合理论期刊》上。1994年的论文《表面填充、点阵、编码和贪欲》，发表在《国际数学家大会会刊》上。

过去15年所写的3篇论文表明了康威兴趣的广泛。1992年，他的论文《表面群的环状折叠》，发表在会刊《群论、组合论和几何》上。他介绍了一种列举词典编纂码、球面和墙纸群的简便方法。这3种都是满足附加几何属性的代数结构。1996年，他的论文《天使问题》（The Angel Problem）发表在《无机会的游戏》上。文中他请读者计算，一个可以一次从面积有限的棋盘上走一个格的恶魔是否可以逮住一次可以跳1 000步的天使。2004年，康威和他普林斯顿的同事西蒙·柯亨（Simon Kochen）一起证明了自由意志定理，这是一个量子机械的定理，即在一定的条件下，基本粒子可以自由旋转。两位数学家到处宣讲他们颇具争议的结论，但是并没有发表他们的结论。

加入普林斯顿大学任教后，康威继续得到奖项和荣誉。1987年，伦敦数学学会授予他波尔雅（polya）奖，奖励他充满创造力和想象力的讲解式论著。同年，电学与电子工程研究院授予他和斯罗恩年度优秀论文奖，奖励他们1986年的论文《词典编纂编码：游戏理论中的纠错编码》，发表在电学与电子工程研究院的《信息理论学报》上。1991年，康威在美国数学学会联合大会上，作了伊尔黎·雷蒙德·海德里克演讲，这些演讲是他对1997年著作《感觉的（二次的）形态》的阐述。美国艺术和科学院1992年接受他为院士。1998年，他因为对新知识作出的贡献，荣获西北大学颁发的弗雷德里克·埃瑟尔·纳穆耳斯数学奖。2000年，美国数学学会命名他为勒罗伊·P. 施蒂勒数学解说奖得主，奖励他对数学很多分支的解释。

结 语

在30年的数学生涯中，康威完成了10部著作，发表了将近150篇研究论文，指导了13名博士生的论文写作。他发明的“生命游戏”使大量读者和玩家接触到细胞自动化控制的研究和数学游戏。通过引入“虚数”的概念，他重新定义了数学家对数字和游戏的理解。他所发现的“康威数组”和完成有限群分类的研究，解决了群论中悬而未决的问题。他也通过提问和著述的方式，对表面填充、点阵、编码、纽结和很多数学领域作出了突出贡献。

二十

斯蒂芬·霍金

(1942—2018)

关于黑洞的数学

斯蒂芬·霍金发展出的类型学和几何学方法，证明了大爆炸理论和广义相对论的一致性。他从数学上证明了霍金射线从黑洞逃离，导致黑洞塌陷和蒸发。在他担任剑桥大学卢卡斯数学教授期间，他提出了颇受争议的“无界”（no-boundary）和“信息自相矛盾”（information paradox）概念。作为一个科普作家，他编写了关于宇宙学的书，使得前沿科学的思想也能够被非专业人士所理解。

早期教育

斯蒂芬·霍金为黑洞理论奠定了数学基础（Michael S. Yamashita/ CORBIS）。

1942年1月8日，斯蒂芬·威廉·霍金出生在英国一个叫作海埂特（Highgate）郊区的家庭。他的父亲弗朗克·霍金是一位研究热带疾病的医学研究员，母亲伊索贝拉·霍金是一位物理学家的女儿。霍金还有3个兄妹，玛丽、菲利巴和爱德华。父母亲都毕业于牛津大学，为霍金和他的兄妹提供了发展智力的良好环境。20世纪40年代末，霍金的父亲成为英国国家医学研究院寄生虫研究部学科带头人，霍金一家随父亲迁离了伦敦，搬到赫特福德郡的圣奥尔本斯居住，离父亲上班的地方密尔山不远。

1952—1957年，霍金在圣奥尔本斯上学，3门学科的成绩都是最优秀的。在学校里，他表现出对数学的见解和天赋，对课堂所学游刃有余。他对化学也产生了兴趣，还写出了获奖的神学论文。1958年，他与同学和数学老师一起，设计和制造了一种原始的计算机，名叫逻辑旋转式计算器（LUCE）。校外，他很喜欢做飞机模型，制造电子设备。他还发明了规则复杂、相当成熟的游戏。

1959年，霍金获得了在牛津大学学习的奖学金。虽然父亲希望他学习医学和生物，但他作为自然科学的学生，学习的是物理和数学。第一年他只听了数学课和研究班，然后通过了数学学院的考试。第二年结束，他获得了牛津大学布莱克威尔·布克（Blackwell Book）物理学习优秀奖。他作为舵手参加了院系间的划船比赛。1962年，他作为优秀毕业生获得自然科学学士学位，成绩优异。

离开牛津大学后，霍金继续在剑桥大学应用数学和理论物理系进行4年的研究生学习。在丹尼斯·希亚马（Dennis Sciama）教授的指导下，他开始了对宇宙学和广义相对论的研究。宇宙学作为研究宇宙起源和演化的学科，是物理学中与数学联系很紧密的学科。广义相对论是20世纪初物理学家爱因斯坦提出的，它解释了重力的规律和宇宙的普遍行为。量子力学是物理学的另一个分支，解释原子、分子、光的性质和小微粒放射。霍金进入研究生院的时候，相对论和量子理论是现代物理学两个相互独立的主要分支，它们和艾萨克·牛顿的经典物理学共同构成了物理教学的基础。

1963年1月，霍金出现了说话和行走困难的情形，接受了两个星期的医学检查。医生诊断他患有运动神经疾病，是肌肉系统退化的紊乱状态，也被称为肌萎缩性（脊髓）侧索硬化（ALS）症。医生认为，他的健康状况会让身体迅速退化，但是大脑不会受到影响。医生估计他活不过两年半。

霍金没有因为健康状况而停止对个人兴趣的不懈求索。1965年7月，他和简·王尔德（Jane Wilde）结婚。简是在伦敦维斯特费尔德学院学习现代语言的本科学生，后来获得了中世纪葡萄牙文学的博士学位。1967—1979年间，简生下3个孩子：罗伯特、露西和提莫缇。虽然患病5年内，霍金的活动就只能被限制在轮椅上，说话的能力也不断退化，但是他还是每天从剑桥校园附近租的房子到大学去学习。

对黑洞的研究

霍金很快成为宇宙学研究圈子的活跃分子。1965年，在伦敦举行的皇家学会会议上，剑桥大学宇宙学教授弗雷德·霍伊勒爵士（Fred Hoyle）和他的研究生雅扬特·纳尔利卡（Jayant Narlikar）作了关于宇宙稳定状态理论的报告，霍金对此提出了质疑。霍金观察到，有一个等式的数学量是离散的，不能加进最后的有限总量中。他在论文《论霍伊勒-纳尔利卡重力理论》中，总结了他的数学发现，发表在《伦敦皇家学会报告》上。这篇文章受到同仁的好评，使他成为被大家看好的年轻研究员。

1966年，霍金获得了物理学博士学位。他的博士论文《宇宙学中异常值的出现》，在次年分三部分发表在《伦敦皇家学会报告》上。他的博士研究是以别克贝克学院应用数学教授罗杰·彭罗斯（Roger Penrose）对黑洞的研究为基础的。美国物理学家约翰·惠勒（John Wheeler）用“黑洞”这个词来描述高密度聚集的质量，其重力场如此巨大，使得重力或能量，包括光，都无法逃逸。彭罗斯用数学理论来解释空间-时间的异常值，这些异常值位于黑洞的中心，是当时间-空间曲率无限大时的点。在霍金的论文中，他把彭罗斯的异常点理论扩大到解释整个宇宙。他未发表的论文《异常点和空间-时间的几何》是对博士论文的继续研究，该论文获得了1966年剑桥大学亚当斯奖。

取得博士学位后，霍金获得了在剑桥大学贡威尔和凯伍思理论物理学院任研究员的职位。1968年，他加入了大学天文研究所，和彭罗斯一起合作，继续研究宇宙的异常点和起源。他们拓展了拓扑学和几何学的方法来计算广义相对论。在共同研究中，他们证明了，如果广义相对论是对宇宙的精确描述，那么在时间开始的时候就必然有一个异常点。霍金-彭罗斯理论用数学方法证明了大爆炸理论，即宇宙开始于一个黑洞的爆炸。在他们1970年的论文《重力塌陷和宇宙学的异常点》中解释了他们的研究，发表在《伦敦皇家学会报告》上，是对黑洞理论的重大贡献。

在研究黑洞理论的过程中，霍金还发表了一些不完整的想法，后来被他自己否定了。其中一项是对平滑水平线的研究。平滑水平线是黑洞的界限，没有电磁能量能够达到这个界限之外。1971年，他的论文《塌陷黑洞的引力辐射》发表在《物理学评论》上，提出了黑洞平滑水平线的表面积永远都不会减少理论。1973年，题为《黑洞机制的四个定律》的论文发表在《数学物理通讯》上。在这篇论文中，他和美国物理学家詹姆士·巴尔蒂恩（James Bardeen）、英国理论物理学家布兰登·卡尔特（Brandon Carter）试图解释为什么黑洞不遵循热动力学（研究热和运动的学科）的规律。两年内，霍金否定了这两个观点，用相反的观点来进一步发展理论。

1973年，霍金离开了天文研究所，成为剑桥大学应用数学和理论物理系的研究工作人员。同年，也就是他参加工作后的第六年，他和南非的宇宙学家乔治·伊利斯（George Ellis）一起完成了著作《大规模空间-时间的结构》。虽然这本书是向相关专家介绍古典宇宙学理论，而且也没有包括黑洞理论的最新发现，但是却售出了1.6万本，成为剑桥大学出版社历史上销售量最高的专著之一。

霍金辐射和信息悖论

霍金重新思考了他早期提出的黑洞理论。他用量子理论、广义相对论和热动力学的规则来研究黑洞。结合这3种学科的方法，他成功地证明了一个令人惊讶的结论，即黑洞在释放一种辐射，这种辐射被命名为"霍金辐射"。这一结论意味着，逃逸的重力和能量最终会导致黑洞的萎缩和消失。这一发现和他早

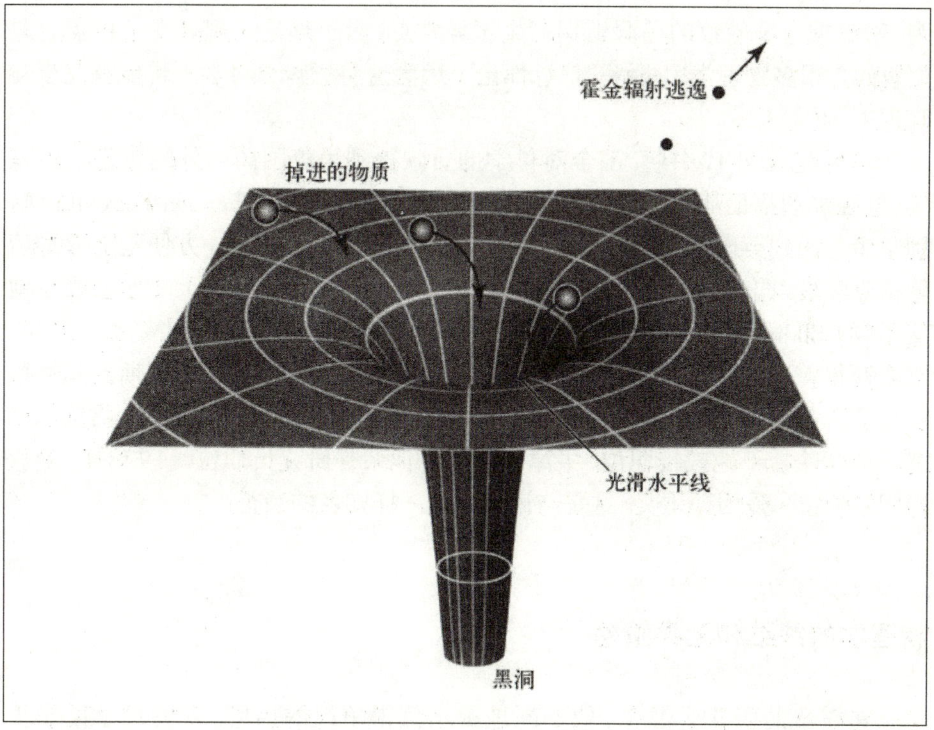

质量在黑洞中高密度地聚集，使得它的重力场非常巨大，以至于任何质量、能量，包括光，都无法逃逸出光滑水平线，从而形成了空间和时间的弯曲。霍金运用量子理论、广义相对论和动力学的理论，用数学方法建立了颇具争议的理论，即黑洞释放霍金辐射。

期的观点相矛盾，即黑洞光滑水平线的表面积永远不会减少。他在题为《黑洞非黑》的论文中公布了他的研究结论，该论文获得1974年重力研究基金奖。在论文《黑洞扩张？》中，他更加完整地介绍了这一证明，该论文稍后发表在《自然》(Nature)上。希亚马称《黑洞扩张？》是历史上最为美妙的物理学论文之一。1973年3月，由于这个发现和早期的大爆炸理论，32岁的霍金被皇家学会授予研究员资格。

霍金的发现向物理学家展示了一个明显的矛盾，这个矛盾被称为"信息悖论"。根据霍金的理论，从黑洞逃逸的射线"没有头发"(no hair)，意思是该射线不携带任何关于黑洞内物质的信息，所以不能分辨出它是否来自另外一个有着同样重力、电荷和角动量的黑洞。当足够多的辐射从黑洞逃逸后，黑洞就会坍塌，关于黑洞的信息就会消失。这个悖论和物理学的基本原则——宇宙演化过程中信息会被保存下来——是矛盾的。1976年，霍金在论文《重力塌陷可预测性的瓦解》中，进一步探讨了信息悖论，此文发表在《物理评论D》上。他认为，密集重力场导致的黑洞坍塌产生了异常点，量子理论的规律在这些点上是失效的。很多物理学家批评"信息悖论"，因为这将意味着科学不再能够完全知晓过去、预测未来。

20世纪70年代中期，霍金对科学的贡献得到了英国国内外的肯定。1974年，他在加利福尼亚科学研究院做谢尔曼·费尔柴尔德(Sherman Fairchild)特别学者。回到英国后，剑桥大学给他提供了校园附近的房子，方便他能够推着轮椅到学校，同时聘任他为重力物理学的讲师。1975年，皇家天文学会授予他艾丁顿(Eddington)奖章，教皇科学院授予他皮乌斯(Pius)七世奖章。次年，霍金获得霍普金斯奖、达妮·海尼曼(Dannie Heinemann)奖、马克斯威尔奖以及皇家学院雨果奖章。1977年，剑桥大学提升他为重力物理学教授，贡威尔和凯伍斯学院授予他教授职位，牛津大学授予他荣誉研究员职位。1978年，他获得阿尔伯特·爱因斯坦奖，这是与诺贝尔奖一样知名的荣誉。

物理学的终结和无界猜想

在霍金的职业生涯中，他不断地提出值得争议的话题，在物理学圈子里引起争论。1980年，剑桥大学任命他为第17届卢卡斯数学教授。牛顿爵士和一系列杰出的数学家曾经担任过这个职位。在就职仪式上，他发表了题为《理论物理学的终结已经临近了吗？》的演说。在这个演说中，他预测在20世纪末期，物理学家会发现包含现代物理学两大支柱——量子理论和广义相对论——的宏大理论，之后便不会再有什么重大的发现了。他进一步预测，当计算机发展到足够复杂的程度，人工智能成为现实的时候，先进的技术会扮演今天物理学家的角色，完成今天物理学家完成的活动。他的预测在同事中引起了激烈的讨论。虽然霍金辐射的发现是对量子理论和相对论的综合，但是科学家至今在大统一理论上仍然鲜有进展。

1981年，在教皇科学院于罗马举行的梵蒂冈会议上，霍金提出了他的“无界”（no-boundary）猜想，讨论了它的宗教意味，从而引起了新一轮的争论。他和美国物理学家詹姆士·哈尔特勒（James Hartle）提出，时间和空间在一定程度上是有限的，但是却没有科学规律不可以解释的边界或者异常点。他们的猜想暗示了在宇宙的诸多可能性中，我们现在的宇宙是非常可能的，没有必要去相信造物主的存在。他们的猜想在宗教界和科学界都引起了激烈的批评。

普及科学

从20世纪80年代中期起，霍金用了相当多的时间来撰写科普书籍，把数学和科学思想介绍给非专业的读者。1983—1988年，他参加了一项解释现代宇宙学概念的项目，比如大爆炸理论、黑洞和霍金辐射等，以使普通的非专业读者也能够理解。5年工作的成果是《时间简史：从大爆炸到黑洞》一书。此书销售1 000万册，被译为40种语言，连续4年位居《纽约时报》（New York Times）和伦敦《星期天时报》（Sunday Times）的畅销书榜。1991年，此书被制作成电影。1992年，他出版了该书的后续本《斯蒂芬·霍金的时间简史：读者伴侣》。1994年他出版了CD-ROM版本《时间简史：互动的探险》。1995年，《时间简史》的平装本登上畅销书榜3天。2005年，他出版了修正后的简易本《时间简史》。

《时间简史》出乎意料地受欢迎，使霍金成为大量报纸和杂志文章的人物。电台和电视不断邀请他作公共演讲和讲座，并建议他出版续集。1993年，他编辑了由14篇宇宙学论文组成的文集——《黑洞和婴儿期的宇宙》，使得受过教育的外行读者也能够看懂现有的理论。2001年，他的著作《果壳中的宇宙》，简单易懂地解释了一些科学思想，并且每页都有彩色插图。这本书获得了英联邦非幻想类小说的最高奖——阿文提斯（Aventis）图书奖。2002年，他出版的书《站在巨人的肩上：物理和宇宙学的伟大著作》，收录了尼克劳斯·科布尼克斯（Nicolaus Copernicus）、约翰内斯·开普勒（Johannes Kepler）、伽里莱·伽利略

（Galileo Galilei）、艾萨克·牛顿以及爱因斯坦等有影响力的物理学家们的作品选段、生平概括，以及霍金对于他们所作的物理和宇宙学贡献的解释。2005年，他的著作《上帝创造了整数：改变历史的数学突破》，重新阐释了31个数学思想史上标志性的思想，包括霍金对这些成就影响的评论、17个作出这些重要发现的数学家的生平事迹。

科学家的科学

在为大众制作科普书籍和影像材料，以引起他们对天文和数学的兴趣的同时，霍金继续参与物理学新理论的讨论和发展。1979年，德国出生的加拿大物理学家维尔纳·伊斯雷尔（Werner Israel）编辑了《广义相对论：百年爱因斯坦》，收录了领军物理学家的16篇文章，以纪念爱因斯坦诞辰100周年。1983年，霍金的论文《膨胀宇宙的波动》发表在期刊《核物理》上。1984年，他的文章《膨胀宇宙模型的界限》发表在《物理学》上，继续和他的同事一起讨论宇宙扩张的原因、程度和影响。

1985年8月，霍金在瑞士日内瓦的欧洲核研究中心（CERN）做研究的时候，感染了肺炎。医生用气管切开手术挽留了他的生命，却使他丧失了说话的能力。美国计算机研究员给他提供了一种电脑发声合成器。这种设备经历过几次升级，通过它霍金能够继续讲课，和家人、同事沟通。

霍金虽然身体残疾，但是却在科学上获得了成功，因此成为残疾人的代言人。1979年，皇家残疾和复原协会提名他为“年度人物”。在20世纪80年代后期，他说服剑桥大学为残疾学生修建了一栋学生宿舍楼。布里斯托大学为有身体障碍的学生修建了一座宿舍，它们被命名为“霍金楼”。1996年，他为《给残疾人的计算机资源》作了序。

术后，霍金继续和同事交流物理上的最新发展。1988年，他的论文《空间-时间的虫洞》发表在《物理评论》上。1991年，论文《虫洞的阿尔法参数》发表在《物理文稿》上。他还写了很多讨论这个问题的文章，探讨时间在一个宇宙中和在两个宇宙间穿行的数学可能性。他带动他的同事讨论线理论，这个概念是指一个事物的线是构成所有物质的基本单位。他关于弦理论的论文包括1989年的文章《宇宙线构成的黑洞》，发表在《物理学》上，论文《宇宙线上黑洞电子偶的产生》，发表在1995年的《物理评论文稿》上。1994年，霍金和彭罗斯一起在剑桥的艾萨克·牛顿研究所做了题为“空间和时间的性质”的系列讲座，回顾了他们30年前就开始的黑洞理论合作的发展历程。

在过去的20年中，霍金的成就还使他获得了更多的肯定和荣誉。1988年，他和彭罗斯一起获得沃尔夫物理基金奖，奖励他们对黑洞的研究。1982年，伊丽莎白女王二世授予他“不列颠帝国秩序的司令官”头衔，1989年又授予他“荣誉伙伴”称号。1992年，美国国家科学院推荐他为天文学部的会员。1999年，伦敦数学学会授予霍金内勒应用数学奖和讲师职位。2002年1月，国际上的200名物理学家聚集在剑桥大学，庆祝他60岁生日，并讨论他40年的职业生涯中对物理和宇宙学作出的贡献。

霍金写作了将近200本书和论文，辅导了30个博士生的博士论文，同时他一直工作在宇宙学的前沿。2004年7月，在爱尔兰都柏林举行的国际广义相对论和地心引力（GR17）会议上，他宣布他解决了“信息悖论”的问题。他颠覆了先前的观点，证明了在黑洞形成和蒸发的过程中，信息不会丢失。三十多年来，他最终得出了黑洞的光滑水平线包括量子波动，该波动能够逐步使黑洞信息逃逸的结论。他继续寻找着这一论断的数学证明。

结　语

斯蒂芬·霍金颇具争议的黑洞产生辐射的数学证明，以及导致黑洞最终塌陷的霍金辐射理论，对20世纪的宇宙学作出了重大贡献。他用拓扑学和几何学的工具，证明了大爆炸理论的合理性。在剑桥大学任卢卡斯数学教授期间，他带动他的同事们一起研究无界猜想的数学基础、信息悖论、大统一理论和物理学的其他发展中的概念。他的科普书籍使得大众对宇宙学的前沿科学思想有了更多的了解。

二十一

丘成桐

(1949—　)

微分几何的表面

丘成桐在微分几何领域提出了新的思想和方法，并用它们来解决很多开放性的问题。他证明了卡拉比猜想，他所引进的卡拉比-丘多面是数学物理的重要概念。他对正质量的证明为黑洞理论奠定了坚实的数学基础。他和其他同事合作解决了微分几何中的普拉托问题、弗朗克猜想、希区-克巴雅什猜想。他也在最小表面、多重表面的特征值和镜像对称上有所发现。他在几何领域的研究影响了数学和物理的很多领域，包括拓扑学、代数几何、广义相对性、天文学和线性理论。

丘成桐解决了微分几何的很多开放性问题，并引进了一类数学表面，被命名为卡拉比-丘多面（科里斯·斯尼伯，哈佛新办公室）。

莘莘学子

1949年4月4日，丘成桐出生在中国广东的汕头市。当他还是婴儿的时候，一家人就搬到了香港，他的父亲丘振英（音译）在香港中文大学任经济学和哲学教授。母亲靠卖手工艺品来补贴父亲微薄的收入，抚养8个孩子。丘成桐上学的当地学校科学实验室设备很差，而理科的课程很强调数学，他的父亲也很鼓励他学数学。

1966年，他进入香港的一所小型本科院校学习数学。因为学院的数学课程很有限，他也在联合学院和香港中文大学旁听课程。1969年，他获得数学学士学位，并获IBM研究助学金进入加利福尼亚伯克利分校的研究生院。1971年，他获得数学博士学位，在中国数学家陈省生的指导下完成了题为《论非正曲率复合多面的基群》的论文。这篇论文分析了和多面有关的代数结构，实几何表面的普遍类型，发表在1971年的《数学年报》上。

微分几何开放性问题的解决

在丘成桐教授生涯的前16年中，他加入了4所不同的学术机构。1971—1972年，他作为博士后在新泽西的普林斯顿高级研究所（IAS）做研究员。之后他在斯托尼布鲁克（Stony Brook）的纽约州立大学做了两年助理教授，然后在加利福尼亚的斯坦福大学度过了5年，很快从副教授升为教授。1979年他回到普林斯顿高级研究所，做了5年数学教授。1984—1987年，他是圣迭戈的加利福尼亚大学的校长助理和数学教授。其间他得到了两项荣誉很高的科研奖：1975—1976年阿尔弗雷德·P. 斯洛恩（Alfred P. Sloan）研究奖金、1980年约翰·西蒙·古根海姆（John Simon Guggenheim）研究奖金。1976年，他和伯克利大学时的同学郭玉云（音译）结婚，并有两个孩子。

1978—1982年，丘成桐解决了微分几何的3个开放性问题。微分几何是用微商和积分描述和分析多维空间中几何物体的数学分支。通过解决这些难题，他获得了在数学研究领域的声誉。1978年，他的论文《论紧凑凯勒（Kaehler）多面的里奇曲率和复杂蒙格-安培尔等式》，发表在《理论和应用数学通讯》期刊上。在论文中，他解决了卡拉比猜想。这个猜想是意大利数学家阿根尼奥·卡拉比（Eugenio Calabi）在20世纪50年代提出的，与五维及以上的某些表面类型的体积和距离的测量有关。丘成桐证明了在卡拉比提出的条件下，紧凑凯勒多面有特殊的距离方程，被称为里奇平面矩阵。为证明这一点，他证明了复杂蒙格-安培尔非线性微分方程可以求解这些表面。微分几何领域的同事称赞他的成就是有力和重要的。这一类的表面现在被称为卡拉比-邱多面，在数学物理和弦理论上被广泛地研究。弦理论的概念是，事物的线构成了所有物质的基本建筑单位。

解决卡拉比曲率后，丘和他以前的学生理查德·萧恩（Richard Schoen）一起证明了正质量曲率。黎曼几何和阿尔伯特·爱因斯坦的广义相对论指出，宇宙能量的总和为正。在他们合作的论文《广义相对论中正质量曲率的证明》中，证明了平均曲率为零的超曲面曲率的特殊情况，这类有限定条件的表面的切线满足基本的数值条件。这篇文章发表在1979年《数学物理通讯》期刊上。1981年，他们在同一个期刊上发表了他们的论文《正质量第二定律的证明》，通过把更多的普遍表面变形为他们先前解决的特殊情况，他们证明了曲率的普遍情况。丘成桐发明了一种新方法来分析时空中的最小面积的行为。这种方法开启了一系列解决复杂方程的新方法，比如几何、数学物理和拓扑学上的非线性椭圆偏微分方程。1983年，在他们的论文《因为物质浓缩产生的黑洞》中，丘成桐和萧恩把他们的结论应用在黑洞理论上，该文发表在《数学物理通讯》上。论文中他们证明了当足够量的物质聚集在小区域内时，随之产生的重力效用会强大到使物质塌陷和形成黑洞。

20世纪80年代早期，丘成桐和美国数学家威廉·A. 密克斯（William A. Meeks）合作解决最小表面和普拉托问题中的开放性问题。普拉托问题是以19世纪比利时物理学家约瑟夫·普拉托的名字命名的。普拉托试验了接线框的皂膜，提出了一个问题：如何用最小的表面积填充给定的界限。很多数学家都研究了这个问题。20世纪30、40年代，美国数学家杰希·道格拉斯（Jesse Douglas）、匈牙利人提波尔·拉多（Tibor Rado）以及美国人查里斯·莫利（Charles Morrey）一起解决了存在的条件。丘成桐和密克斯最终解决了剩下的求解问题，论文《经典普拉托问题和三维多面体的拓扑学问题：道格拉斯-莫利给出解的嵌入和迪恩（Dehn）引论的解析证明》，发表在1982年的《拓扑学》期刊上。在论文中，他们证明了道格拉斯解的整个表面是普通三维空间中的光滑表面，这个结论道格拉斯只做了局部的证明。他们之后

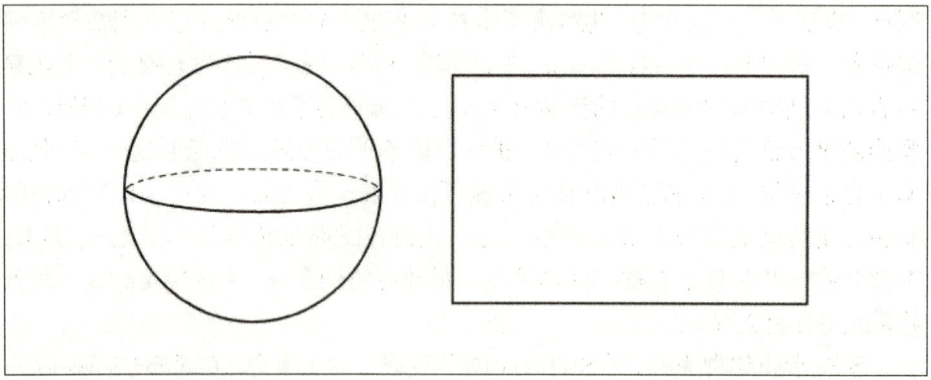

球面和矩形是最小表面积的例子，任何其他容积相同的表面都会有更大的表面积。当长方形的接线框被浸入肥皂溶液和水中时，肥皂就会形成一层平坦的薄膜，这是接线框形成的边界内的最小表面积。

还发表了这个主题的论文，扩展到对更多维空间（环状和球）曲线和表面的研究。

丘成桐对偏微分方程、微分多重表面的拓扑学和最小表面性质的研究，使他获得了学术界的广泛认可。1981年，美国数学学会（AMS）授予他奥斯瓦尔德·韦伯伦（Oswald Veblen）几何奖，国家科学院（NAS）授予他约翰·J.卡尔提（John J. Carty）奖。1982年，国际数学联盟授予他菲尔德奖章，这是数学界的最高荣誉。菲尔德奖在数学界与诺贝尔奖齐名，授予那些40岁以下已经作出重大数学贡献并且前景辉煌的数学家。1983年，美国艺术和科学院（AAAS）推选他为院士，1984年，《科学读者》提名他为40岁以下100位最杰出的科学家之一。1985年，他获得约翰·D.和凯瑟琳·T. 麦克阿瑟（Catherine T. MacArthur）研究奖，这是一个5年的研究奖，每年提供6万美元的研究津贴。1986年，美国数学学会邀请他主持第90届夏季会议的高级讨论讲座。

多面属性分析

除了这些使他获得广泛承认和荣誉奖的著名成果，丘成桐还在微分几何的其他领域作出了重大发现。他和香港数学家郑绍远（Shiu-Yuen Cheng）一起分析多维空间中复杂多面曲率的属性。1976年，他们的论文《论n维敏科夫斯基问题解的规律性》发表在《理论和应用数学通讯》上，解决了19世纪俄罗斯数学家赫尔曼·敏科夫斯基（Hermann Minkowski）提出的问题，即n维球体表面定义的方程是否能够以多于一种方式扩展到球面内部的所有点。加拿大数学家路易斯·尼伦堡（Louis Nirenburg）曾经解决了这个问题在二维空间中的情况。他称赞丘成桐和郑绍远的方法是有用的，他们的研究也提供了有价值的估计。

1976—1982年，丘成桐和哈佛大学数学家萧荫棠（Yum-Tong Siu）合作，合写了包括6篇论文在内的系列研究论文，主题是多面的曲率。1980年，在论文《正对分的紧致凯勒多面曲率》中，他们用最小球面理论证明了弗朗克曲率。这篇论文发表在《数学发明》上。这个命题认为，有特定曲率属性的唯一一种紧致凯勒多面就是著名的复杂投射空间。他们用和谐地图——偏微商满足一定属性的方程——成功地证明了猜想是正确的。在这些论文中，他们用不同的曲率属性分析了多面。

丘成桐和曾经是伯克利学生的数学家皮特·李（Peter Li）合作，一起研究表面的数值特征，即特征值。在1979年，他们在美国数学学会赞助的夏威夷数学理论论坛上，发表了论文《紧致黎曼多面特征值的估算》。在论文中，他们通过少量的表面曲率的几何信息精确估算多面的特征值。在1981年发表在《美国数学期刊》上的论文《论完全黎曼多面的热核上估计》中，他们研究了与表面曲率有关的另一种数值特征，即热核。

丘成桐和美国数学家卡伦·乌伦贝克（Karen Uhlenbeck）一起，用粒子物理学的概念分析四维多面。1986年，论文《论稳定束中埃尔米特杨-米尔斯联系的存在》发表在《理论和应用数学通讯》上，建立了满足一定拓扑条件和表面矩阵方程的高维多面的联系。20世纪50年代，中国数学家杨振宁和美国物理学家罗伯特·米尔斯一起引入了杨-米尔斯方程，解释了基本粒子的行为。乌伦贝克和丘成桐合作的论文证明，对于复杂凯勒多面来说，在稳定向量束（一系列由多面决定的方程）和满足杨-米尔斯方程的距离方程间存在一对一的对应，从而证明了希区-克巴雅什猜想。

近期的几何学研究

1987年，丘成桐离开加利福尼亚大学圣迭戈分校（USCD），在马萨诸塞州剑桥市的哈佛大学任教。1997—2000年，他担任哈佛的锡金斯（Higgins）数学教授。2000年，他担任威廉·卡斯帕·格劳施坦恩（William Kasper Graustein）教授。1996年，他作为约翰·哈佛研究员在剑桥大学的艾萨克·牛顿研究院做了一年研究员。1999年，他是哥伦比亚大学的萨缪尔·艾伦堡访问教授。2000年，他是加利福尼亚技术研究院戈尔登·摩尔访问教授。

除了履行在美国的教职责任，他还致力于中国数学的教育和研究。1991—1992年，他作为访问教授在香港中文大学工作一年。1993年，他和中国数学界的带头人一起在香港中文大学建立了数学科学研究院（IMS），并在1994年担任主任。为奖励他的两位本科学历的教授，他在香港中文大学建立了H.L.Chow数学奖学金和S. Salaff数学奖学金。他也在数学科学研究院创设了陈省生教育基金，以纪念他的博士生导师，并且设立了两个纪念父母的教育基金。从2003年起，他在香港中文大学任永久荣誉教授。

1991年，在"数学的现状和未来"研讨会上，丘成桐和其他6位菲尔德奖章获得者分享了他们对数学各个分支现状和未来发展状态的看法。在他的发言"几何和非线性微分方程的现状和前景"中，他观察到这些领域是重要的研究领域。他特别指出这些基础工具在电脑绘图、粒子物理、机器人技术、化学、信息理论、气象预报和生物建模领域会得到越来越广泛的运用。这篇发言和其他奖章获得者的发言一起收录在1992年的《今天和明天的数学研究：七位奖章获得者的观点》一书中。

1992年，他编辑了《陈省生：20世纪伟大的几何学家》论文集，以献给陈省生的79岁寿辰。这个卷本的最后一篇文章是丘成桐的论文《几何学的开放问题》，是他13年前提出和发表的120个微分几何问题列单的最新版本。2000年，他出版了更新的列单，仍然题为《几何学的开放问题》，发表在《拉曼努扬数学界期刊》上。这个列单为25年的几何学研究指明了方向。

他的另一项孜孜不倦的工作，是搜集和交流镜像对称最新研究。这是和最小表面积有关的代数几何和数学物理领域。1992—2002年，他与其他人合著了4本该领域研究论文的合集，题目为《镜像对称1, 2, 3, 4》。他也是这个领域活跃的投稿者。1997—2000年间，他与布兰代斯大学的数学家连鹏、斯坦福的刘克峰合著了由4篇论文组成的系列《镜像原则1, 2, 3, 4》，发表在《亚洲数学期刊》上。在他们共同的研究中，他们通过分析更易理解的镜像多面研究了相应的三维卡拉比-丘多面的属性。

在过去的15年里，丘成桐的研究成果使他获得了很多的奖项。1991年，德国亚历山大・冯・洪堡基金会授予他洪堡研究奖。1993年，美国国家科学院推选他为院士，美国艺术和科学院推选他为研究员。1994年，瑞典皇家科学院授予他克拉夫德（Crafoord）奖，奖励他在偏微分几何中提出的非线性方法对几个重大问题的解决。1997年，美国总统比尔・克林顿授予他美国国家科学基金会的国家科学奖章，这是一项基于个人在科学或数学领域总体成就的奖项。中国科学院、俄罗斯科学院和意大利的国家科学院都选举他为学院的外籍院士。9所大学授予他荣誉学位，中国8所大学授予他荣誉教授。

在他35年的学术生涯中，丘成桐发表了超过300篇论文，编辑了成卷的论文。他在哈佛、普林斯顿、加利福尼亚大学圣迭戈分校、香港中文大学、斯坦福、麻省理工学院和布兰代斯大学指导了三十多位研究生的博士论文。他担任《微分几何期刊》和《亚洲数学期刊》的主编，担任《数学物理通讯》、《数学物理通信》和《信息和系统通讯》的编辑，从而为他的领域的研究指明了方向。

结　语

丘成桐在微分几何领域作出了巨大的贡献。他所提出的方法改变了偏微分方程作为分析几何问题工具的使用方法。他对卡拉比猜想的研究，建立了卡拉比-丘多面，成为数学物理的重要研究课题。他证明了正质量猜想，从而为黑洞理论奠定了坚实的数学基础。他解决了普拉托问题、弗朗克猜想和希区-克巴雅什猜想，为长期以来悬而未决的开放问题提供了解答。他在几何领域的研究对数学和物理的很多分支的研究产生了影响，包括拓扑学、代数几何、最小表面积理论、广义相对论、天文学和弦理论。

二十二

金芳蓉

(1949—)

网络数学教授

金芳蓉是一位兼具工业和学术背景的数学家，对图像和电信网络的数学分析作出了贡献。她还发现了图像边界着色，扩展了拉姆齐理论。她获得了手机呼叫编码和解码的技术专利，使电话内容能够有效和安全地传播。她分析了施泰纳之数的有效性和操控图像以及网络的运算法则。她的光谱分析和随机图为互联网计算的数学属性提供了更深刻的理解。

求学数学

金芳蓉的专利是手机呼叫编码和解码，并分析互联网运算的数学属性（图片由金芳蓉提供）。

1949年10月9日，金芳蓉出生于台湾高雄。父亲金元尚是一名机械工程师，母亲是高中家政老师。父亲鼓励她和弟弟从事数学应用的职业。母亲对教育事业和学生的热忱，对金产生了耳濡目染的影响，使她从小就树立了成为一名教师的理想。初中毕业后，她进入高雄女子高中，在几何和物理上表现出色，并在这两科的标准能力测试中位居榜首。

金芳蓉在高中出色的学习表现使她顺利地进入台湾大学学习数学。一年的通识教育后，研究所所有的课程都开设为数学课。她在学习中对组合数学产生了兴趣，这是数学中关于离散结构数字特征的复杂计算技巧。在解题和学习的过程中，她设计了技术物质有效协作和沟通的方法。1970年，她获得了数学学士学位，然后到美国继续求学。

在费城的宾夕法尼亚大学，她在研究生的学习中也保持出类拔萃的优异成绩。1972年，她获得硕士学位。1973年，她结了婚，并更名为金芳蓉。在博士资格考试（允许学生继续博士学位学习的考试）中，她获得了全系第一名。赫尔伯特·威尔夫特（Herbert Wilft）教授向她介绍了拉姆齐理论，这是组合数学的一个领域，研究为满足一定条件需要多少物体的集合。在一周内，她证明了公理可以普遍化，这成为她博士生论文的中心部分。1973年，在华盛顿特区华盛顿大学的首都会议上，她在题为《论三角形和有k种颜色的循环拉姆齐数》的报告中解释了她的结论。1974年，她的论文《论拉姆齐数N（3,3,⋯3;2）》期刊上。

这一问题与有n个顶点的图像、由线段（边）相互连接的n个点或顶点的集合有关。金芳蓉的定理提出了下面这个问题：如果每条边被涂上k种颜色中的一种，图像需要有多少顶点，以保证有3个顶点由同一种颜色的三边连接？她证明了有4种颜色的完整图像需要多于50个顶点，才能够保证单色三角形的出现。金芳蓉还得出了由k, k–2和k+1种颜色着色的图像最小面积的推论。在她1974年的博士论文《拉姆齐数和组合设计》中，她合并了这些发现并作出进一步的研究，获得了数学博士学位。

应用数学家

在此后的16年中，金芳蓉在电信领域继续数学研究。1974—1983年，她在新泽西的贝尔实验室计算机系数学基地工作，是一名技术人员。1984年，她加入新泽西贝尔通讯研究所（Bellcore），任离散数学研究小组的组长。1986—1990年，她任贝尔通讯研究所数学、信息科学和操作研究的部门组长。在任期间，她进行了独立的研究，也和其他同事从事拉姆齐理论、图论以及应用于通信网络、电路和计算机运算法则的组合论的研究。作为负责人，她也负责招聘数学工作人员并监督他们的研究。

她和贝尔实验室的同事罗纳德·格拉汉姆（Ronald Graham）继续拉姆齐理论的研究，合著了论文《论完整双向图像的多色拉姆齐数》发表在1975年《组合论期刊》上。他们的合著显示了双向图像的拉姆齐数的属性。在这类图像中，顶点被分为两组，每条边都连接一组和另一组中的节点。这两位数学家于1983年结

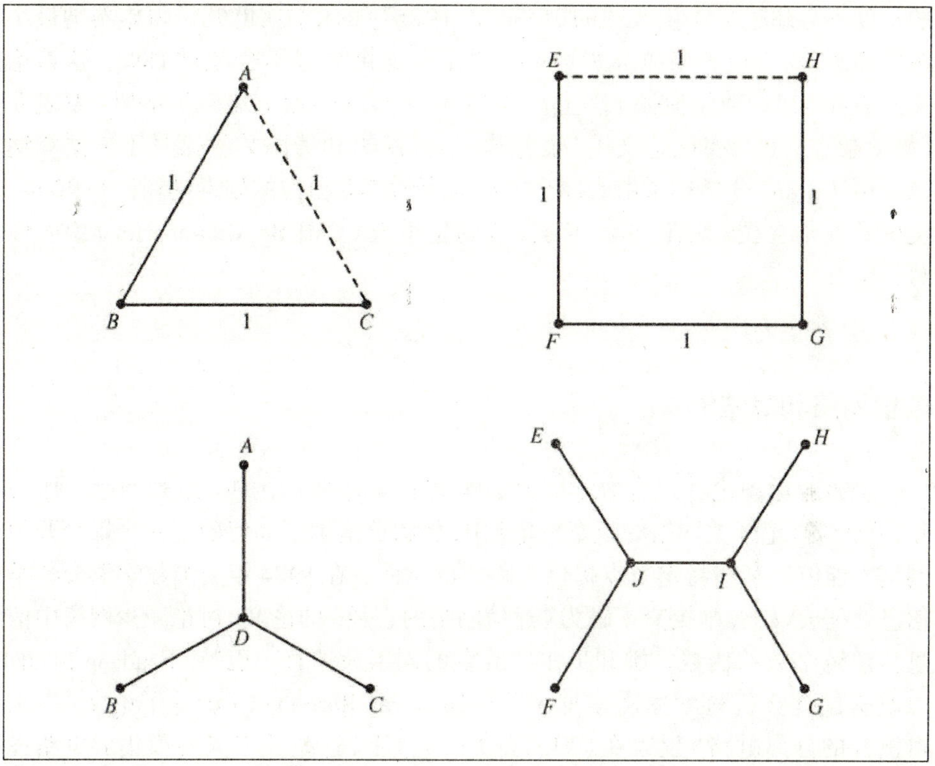

通过在构成等边三角形的三点A、B、C的中心增添施泰纳点D，4个顶点可以由总长度为$\sqrt{3}$的施泰纳树联结，比生成总长度2更有效。在正四边形的四点E, F, G, H中心增加两个施泰纳点J和I，导致了$1+\sqrt{3}$的施泰纳树，小于生成树的总长度3。

婚，这篇论文是他们合著的六十多篇研究论文中的第一篇。

在图论领域，金芳蓉在最小生成树和最小施泰纳树建立的有效网络上获得了新的成果。对于一个代表由电话线系统连接的n个用户图，由有限网连接的n个电脑图，或者由一个集成芯片连接的n个电子器件图来说，最小生成树是一组连接所有顶点的$n-1$条边，同时总长度最小的组合。通过引进新的顶点和边，就会导致较小的总边长，这样就成为优化了的施泰纳树。1976年，在组合数学的代数方面会议上，金芳蓉和格拉汉姆发布了合著的论文《阶梯施泰纳树》（Steiner Trees for Ladders）。论文中，他们解释了当相应的成对顶点位于两组平行线上时，如何建立最小施泰纳树。1978年，论文《施泰纳树问题的下界》发表在工业和应用数学学会《应用数学期刊》上，她和贝尔通讯研究所的研究员弗朗克·黄（Frank Hwang）一起证明了图像的最小施泰纳树能够节省的长度不会超过最小生成数的26%。在1985年的论文《欧几里得施泰纳最小树的新界》中，她和格拉汉姆进一步界定了这个界限不会超过18%。这篇论文发表在《纽约数学院院刊》上。1989年，论文《棋盘上的施泰纳树》发表在《数学杂志》上。在该论文中，金芳蓉、格拉汉姆和美国数学家马丁·戈登纳（Martin Gardner）描述了由$n \times n$个方格组成的棋盘图像的施泰纳树。1990年，美国数学学会授予三位作者卡尔·B.阿伦道夫（Carl B. Allendoerfer）说明性写作奖。

电信网络和算法

金芳蓉用图论和组合数学的方法解决了电信网络中的一系列问题。1977年，在论文《论开关网络的阻塞概率》中，她和黄演示了如何确定一个媒介开关网络不能够给某些特定节点提供开路的可能性。在1984年美国数学学会数学信息处理会议上，她提交了题为《通信网络的直径》的论文，讨论减少网络中信息传递链个数的代数。她和贝尔实验室的同事桑迪普·巴特（Sandeep Bhatt）以及美国计算机科学家阿尔尼·罗森堡（Arny Rosenbert）合写了论文《提高可测性的分离电路》发表在《VLSI高级研究》上，这是关于大规模集成电路设计方法的论文集。他们的论文讨论了把信息处理工作均匀分布给计算机电路储存器的方法。1987年，她与罗森堡及美国应用数学家弗朗克·莱顿（Frank Leighton）合著了论文《书本中的图像嵌入：应用VLSI设计的分布问题》，发表在《代数离散方法期刊》上。这篇论文讨论了图像的边可以像书页一样管理的条件，以及把这种图像整合到芯片设计中的意义。

金芳蓉研究了解决离散数学中间出现的其他问题的算法。她与美国数学家米歇尔·葛尔勒（Michael Garey）、计算机科学家大卫·约翰逊（David Johnson）一起合著了论文《论二维文件名的储存》，发表在1982年工业和应用数学学会的《代数离散方法期刊》上。他们的论文提出了新的方法，把按大小分类的长方体物体无重叠地有效安排在数量最少的大长方体中。1985年，她与贝尔通讯研究所的研究员丹·哈杰拉（Dan Hajela）和英国数学家保罗·塞莫尔（Paul Seymour）一起，为计算机机械协会（ACM）第17届计算机理论年会合写了文章《自我组合的序列搜索和希尔伯特不等式》。他们合作的研究分析了获得储存在线性目录下的信息的方法。1986年，在东京举行的离散算法和复杂性会议上，她发表了格拉汉姆和鹿特格尔斯大学的数学家密歇尔·萨克斯

(Michael Saks)合著的论文《图像的动态搜索》。在这篇论文中,他们讨论了搜索关于结构随着历史请求改变的图像的数据困难性。

在贝尔实验室和贝尔通讯研究所的时间里,金芳蓉具有商业应用价值的发明获得了两项专利。1988年,她发明了对声音信号编码和解码的技术,这样就可以通过码分多址连接方式可靠地传递通讯网络声音信号。她的编码和解码系统可以把不同的通话连接到不同的天线上,从而使多个无线电话可以安全地使用同一个无线电频率。除了数据的安全性之外,她的编码-解码过程还有另一个重要的作用,即可以快速地用于保存呼叫者的自然声音。1993年,她因为发明了网络交通行程管理的方法而获得第二项专利。

学术研究员

在电信行业工作了15年后,金芳蓉改变了她的事业方向,成为一名大学教授。1989年,她作为普林斯顿大学的访问教授教计算机科学的课程。1990—1994年,她成为哈佛大学的贝尔通讯研究所会员,她在那里学习了一年,并且作为访问教授教了两年的数学课程。1994年,她离开贝尔通讯研究所,在普林斯顿的高级研究所做研究。1995—1998年,她在宾夕法尼亚大学获得数学教授和计算机科学教授的职位。1998年,她搬到圣迭戈的加利福尼亚大学(UCSD),得到数学教授、计算机科学与工程教授和阿卡迈网络数学教授的职位。在加利福尼亚大学,她设计了把大学中所授的理论数学和商业应用的数学联系起来的课程。

无论是在研究中,还是在教学中,金芳蓉都很强调数学、科学和工程领域的联系。在1991年发表于《美国数学界通告》的文章《你应该为非学术的生涯做不一样的准备吗?》之中,她建议那些不打算在数学教学领域发展的学生全面地了解数学知识,以备在多元的环境里应用数学知识。在1993年发表在《美国科学家》(American Scientist)的论文《数学与平向球》中,她和哈佛数学家施罗默·施泰恩伯格(Shlomo Sternberg)分析了碳60的数学属性。碳60的几何形状被称为平向球。他们的文章中还带有一个图示,是20个六边形与12个五边形相连,读者可以把这个图示剪下来,拼成一个足球形状的多面体。

20世纪90年代,金芳蓉发表了3本有关图论的一般性命题和组合数学的书。1991年,她和格拉汉姆、数学家尤瑟夫·阿拉维(Yousef Alavi)及弗朗克·苏(Frank Hsu)博士一起合著了《图论、组合数学、算法和应用》,对这些数学相关领域的近期文献作了总结。1992年，她与剑桥大学的数学家贝拉·伯罗巴斯（Bela Bollobas）、斯坦福大学的佩尔斯·迪阿康尼斯（Persi Diaconis）合著了会议录《随机组合数学及其应用》。这部著作搜集了代表随机图像经典结论和发展现状的7篇论文。随机图像是指两个顶点间的线段是由概率分布决定的图像。1998年，在她和格拉汉姆的书《额尔杜斯图论：他的悬谜传奇》中，他们汇集了所有匈牙利数学家保罗·额尔杜斯提出的图论中的开放性问题，额尔杜斯还承诺为每一个问题的解决付奖金。金芳蓉曾经与额尔杜斯合作过12篇论文，额尔杜斯是个大忙人，不是奔走于各种国际会议，就是和人脉广泛的研究者一起合作，但是他空闲的时候，是金芳蓉家的常客。

金芳蓉在图论和网络理论研究方面保持着稳定的发文量。她与格拉汉姆和贝尔通讯研究所的同事诺加·阿隆（Noga Alon）一起合著了论文《通过匹配的路由排列图像》，发表在1994年《离散数学期刊》上。这篇论文分析了用不重叠的一系列线段，分不同阶段从每个图像的顶点向不同顶点发送信息的方法。1997年，她和巴特写了一篇题为《工作站网络中循环偷移的最优化战略》，发表在电学和电子工程学会的《计算机学报》上。在论文中，他们分析了通过使计算机在平行配置下运作，相互间能借用处理时间，可以使生产率提高。金芳蓉和巴特、罗森伯格以及AT&T研究员威廉姆·艾耶罗（Eilliam Aiello）、拉莫什·西塔拉曼（Ramesh Sitaraman）一起写作了论文《扩张环网络》，发表在2001年电学和电子工程学会的《平行和分散的系统通讯》上。这篇论文探讨了提高一组顺序相连的电脑工作效率的方法。

光谱图论和网络数学

金芳蓉的研究兴趣还包括光谱图论，这是一个研究发展和应用定义图像属性数学方法的图论分支领域。在1991年美国数学学会-MAA的暑期联合会议上，她做了题为《拉普拉斯算子和超图》的演讲，被美国数学学会收藏在录像研究系列发行。在她的演讲中，描述了在拉普拉斯矩阵中如何使用有关图像定点和超图像定点之间互联程度的信息。1997年，在《光谱图论》（Spectral Graph Theory）一书中，她提出了对这个数学领域的统一方法，强调了从图像的拉普拉斯算子特征值的分析中得出结论的方法。1997年，在美国数学学会的有限场曲线应用大会上，她发表了论文《格子子图的生成树》，文中她用拉普拉斯算子估算了图像子集（即格子）的生成树数量。她与法国数学家查尔斯·德罗姆

（Charles Delorme）和帕特立克·索勒（Patrick Sole）一起，合著了论文《多径和多重》，发表在《欧洲组合数学期刊》上。这篇论文分析了有特定直径的巨幅图像的构成，以及连接任意两个顶点的线段的最短长度序列。

金芳蓉现在担任加利福尼亚大学阿卡迈教授。她在近期的研究集中对组成万维网的电脑的国际网络进行数学分析。1998年，在中国台湾台北市举行的“计算和组合数学大会”上，她和格拉汉姆发表了论文《动态位置问题的有限展望》。论文中探讨了只有在重新检视历史请求和能够预览一部分待定请求名单后，才能够满足服务请求的计算机网络的效率问题。这个问题来自访问网页的管理。金芳蓉和格拉汉姆与新泽西特尔科迪亚（Telcordia）技术院的电学工程师马克·甘雷特（Mark Garrett）、大卫·沙尔克罗斯（David Shallcross）一起，合著了论文《互联网断层摄影技术应用的距离实现问题》，发表在2001年《计算机和系统科学期刊》上。这篇论文探讨了顶点由按特定长度排序的线段连接的图像，以及互联网数据传送模式分析的相关问题。2003年，金芳蓉和她的加利福尼亚大学同事卢麟元（音译）和凡·伍（Van Vu）一起合写了《随机幂律图像的特征值》，发表在《组合数学年鉴》上。他们分析了随机生成图像的数学特征，在这类图像中，有k条边的顶点与k的某次幂成比例。这些图像出现在电子邮件的传输中，也出现在生物网中。她与格拉汉姆和卢麟元共同写作了论文《从点积问题猜测秘密》，这篇论文分析了搜索者可以从试图披露最小量信息的对手那里获得信息的算法。

在教学和研究之外，她还担任数学界的期刊编辑和许多委员会、专业学会委员会的会员。作为《应用数学前沿》、《网络数学》和《组合数学电子期刊》的合作主编，作为11本其他学术期刊的编委会成员，她审阅研究者的作品，并参与决定将来研究的方向。1990—1993年，她在离散数学和理论计算机科学国家科学基金会中心（DIMACS）执行委员会担任职务。20世纪90年代初期，她在离散算法论坛和计算机理论论坛组委会任职。20世纪90年代，她在专业界担任了很多领导职务，包括主持美国数学学会数学科学会议委员会、MAA的普特南问题委员会，以及离散数学的工业和应用数学学会的活动小组。她一直都在数学研究及其应用研究所管理层任职，并在纽约科学院咨询团担任职位。

在她的职业生涯中，共写了4本书和二百多篇论文。她的合作者包括数学家、计算机科学家、统计学家和化学家。在贝尔通讯研究所的岁月中，她指导了很多研究和4位研究生的博士生论文。1998年，美国艺术与科学院选举她为院士。

结 语

在学术界和工业领域，金芳蓉在组合数学、图论、网络和互联网数学领域均有全新的研究成果。在分析拉姆齐数的过程中，她在图像着色上取得了新的发现。她的CDMA编码和解码技术为有效安全地传送无线电话呼叫提供了方法。她分析了施泰纳树的效率和操纵图像及网络的算法。她在光谱理论和随机图像领域的进一步研究，为理解互联网和万维网的数学属性提供了更深的理解。

二十三

安德鲁·怀尔斯

(1953—)

证明费马大定理的数论理论家

安德鲁·怀尔斯(Andrew Wiles)经过7年与世隔绝的研究,通过求证模椭圆形的相关猜想证明了费马大定理。他用数论解决了这个三百多年未解决的悬案,从而获得了国际性的声誉。在取得这项著名的成就之前,他通过研究伊瓦萨瓦(Iwasawa)理论和比尔奇和斯维纳尔顿-戴尔(Swinnerton-Dyer)猜想,为代数数论作出了杰出的贡献。

对数学的早期兴趣

安德鲁·怀尔斯模形式和椭圆形曲线证明了费马的最后一个定理(Denise Applewhite/CORBIS SYGMA)。

1953年4月11日,安德鲁·约翰·怀尔斯出生在英国剑桥。他和他的姊妹在学术氛围浓厚的家庭环境中长大。他的父亲是一位受任牧师,担任剑桥大学克拉尔(Clare)学院的院长,还是皇家神学教授和牛津大学基督教堂的神职人员。

儿童时代的怀尔斯在学校时就喜欢求解代数问题,在家的时候还喜欢自己提出与求解相似的问题。10岁时,他对费马大定理着了迷。费马大定理是这样一个猜想:对等式$x^n+y^n=z^n$,当n是大于2的整数时,不存在满足等式的非零整数x, y, z。在读过了艾力克·腾伯勒·贝尔(Eric Temple Bell)的书《最后一个问题》(The Last Problem)后,他被这个三百多年来未得到解决的著名难题深深吸引了,他决定解决费马大定理。青年时代，他试着用高中数学解决这个问题。在牛津大学梅尔顿（Merton）学院学习数学专业期间，他特别留意了3个世纪以来试图攻破费马难题的数学家们使用的方法。对这个问题的痴迷促使他在数学领域进一步地学习。

对椭圆曲线的研究

1974年，他从牛津大学获得了学士学位，进入剑桥大学的克拉尔学院攻读研究生。1975年，他通过了剑桥大学数学荣誉学位考试的第三部分，这是英国大学第四年数学综合考试。1977年，他获得了数学硕士学位，在克拉尔学院担任了3年初级研究助教，在马萨诸塞州的哈佛大学担任本杰明·皮尔斯（Benjamin Pierce）助教。在哈佛的日子里，他在约翰·寇特斯（John Coates）教授的指导下进行研究。他选择专攻代数数论，这是运用代数研究整数属性的数学分支。他希望他的研究能够攻克费马大定理。

寇特斯和怀尔斯一起研究了椭圆曲线，即等式形式为$y^2=x^3+ax^2+bx+c$（其中系数a, b, c均为整数）的曲线。图像上构成椭圆曲线的（x, y）点可以转化为二维的区域，被称为点阵，然后进一步被转化为面包圈形状的环面表面。分析椭圆曲线的数论理论家试图确定满足这个方程的整数坐标的个数，以及从代数上修正点阵的同时不改变相关环面形状有多少种方法。

在他们的早期研究中，寇特斯和怀尔斯扩展了奥地利数学家埃米尔·阿尔丁（Emil Artin）、德国数学家赫尔穆特·哈瑟（Helmut Hasse）以及日本数学家肯基奇·伊瓦萨瓦（Kenkichi Iwasawa）所得出的一类代数结构，并把它一般化为更大类型的结构。1976年，他们在法国卡恩召开的“代数日”会议上，发表了他们初级的研究成果《显示互反定律》。1978年，怀尔斯在论文《高级显示互反定律》中更详细地描述了他们的研究，发表在《数学年鉴》上。对一对整数p和q，互反定律认为，对一些整数j和k来说，x^n的形式也可以表达为$x^n=p+q \cdot j$和$x^n=q+p \cdot k$。在论文中，寇特斯和怀尔斯建立了当p和q与其他更复杂的代数结构相联系时的互反定律。

怀尔斯和寇特斯用他们的互反结论解决了有关椭圆曲线的一个著名猜想的一部分难题。任意椭圆曲线表面上的点都可以通过与一个整数相乘来变换。如果通过与有限的复数集合相乘能够完成相似的变换，数学家就说这个椭圆曲线有复数乘子。20世纪60年代，英国数学家布赖恩·比尔奇（Bryan Birch）和

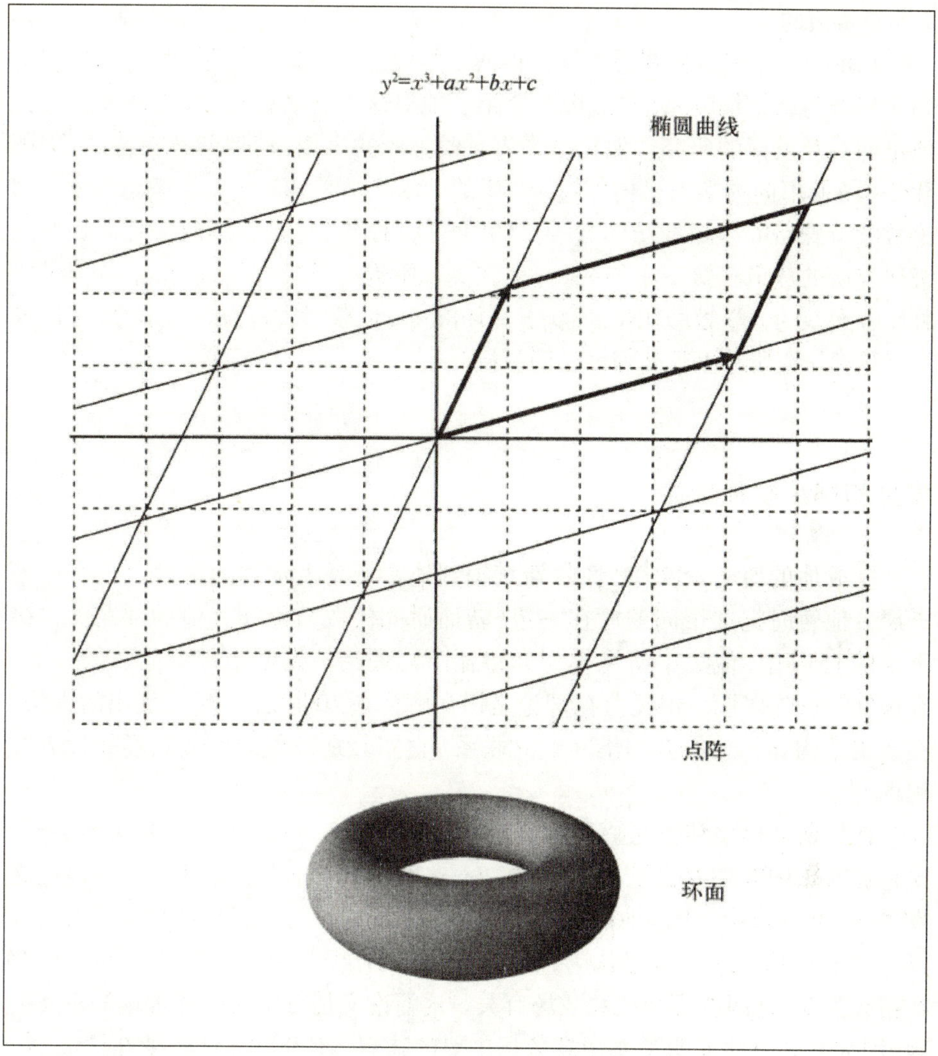

椭圆曲线在复数平面上产生周期点阵，与面包圈形状的环面表面相对应。

皮特·斯维纳尔顿-戴尔（Peter Swinnerton-Dyer）提出了一个猜想，即有一种简便方法来确定一个椭圆曲线是否有有限或无限个有理数点（坐标是分数或者有理数的点）。在1977年的论文《论比尔奇和斯维纳顿-戴尔猜想》中，他们证明了比尔奇和斯维纳顿-戴尔猜想的一半，即有复数乘子的椭圆曲线，发表在《数学发明》中。虽然他们没有能够完全证明这个猜想，但在2000年5月，克雷（Clay）数学研究院悬赏100万美元解决悬而待决的猜想。这充分说明了他们的工作是非常有价值的。

1980年，怀尔斯从剑桥大学获得博士学位。博士论文的题目为《互反定律和比尔奇与斯维纳顿-戴尔猜想》，介绍了他对这个著名猜想的部分解决，以及他早期对互反律的研究。他在学术界日益上升的声望，使他能够在德国、美国和法国6所不同的学术机构度过了6年的学术生活。1981年，他是德国波恩理论数学特殊研究领域的访问教授。1981—1982年，他是新泽西普林斯顿的高级研究所的成员。接下来的一年，他在奥塞附近的巴黎大学度过，并获得了普林斯顿大学的数学教职职位。1985—1986年，他获得古根海姆奖学金，在巴黎高级科学研究所和巴黎高师做访问教授。

模型和伊瓦萨瓦理论

完成他的博士论文后，怀尔斯意识到他在费马大定理的求解上没有任何进展。他暂时把这个问题放在一边，转而研究代数数论和其他的课题。在接下来的15年中，他集中研究模型和伊瓦萨瓦理论。模型是椭圆曲线的一类，有很好的点阵属性。伊瓦萨瓦理论是伊瓦萨瓦在20世纪50年代提出的方法，在数集结构和相关的方程集间建立联系（它们分别被称为代数数场和代数方程场）。

怀尔斯在模型和伊瓦萨瓦理论上最重要的论文是《阿尔贝扩张Q的类域》，这是他与美国数学家巴里·马祖尔（Barry Mazur）合著的。1984年，这篇论文发表在《数学发明》上。他们证明了伊瓦萨瓦理论对与所有有理数集有关的数场的主要猜想。这个猜想认为，在p化合价zeta方程和伊瓦萨瓦模型间应该存在精确关系，这两者都与代数数场有关。这篇论文是对伊瓦萨瓦理论的重要突破，因为它完整地证明了对任意数场主要的猜想。1990年，怀尔斯在论文《伊瓦萨瓦对完全实数场的猜想》中发表了对实数场伊瓦萨瓦理论主要猜想的一般性证明，刊登在《数学年鉴》上。

怀尔斯对伊瓦萨瓦理论的主要猜想和他早期对比尔奇和斯维纳顿-戴尔猜想的研究，对代数数论作出了重大贡献。1988年，伦敦数学学会授予他怀特黑德（Whitehead）奖，该奖项奖励在40岁以前获得重大数学成就的数学家。1988—1990年，他以牛津大学皇家研究学会教授的身份回到英国。其间，伦敦皇家学会推选他为成员。1991—1992年，他在普林斯顿大学和普林斯顿高级研究所做访问教授，然后进入了普林斯顿的数学系。

证明费马大定理

1986—1993年，怀尔斯开始全心全意地研究一个问题：费马大定理。虽然这期间他也发表了一些论文，实际上这些研究都是在1986年之前完成的。他全力以赴地投入到这项艰巨而漫长的研究中，间歇性发表的论文不过是掩人耳目。除了教学的时间之外，他都躲在家里阁楼上简陋的办公室里独自工作。只有他1986年结婚的妻子娜达（Nada）和普林斯顿的数学教授、他的同事尼古拉斯·卡茨（Nicholas Katz）知道他在求解费马定理。他每天都在思索这个问题，每天都对它投入精力。他唯一分心的事情就是和他的3个女儿克拉尔（Clare）、凯特（Kate）和奥丽薇亚（Olivia）玩耍。

费马定理是17世纪法国数论理论家皮埃尔·德·费马（Pierre de Fermat）宣称得到证明的很多定理。他死后的150年，数学家陆陆续续证明或者证伪了他的这些定理，只剩下了费马大定理未得到解决。费马大定理的内容是：对等式$x^n+y^n=z^n$，当幂数n是大于2的整数时，这个方程没有整数解。19世纪中期，法国的数学家证明了当n小于200时的特殊条件下的费马大定理，但是只完全证明了当n=3,4,5,7和14时的情况。1976年，数学家们证明了当n小于125 000时，费马等式无整数解。16年后，在计算机程序的帮助下，科学家们证明了当n小于4 000 000时，也没有整数解。

1986年，美国数学家肯尼斯·基伯特（Kenneth Ribet）讨论椭圆曲线早期猜想的一篇论文激发了怀尔斯全心全意投入费马大定理的热情。1955年，日本数学家塔尼雅玛（Yukata Taniyama）和诗穆拉（Goro Shimura）提出了这样的猜想：每一条系数为有理数的椭圆曲线都是模的。基伯特把费马大定理和椭圆曲线联系在一起，他证明，对$a^n+b^n=c^n$，如果其中a, b, c为非零整数，那么$y^2=x(x-a^n)(x+b^n)$就是一条非模的椭圆曲线。这个结果说明，如果塔尼玛雅-诗穆拉猜想是正确的，那么满足费马方程和产生基伯特非模椭圆曲线的系数a、b、c就不可能存在。

1993年，怀尔斯已经在这个问题上研究了7年。他有限地证明了塔尼玛雅-诗穆拉猜想。他集中研究半稳定的椭圆曲线，即3个根满足质数特定条件的椭圆曲线。他用伽罗瓦表达、赫克代数、识别和j不变量证明了任意一条半稳定的椭圆曲线都是模的。因为当$a^n+b^n=c^n$时，椭圆曲线$y^2=x(x-a^n)(x+b^n)$是半稳定非模的，所以整个结论证明了不存在系数a、b、c。

1993年1月23日，怀尔斯在剑桥大学牛顿研究所的小型会议上宣布了他的研究结果。当他演示了每个半稳定椭圆曲线都是模的证明，并指出了这个结论证明了费马定理时，在场的200名数学家给了他经久不息的掌声和欢呼。这条信息震撼了整个国际科学界，直到一位数学家在这个证明中发现了微小的错误。在接下来的15个月里，怀尔斯和他以前的学生理查德·泰勒（Richard Taylor）一起纠正了这个错误，他们使用的方法是用不同的方法更可靠地替代了这个证明过程的一部分。1995年5月，《数学年鉴》用109页刊登了怀尔斯修正后的证明，题为《模椭圆曲线和费马大定理》，还同时刊登了怀尔斯和泰勒合著的48页的文章《某些赫克代数的环理论属性》。

怀尔斯成就的意义超越了证明一个三百多年未解决的问题。他的证明为朗兰（Langlands）项目提供了实现的可能。朗兰项目是20世纪60年代加拿大数学家罗伯特·朗兰（Robert Langlands）倡导的，其目的是建立数学各个看似不相关学科之间的联系，从而把数学统一起来。怀尔斯的成就激励了其他数学家，他们开始使用现代数学几何的方法来解决经典猜想和其他领域的数学问题。

怀尔斯对费马大定理的证明使他获得了多项奖励，他也因此成为名人。1993年，《人民》杂志提名他为年度最有魅力的人物。次年，普林斯顿大学任命他为数学系奥根纳·希金斯（Eugene Higgins）教授，美国艺术与科学院选举他为院士。1995年，他从瑞典皇家科学院获得数学肖克（Schock）奖，1995年，保罗·萨巴蒂尔（Paul Sabatier）大学授予他费马奖。1996年，美国国家科学院选举他为外籍院士，并授予他科学院数学奖。美国数学学会邀请他在1996年第100届夏季研讨会议上发言，并授予他1997年弗朗克·尼尔森·科勒（Frank Nelson Cole）数论奖。1997年，公众广播系统制作了一部纪录片《证明》，记录他证明费马大定理的过程。1998年，在菲尔德奖章颁奖仪式上，国际数学学会授予怀尔斯特别银质奖章，嘉奖他作出的贡献。克莱数学研究院提名他为1999年克莱研究奖获得者。

怀尔斯还获得了几项使他名利双收的奖。1997年，他获得了沃尔夫斯基尔奖。这是1908年德国数学家保罗·沃尔夫斯基尔（Paul Wohlfskehl）设立的奖金，他向哥廷根大学遗赠10万马克，以奖励第一个完整证明费马大定理的人。约翰·D.和凯瑟琳娜·T. 麦克阿瑟基金会提名他为1997—2002年会员，这样他每年都能获得6万美元的资助。1998年，他获得了费萨尔（Faisal）国王国际科学奖，得到20万美元和金质奖章。香港的肖（Shaw）基金奖授予他2005年肖奖，价值100万美元。

费马之后的研究

作为普林斯顿大学数学系系主任，怀尔斯继续从事数学方面的教学和研究工作。1995—2004年，他也在普林斯顿高级研究所任数学教授。从1998年开始，他任克莱数学研究所的科学咨询委员，这个研究所为7个最著名数学问题的解决提供了百万美金的奖励。他指导了12位研究生的博士论文，应邀做了多场关于他对数学的研究和看法的讲座。其中有代表性的一场讲座是《数论二十年》，是他1998年在柏林国际数学学会所做的讲座，介绍这个数学分支的研究现状。

2001年，法国数学家克利斯托夫·布雷尔（Christophe Breuil）和怀尔斯以前的3个博士学生布赖恩·孔拉德（Brian Conrad）、弗雷德·戴尔蒙德（Fred Diamond）和泰勒证明了所有的椭圆曲线都是模的，从而最后解决了塔尼雅玛-诗穆拉猜想。虽然怀尔斯没有直接参加这项合作研究，但他们的研究遵从了他先前对半稳定椭圆曲线粒子的研究策略和方法。

怀尔斯继续在数论方面展开研究。1997—2001年，他发表了一系列的论文。他和他以前的博士学生克利斯·斯金娜（Chris Skinner）发表了对模型属性研究的成果。1997年，他们的论文《通常表示和模型》发表在《美国国家科学院院刊》上。这篇论文使用了怀尔斯早期对伊瓦萨瓦研究的方法，证明了某些曲线的类型是模的。在论文《剩余可约表示和模型》中，他们提出了研究模型的新思路，用来解决马祖尔和法国数学家让-马克·冯泰纳（Jean-Marc Fontaine）的猜想。该论文发表在2000年法国高级数学研究院的院刊上。他们最近的两篇论文：《基数变化和瑟里问题》，发表在2001年《杜克数学期刊》上；《对不可约剩余表示的近似普遍变形》，发表在法国图卢兹科学系《数学年鉴》上。这两篇论文对模型提出了新的解题方法，证明了更多的结论。

结　语

安德鲁·怀尔斯通过部分证明比尔奇和斯维纳顿-戴尔对椭圆曲线的猜想，以及伊瓦萨瓦模型理论的主要猜想，对数论作出了重要贡献。在7年孜孜不倦的研究中，他证明了有限塔尼雅玛-诗穆拉对半稳定椭圆曲线猜想。这个结论解决了3个多世纪来数学家一直在试图证明的费马大定理。

二十四

英格利德·多比希

(1954—)

用小波建立图像模型

英格利德·多比希(Ingrid Daubechie)引入了多比希小波。这是用基本波形的求和来代表数学公式的简便计算方法。多比希小波和随后她在双正交波研究上的进展,为研究者提供了捕获电信号,把指纹数字化以利于存储、处理图像和分析信号的有效方法。现在,她继续和数学家、科学家、工程师和生物医学研究者合作,扩展小波新的应用。

英格利德·多比希引入了多比希小波(简称小波),作为储存和分析电信号和电脑产生图像的有效工具(Denise Applewhite)。

早期经历和教育

1954年8月17日,英格利德·夏塔尔·多比希(Ingrid Chantal Daubechies)出生在比利时东部一个名为豪塔哈伦(Houthalen)的采矿小镇上。她的父亲马歇尔·多比希是在采矿业工作的土木工程师。她的母亲获得了经济学学士学位,然而作为工程师的妻子,家庭不允许她在事业上投入太多的精力。她后来获得了犯罪学双学士,从事社工工作,帮助那些暴力犯罪家庭的孩子。虽然她的父母都说法语和荷兰语,但是英格利德和她的哥哥都把荷兰语作为母语。孩提时代的英格利德喜欢纺织、做陶器、阅读和修机器。她很早的时候就对代数表现出了兴趣。她发现,如果一个整数的各数位相加能够被9整除,那么这个整数就能够被9整除。她还可以进行2的整数幂心算,比如$2^1=2$,$2^2=4$,$2^3=8$,

$2^4=16$,……在公共小学和女子高中里，她在理科上始终是班里的佼佼者。

高中毕业后，多比希进入布鲁塞尔自由大学。她希望学习数学，她的母亲希望她成为一个工程师，她的父亲鼓励她成为一个科学家。作为折中，她选择了物理作为专业。大学开设的课程头两年几乎全是数学，没有人文科学的内容。在本科学习的后两年中，她的课程几乎全是物理和实验课。1975年，她获得了物理学学士学位。

对量子物理的研究

接下来的5年，多比希在布鲁塞尔自由大学理论物理系攻读博士学位。作为研究助教，她每周给本科的物理课程上习题课，每天工作8~10小时。轻松的工作任务使得她能够集中精力做量子物理的研究。量子物理是理论物理的分支，专门分析原子、电子和其他极小粒子。她最初的研究兴趣是找到描述或量化亚原子运动的公式。她的第一篇研究论文《超微分算子在对当量子化的应用》，发表在1978年的《数学物理通信》上。她建立了一些量化函数及其微商的拓扑属性。

还在研究院的时候，多比希和同学迪德里克·埃尔茨（Diederik Aerts）合写了5篇关于量子物理在希尔伯特空间上的应用的系列论文。希尔伯特空间是指矢量可以通过内部乘法运算合成的数学结构。其中的一篇论文题为《用张量积把两个量子系统描述为一个结合起来的系统的物理证明》，1978年发表在瑞士物理期刊《赫尔维提卡物理活动》（Helvetica physics activities）。在论文中，他们证明了在量子物理中，如果两个物理系统构成了一个合成系统的元素，那么合成的希尔伯特空间就是这两个次级系统的张量积。他们的其他论文讨论了相同课题的相关方面。

1980年，在比利时物理学家让·海格尼尔（Jean Reignier）和法国物理学家亚历山大·克罗斯曼（Alexander Grossmann）的指导下，她完成了博士论文《科尔内尔斯量子机械算子表达在希尔伯特分析函数上的表示法》，获得了博士学位。在博士研究中，她分析了连续状态的属性，能够在量子力学和经典力学之间建立对应关系的数学工具。她的研究也包括在希尔伯特空间中和亚原子粒子的位置和动量紧密相关的局部函数。

1981—1983年，虽然她获得了布鲁塞尔自由大学研究助手的职位，但她离开了学校，在新泽西普林斯顿大学和纽约市纽约大学科朗特（Courant）研究院做博士后研究。她继续对理论粒子物理的研究，独立或合作写论文。这个阶段她研究的代表作是《具有相对动能的单电子分子：离散光谱的属性》，发表在1984年的《数学物理通讯》上。论文中她分析了描述小粒子行为的特征值和其他数值特征。

1984年，多比希获得路易斯·恩培（Louis Empain）物理奖，这是奖励29岁前对科学作出贡献的比利时科学家的奖项，每5年颁发一次。她获奖的论文题目是《以使用连续状态形式主义的积分转化来研究维尔量子化》。在这篇论文中，她用希尔伯特空间中的方程来测量小微粒的位置和动量，从而扩展了博士论文的研究。同年，她被提升为布鲁塞尔自由大学研究教授，并获终身教职。

1984—1987年，多比希和美国数学物理学家约翰·克劳德尔（John Klauder）合作，分析路线积分的构成，这是一种测量量子微粒经过的距离的方法。他们用的是美国数学家诺尔伯特·维纳尔（Norbert Wiener）求平均路径的方法。1984年，他们的论文《对所有多项式汉密尔敦函数适用的，使用了诺尔伯特·维纳尔方法的量子机械路径积分》，发表在《物理学评论通讯》（Physical Review Letters）上。1985年，他们的论文《对所有多项式汉密尔敦函数适用的，使用了诺尔伯特·维纳尔方程的量子积分路径之二》发表在《数学物理期刊》上。

多比希小波

1985年，多比希开始对小波的研究。这是能够用来构成更复杂方程的基本数学方程单位。当对表达波形的新方法产生了兴趣后，她离开比利时，成为新泽西贝尔实验室数学研究中心的一名技术人员。她在贝尔实验室的工作集中在发展和分析信号处理技术，这是应用数学中和转换、操控、储存和重构电和电子信号的分支。同年，她与A.罗伯特·卡尔德邦克（A. Robert Calderbank）结婚，卡尔德邦克是贝尔实验室的英国数学家。

把方程表达为更简单的组成部分之和的概念，是法国数学家约瑟夫·傅立叶（Jean-Baptiste Joseph Fourier）在19世纪上半期最早提出的。他的傅立叶序列使科学家和工程师能够用有限个正弦和余弦之和表达声波和其他的周期函数。1909年，匈牙利数学家阿尔弗雷德·哈尔（Alfred Haar）引入了哈尔小波基本方程，使得数学家能够大概估计由短正脉冲和负脉冲构成的更加复杂的方程。20世纪30年代，英国数学家约翰·利特尔伍德（John Littlewood）与雷蒙·佩雷（Raymond Paley）改进了这种方法，用倍频程给频率分组来描述声波。

20世纪40年代，匈牙利数学家丹尼斯·盖伯（Dennis Gabor）引入了盖伯转换，把波分解为时间-频率群集。20世纪80年代，科学家、数学家和工程师发展了更多的方法来表达函数。特别是用更加基本的构成元素来表达电信号和周期波形，但是没有一种技术在专业领域之外得到广泛应用。

20世纪80年代，4位法国科学家发明了系统的一般小波理论。让·莫雷（Jean Morlet）是一位地质学者。他试图改进地震波的工具，以便更好地勘测地下石油储备。他提出了恒常形状的小波概念，也就是当波发生转向、伸展或收缩时，都保持形状不变的基本函数。1984年，格罗斯曼和莫雷证明了所有的函数都可以分解为恒常形状的小波，也可由这种小波重组为平滑信号，虽然在测量和计算的过程中会产生小的误差。物理学家伍思·迈耶（Yves Meyer）改进了他们的研究，他引进了一种直角小波系统，即每个小波所表达的信息都独立于其他所有小波所捕获的信息。1986年，计算机科学家史蒂芬·马拉（Stephan Mallat）把小波运算简化为求每个信号一小部分平均数和差异的简单运算。

1987年2—3月，多比希提出了一种紧凑弹力的直角小波的新理论，这就是今天的多比希小波。紧凑载体的意思是，每个小波只有在有限的间距内才有非零值。直角的含义是，每个小波都独立表达所建立函数的某个方面，且这些波大小相同。在法国马赛举行的“国际小波及其应用工作室”会议上，她做了题为“有限弹力小波的标准正交基础”的大会发言，介绍了她的观点。她长达

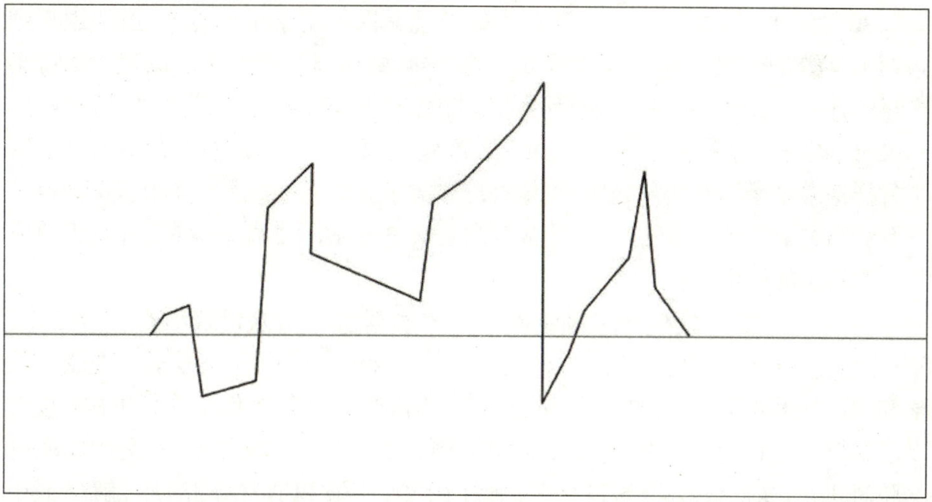

典型的多比希微波是有不光滑边缘和频频出现刺波的不规则形状的曲线，每一条都捕获原波的不同特征。通过增加一组这种基本波，声波可以有效地简化。

87页的论文《紧凑弹力波的标准正交基础》发表在1988年的《理论和应用数学》上，为她的新理论提供了更完整的解释。这篇论文使得小波的概念能够在数学、科学、工程和广阔的领域得到运用。

多比希这类新的小波有很多好的属性，使它们比前面的各种小波变体得到了更广泛的使用，它们在使用简便普及的信号过滤的计算机上能很方便地应用。虽然每个小波都呈锯齿状的参差不齐，但由一系列这样的小波叠加而成的信号却是光滑的。因为它们是标准正交的波的集合，它们有效地捕获了所要模拟的曲线的所有属性，且没有任何冗余。作为紧致弹力函数，每个多比希小波都更简洁地表达了大函数中一小部分的信息，比窗口傅立叶转换这类麻烦的基本函数方便多了。

1988年，在具有里程碑意义的论文结尾，她附上了可以提供多比希小波叠加而成的方程显性信息的系数表。这组实用信息可以使工程师很快地把她的思想应用到数字化的电子信号处理中。他们可以把波形的所有特征简化为一组离散系数，从而能够在大规模和平移的"母"波复制版本基础上重新构造出波。多比希小波很快成为信号处理的基础工具。

数字图像的压缩

20世纪90年代，多比希从工业界的环境又回到了学术环境中，虽然她直到1994年仍在贝尔实验室担任技术员。1990年，她离开实验室在密歇根大学待了半年。1991—1993年，她在新泽西的鹿特格尔斯（Rutgers）大学数学系任教授。1992年，她发表了《小波十讲》一书，介绍了小波理论的最新进展，指导性地解释了怎样把理论运用在信息处理、图像处理和数字分析上。这本书获得了美国数学学会颁布的1994年雷洛伊·P. 斯蒂勒（Leroy P. Steele）数学解释奖，并且很快成为小波理论的标准教材。

多比希在美国周游，给各种各样数学和科学界的听众讲解小波。1992年，她应邀为美国数学学会、马里兰州巴尔的摩工业和应用数学学会做了题为"数学和机械工程中构成波的小波"的演讲。美国数学学会制作了系列录像"数学专题讲座"，她的这个讲座成为小波历史录像的一部分。1992年，在美国国家科学院资助的"前沿数学"研讨会上，她在论文《小波和信号分析》中，解释了如何用小波表达、转化和重构电波。1992年6月，在北安多弗（North Andover）梅里马科（Merrimack）学院举行的美国数学学会东北部春季会议上，她做了题为

《小波：时间-频率分析的一种工具》的讲座，解释了小波的其他应用。在1993年美国数学学会的“小波的不同视角”会议上，她做了《小波变形和标准正交小波基础》的主题发言。

多比希发展出新的方法，扩展了小波的应用。她和法国数学家阿尔伯特·科恩（Albert Cohen）和让-克里斯多夫·费伍合写了论文《紧致弹性小波的双正交基础》，发表在1992年的《理论数学和应用数学通讯》上。在论文中，他们引入了新的技巧，用两组互相标准正交的波形表达两维的图像，一组用于分解图像，另一组用于重构图像。当年，联邦调查局的研究员和洛斯阿拉莫斯（Los Alamos）的研究员就把这项技巧运用在存储数字信号和寻找对应的指纹上。小波纯量（WSQ）方法使人们能够把指纹的图像浓缩为20∶1比例的图像，同时不会损失任何图像细节。1993年，联邦调查局把这项方法用来储存和匹配他们有两亿个指纹的数据库，节省了93%的储存所需空间。

在生物医学领域，研究者们用多比希的技巧来处理和分析图像仪器产生的信号，比如心电图、脑电图和磁共振图像。因为小波不会因为小量数据在获取和转换过程的污损而发生变形，所以为解剖学领域的扫描提供了更为可靠的表达。除此之外，以小波为基础的图像可以更有效地分析畸形或疾病，因为它们更有效的表达减少了对信息处理的要求。

多比希、科恩和费伍引入的双正交基础成为图像处理最为常用的小波。除了在生物医学和指纹分析领域的应用，其他领域的研究者们还用多比希小波和双正交小波来寻找紊流系统中有意义的模型，比如机翼周围的气流、核反应堆中带电气体的路径，以及流经管道系统的水。地质学家利用声波穿越岩石层所得到的以小波为基础的图像，来分析物质的成分以及测量岩层、盐层和土壤层。电影中也把小波用在卡通人物的计算机动画上。音乐研究者用小波来识别和剔除录音过程中产生的静声噪音。2000年，小波使得图像处理领域的研究者可以引进储存图像的新的标准，比如JPEG文件。

多比希小波如此广泛的影响，使多比希获得了很多的肯定。1992年，她获得了约翰·D和卡瑟琳·T. 麦克阿瑟研究奖金，每年提供6万美元的奖金资助她的旅行和研究活动，连续提供5年。1997年，美国数学学会授予她卢特·吕特勒·萨特（Ruth Lyttle Satter）数学奖，奖励她在小波及其应用领域的先锋研究。1998年，美国数学协会接受她为会员；2000年，授予她美国数学协会数学奖。1998年，电和电子工程研究院推选她为研究员，并授予她信息理论学会尤比利（Jubilee）科技创新奖。1998年，多比希获得国际视觉工程协会优秀成就奖。1999年，她被推选为荷兰皇家艺术与科学院外籍院士。爱德华·莱因

（Edward Rhein）基金会因为她的发明、数学成就和小波应用授予她基础研究奖，这是该奖项设立的2 000项基础研究奖之一。2001年，美国数学协会提名她为俄勒·雷蒙德·海德里克讲师。

对波表达的继续研究

多比希和法国数学家史蒂芬·雅法（Stephan Jaffard）与让-林·约纳（Jean-Lin Journe）发展了分析波的新的工具，把小波的优势和傅立叶序列的优势结合起来。在1991年的论文《指数式衰减简单维尔逊标准正交基础》中，他们引入了一组衰减的正弦和余弦的标准正交方程，它们的值随时间变小。他们的方法很快成为时间频率分析和偏微分等式（包括几个变量微商方程的等式）数值分析的标准工具。

1994年，她成为新泽西普林斯顿大学数学系和应用与计算机数学项目（PACM）的教授。1997—2001年，她负责主持该项目，在项目中，选拔出来的本科生和研究生要接受严格的应用数学训练。从2004年起，她担任普林斯顿威廉·R.科南,Jr.的教授。在普林斯顿，她教授本科生和研究生课程，辅导博士生的研究，与博士后研究员以及同事合作。她还参与了幼儿园至12年级课程材料的设置，来反映当前数学的应用情况。

通过她近期和当前的研究，多比希把小波的运用扩展到新的领域。1996年，她和IBM科学家施蒂芬·梅（Stephan Maes）为《医学和生物学中的小波》一书合写了题为"基于听觉神经模型的连续小波非线性压缩的变形"的章节。他们的合作研究把小波技术用于构造人类听觉过程的模型上。2002年，多比希和科恩与布鲁克林工学院的电学工程师奥努尔·古勒瑞兹（Onur Guleryuz），以及莱斯大学的迈克尔·奥尔查德（Michael Orchard）合作，完成了论文《论将以小波为基础的非线性估计和译码策略结合在一起的重要性》，发表在电和电子工程研究院的《信息理论学报》上。他们的论文解释了仅仅把小波扩张的有限个最大系数用于产生数据的数字信号的优点和劣势。她与阿尔伯塔大学的数学家韩斌（音译）、威斯康星-麦迪逊（Wisconsin-Madison）大学的计算机科学家阿莫斯·荣（Amos Ron）、新加坡大学的数学家沈作为（音译）合著了论文《框架基：以MRA为基础构建小波框架》，发表在2004年《应用和计算谐函数分析》上。在论文中，4位研究人员解释了框架基——一些特定类型小波系统的个体元素——是怎样为构建多个解分析（MRA）提供方法的。其他的工程师和科学家正尝试在多比希等人的研究基础上，建立起分析由爆炸产生的震动波，为通过单一波导线的多种信号编码，以及改进天气预报的系统。

多比希完成了一百多篇量子机械和小波领域的论文，指导了多名学生的博士研究。除此之外，她还通过为期刊、委员会和专业学会工作，为数学大家庭服务。作为期刊《应用和计算谐函数分析》的主编之一，作为其他十份期刊的编委，她审阅数学和科学研究的论文，帮助为未来的研究设定方向。多比希也是美国国家数学委员会和欧洲数学界应用数学委员会的成员。她也是5个专业学会的成员，这些学会包括：美国数学学会、工业和应用数学学会、电和电子工程研究院和妇女数学协会。

结　语

英格利德·多比希引入了紧凑弹力标准正交小波的概念，即多比希小波。这个概念为信号和图像处理提供了可用的计算工具。她里程碑式的论文和经典著作成为这个课题引用率最高的著作。多比希小波和她随后对双正交小波的引入，使得指纹、动画图像、电讯号、生物医学图像、地震波和音乐录音的有效存储，操控和分析成为可能。

二十五

莎拉·弗朗纳瑞

(1982—)

编译密码学的新算法

当她还是16岁的高中生时，莎拉·弗朗纳瑞（Sarah Flannery）发明了数字信息编码和破译的算法。在她获得国家和国际科学竞赛的项目中，她证明了她的算法比工业标准的RSA编译系统还要快。她现在是数学软件开发研究员。

解智力题

1982年1月31日，莎拉·弗朗纳瑞出生在爱尔兰布拉尔尼（Blarney）的科尔克（Cork）村。父亲大卫·弗朗纳瑞是数学家，母亲莎拉·弗朗纳瑞是生物学家。她和她的4个兄弟，密歇尔、布里安、大卫和伊阿蒙恩在畜牧农场里长大，离科尔克技术学院（CIT）有8千米的路程。她的父亲在技术学院数学系任数学教授，母亲是兼职的微生物讲师。她的前6年教育是在当地的女子小学进行的，然后在圣母玛丽亚学校度过了中学的6年，这所学校是布拉尔尼男女同校的中学。

莎拉·弗朗纳瑞为编译密码提出了有效的算法（Sion Touhig/CORBIS SYGMA）。

孩提时代，弗朗纳瑞的父亲就鼓励她和她的兄弟解一些智力题。他在厨房里挂了一块黑板，上面写着难题。她5岁时解决的一个经典的问题是用能装5加仑水的水壶和能装3加仑水的水壶量出4加仑的水。另外一个难题是，如果一只小兔子掉在30米深的洞里，它白天向上爬3米，晚上向下掉2米，多少天能够爬出洞？还有一些问题，如一个农民要运一头狮子、一只山羊和一棵白菜过河，一只苍蝇在两辆相向行使的火车间飞来飞去，一只猴子在山上爬上爬下，3个选手参加赛跑等。

有一个智力题的解决很典型地反映了弗朗纳瑞的推理过程。这是用数字1,2,3……9来构成3×3的魔方。游戏要求把1—9这9个数放到9个方格中，使得每行、每列和每个斜线之和相等。弗朗纳瑞并没有依次尝试362 880种把数字放入格子中的可能性，而是按照逻辑推理得出一共有8种解法，且都是一种解法变体的结论。因为每个数字都会在矩阵中出现，她推理出3行之和为1+2+3+⋯+9=45。她得出结论说，每行、每列和每个斜线上的数字之和为15，并找出了构成和为15的8种组合。弗朗纳瑞观察到方阵中心的数字必须是5，因为这个位置的数字要进行4次加法运算（一列、一行和两个对角线），而只有5才有这个属性。又因为偶数2、4、6和8可以参加3次和为15的求和运算，而奇数1、3、7和9只能参加两次这样的运算，她推理说，偶数必须填在方阵的角上，而奇数填在剩下的4个非角位置。她还观察到方阵的8个解中的4个是另外4个的轮换，通过转动前4个解就可以获得后4个解，从而完成了她的分析。

2	9	4
7	5	3
6	1	8

弗朗纳瑞的父亲让她和她的兄弟解答的一个智力题，是把1—9这9个数填到方格中去，使得每行、每列和每个对角线的和相等。图中是8种解中的一种。

魔方和其他的智力题训练了弗朗纳瑞的逻辑和数学思考能力，使她获得了很强的解题能力和抽象思维能力。多重战略和提出创造性的解题方法增强了她迎接挑战的信心。除了解智力题，弗朗纳瑞还对团队体育有浓厚的兴趣，包括篮球、盖尔式足球、环英长跑以及爱尔兰式曲棍球和一些个人的活动，包括划船、弹钢琴和吹六孔小笛。她还是狂热的骑马爱好者，和她的马匹科莱蒂一起参加了骑马越障表演。

参加科学展览的密码项目

1997年，作为10年级的学生，她决定在毕业前的第三年参加不用考试的、以项目为基础的过渡课程，为期一年。她和她的同班同学做了一个制造和销售圣诞卡片、装饰物的生意，在公司内销售股份，为他们的产品作市场营销，创造利润，最后公司解体。在到野外教育中心的旅行中，她和她的组员们学会了求生存的技巧，进行定向赛跑和使用绳索。在另外一个项目中，她在参加了专业的模特课程后组织和参加了一场时装秀。为了满足她对数学的兴趣，她每周六的上午参加一个科尔克大学组织的高中生"数学强化课程"。每周的一个晚上，她还要在科尔克技术学院参加父亲任教不拿学分的课程"数学漫步"，在课程中她接触到了高等数学的思想。

这一年，她最耗时间的活动是参加科学展览的密码系统项目，研究编码和译码。她把从父亲的课堂上学到的知识和自己的独立研究的想法结合起来，解释了经典和现代密码系统的术语和基本思想。她解释了从两千年前罗马军事家所用的恺撒密码至20世纪后期发展出来的一系列公众关键密码系统（传输者使公众成为信息编码过程而不会泄漏如何解码）的方法。她用数学软件包Mathematica在笔记本电脑上执行了几个编写密码方法，把原文译为密码文，破译密码，然后把密码写回原文。

1998年1月，弗朗纳瑞到都柏林的波尔斯桥（Ballsbridge）皇家都柏林学会参加以萨特·杨（Esat Young）科学和技术展览，这是由爱尔兰电信和因特网公司以萨特电信有限公司资助的国家科学展览。她的展品"密码系统——关于秘密的科学"获得了个人中级数学、物理和化学类的一等奖，并在这个类别中获得最佳展品奖，还获得了英特尔优秀奖。作为英特尔奖的获得者，她在科尔克技术学院周六上午的课程中简要地介绍了密码系统，代表爱尔兰参加英特尔国际科学和工程展览（ISEF）。这是英特尔公司资助的、1998年5月在得克萨斯举行的国际展览。

凯勒–普尔瑟密码算法

1998年4月，弗朗纳瑞在巴尔的摩技术学院参加了一周的实习，这是一个总部设在爱尔兰的数据安全公司，也是她高中过渡年学习的另一要求。威廉姆·怀特（William Whyte），巴尔的摩的高级密码研究员，给了她一篇尚未发表的论文，是由公司创始人和首席密码研究员密歇尔·普尔瑟（Michael Purser）所写的。论文中，普尔瑟提出了用四元数（复数的四维一般化）为数字签名编码的方法。3天之内，弗朗纳瑞就掌握了高年级本科学生的基础算法数学知识，并且实施了这个系统。

完成实习后，弗朗纳瑞把普尔瑟的观点发展为一个密码框架，用2×2的非负整数矩阵来表示。她的方法基于选取两个大质数p和q，每个至少有100位，以及它们的乘积$n=p\cdot q$。所有的代数运算都是以n为模的，意味着每一次运算的结果都调整为0和$n-1$之间的相应的整数值。确认了一对矩阵后，A和C有$A\cdot C\neq C\cdot A$，她计算了B,D,E,G和K的矩阵，它们也在算法中有重要作用。每个2×2的矩阵P，代表了原文的4个字母，她的算法得出了编译的密码文矩阵$S=K\cdot P\cdot K$。当发出者发出密码矩阵的集合，附属的矩阵E，接受者可以形成破译密码的键L，通过把矩阵E和C结合起来，然后破译每个密码文，通过简单的运算$P=L\cdot S\cdot L$。

弗朗纳瑞的算法和全球3 000万计算机系统使用的公共解码密码系统RSA算法有根本的区别。1977年，麻省理工学院的密码学家罗纳德·李维斯特（Ronald Rivest）、阿迪·沙米尔（Aldi Shamir）和利奥纳多·阿德曼（Leonard Adleman）发明了RSA方法。他们的技术基于两个大质数的产生，但是是用求幂而不是用矩阵乘法来编码和解码的。在分析$n=p\cdot q$和$m=(p-1)\cdot(q-1)$的结果基础上，3个人决定用两个正整数c和d，使得$c\cdot d=1$为模，意思是对整数k来说，$c\cdot d=1+m\cdot k$。对每个2×2的原文矩阵P来说，它的算子通过幂运算或者多次乘法运算产生了编码后的密码文矩阵$S=P^c$。信息获得者可以用$P=S^d$的运算破译每个密码文矩阵。这两种算法的优势都在于，它们把200位的数字n的求商转化为了对大质数的运算。

为了使她的算法能够完全得以运行，弗朗纳瑞查阅了求矩阵商和根高级方法，寻找逆矩阵的方法以及模代数属性和组、环和有限场数学结构的学术文章。她用了数学软件包Mathematica来写程序，演算她的算法和RSA算法。她用两种程序来为德裔美国诗人马克斯·伊尔曼（Max Ehrmann）的诗“Desiderata”的12种版本编码和解码，并比较了两种程序的执行时间。她发现，她的算法比RSA算法更快。虽然她的编码键和密码文比RSA算法长大约8倍，但是矩阵乘法运算有效地减少了幂运算所需的运算量。她不能证明她的算法是安全的，也就是在不知道破译矩阵的情况下，编码文不能通过她的运算方法破译。但是她尝试了各种的偷袭，都经受住了检验。

1998年5月，在持续一星期的英特尔国际科学和工程展览会上，弗朗纳瑞改进后的项目获得了美国数学学会颁发的卡尔·孟格尔（Karl Menger）纪念奖第三名，是数学类排名第四的大奖，以及英特尔2 000美元的成就奖。展览会后，她把她的算法命名为凯勒–普尔瑟（CP）算法，以纪念19世纪发明矩阵代数的英国数学家阿瑟尔·凯勒（Arthur Cayley）和发明四元素的密歇尔·普尔瑟（Michael Purser），普尔瑟所发明的以四元数为基础的密码系统被她调整为2×2的矩阵。

爱尔兰年度青年科学家

1998年秋季，弗朗纳瑞重修了父亲的“数学漫步”课程，并且进一步改进了CP算法。她改进了电脑程序，可以在200~300位整数的参模空间中运行CP和RSA算法。1999年1月的以萨特电信青年科学家和技术展上，她展出了她的项目，并且提交了长达50页的报告，题为《密码研究——一种与RSA相对的新算法》。她获得了物理、化学和数学类第一名，并荣获大赛全能奖，被提名为1999年“爱尔兰年度青年科学家”。在颁奖仪式上，爱尔兰总理贝尔提·阿恩（Bertie Ahern）向她授予了银质奖杯和1 000爱尔兰英镑（大约1 400美元）。因为获得了第一名，她得到了代表爱尔兰参加9月份在希腊举行的为期一周的欧盟青年科学家比赛的机会。

弗朗纳瑞的成果使她成了名，并获得了广泛的肯定。在接下来的3周里，她接受了来自当地、国家级的和国际报刊、杂志、广播电台和电视节目的300个采访。科尔克的市长提名她为月度科尔克人物，她得到了爱尔兰总统马里·麦克阿里瑟（Mary McAlese）的接见，信息技术展览IT@Cork的组织者赠送给她一台笔记本电脑。虽然她拒绝了报酬丰厚的百事广告的邀请，但她为“辣妹”乐队的宣传公司在他们的歌迷杂志中发表了一篇题为《聪明的辣妹——爱尔兰神童女孩的力量》的文章。一些媒体报道把她称为神童，并预测她的算法一旦被银行、商业界和政府部门采用，她就会成为富翁。经过全面考虑，她拒绝了多所大学的奖学金和许多商业机构的聘请，并决定不为算法申请专利。

她拒绝了很多大学请她在数学学院和计算机俱乐部做关于CP算法讲座的邀请，却接受了3个发言安排。她到新加坡为“国家科学精英研究大赛”闭幕式上做了发言。在IBM于意大利米兰举办的女性领导力会议上，向200位管理层人士介绍了她的项目。最后一个是在都柏林圣帕特立克学院都柏林数学教授协会年度会议上的发言。

媒体报道开始关注弗朗纳瑞算法的安全性。虽然她成功地用几类攻击证明了她的算法是成功的，但是这种算法还没有经过同行广泛的讨论过程，以确定这种密码系统是否完全安全。一位密码学数学家在阅读了她的报告后，指出了一个关键性的错误，这将使得人们可以用算法的公开部分建立破译密码文的矩阵。弗朗纳瑞与普尔瑟和怀特分析了这个漏洞，认为这个漏洞不可能得到弥补，CP只能作为一种有效的私人键算法，却不能够作为公开的密码系统。

1999年7—8月，弗朗纳瑞在德国布伯灵（Boebling）IBM的智能卡部门做了4周的实习。在实习的过程中，她用程序语言为智能卡编程。智能卡是一种包含微处理器芯片的塑料卡，类似于信用卡，可以储存信息，并在交易中修正信息。在电话、交通、银行和保险行业使用的卡比仅仅只用磁条这种简单技术的卡复杂很多，以确保安全性。

1999年9月，弗朗纳瑞在希腊举行的“欧盟青年科学家大赛”上展示了她的成果。她的报告《密码学：和RSA相对的一种新算法的研究》，对两种算法的设计和表现进行了比较，在附录中指出了CP算法的数学缺陷使它不能用于公共密码系统。她获得了3项奖中的一个，并被提名为1999年“欧洲青年科学家”，获得了5 000欧元的奖励。和其他的获奖者一起，她参加了在瑞典举行的诺贝尔奖颁奖典礼，并参与了“青年科学家”座谈。

大学和职业生活

2000年，弗朗纳瑞高中毕业，成为剑桥大学皮特豪斯（Peterhouse）学院计算机科学专业的大学生。在课堂学习之外，她和父亲合著了一本关于CP算法以及4次科学展览经历的书。这本书名叫《密码之中——一次数学之旅》，也介绍了她所解过的智力题和一些密码书所需的基本数学知识。2001年夏季，这本书在美国发行，她到美国的8个城市作了关于这本书的巡回讲座。

2003年，弗朗纳瑞获得了剑桥大学计算机学士学位，并获得了在沃尔弗兰研究所科学信息组做助教的职位。沃尔弗兰研究所是开发Mathematica软件包的公司。她参加了2003年NKS暑期学校，这是由施蒂芬·沃尔弗兰（Steven Wolfram）、《新一类的科学》（A New Kind of Science）的作者和沃尔弗兰研究所的创建者资助的青年科学奖项目。在这次暑期项目中，她完成了“细胞机器人规则数699927和其他娱乐的研究”项目，研究了长方格中重复应用与相邻细胞状态有关的简单规则的模式。

在沃尔弗兰研究所，弗朗纳瑞的研究主要是开发技术软件，并参与公司的外部教育项目。2005年8月，她在澳大利亚悉尼的麦夸里（Macquarie）大学做了题为“用Mathematica软件包探索数学和科学”的讲座。在2005年11月沃尔弗兰研究院在爱尔兰和北爱尔兰的宣传中的，她做了一系列题为“在教学和研究中使用Mathematica”的演讲。

结　语

莎拉·弗朗纳瑞因为研究和分析凯勒–普尔瑟密码系统算法获得了国家和国际科学竞赛奖。她证明了她的编码和解码方法比最重要的商务密码系统RSA快20倍，并解释了使它容易受到攻击的数学原因。作为剑桥大学的毕业生，她在沃尔弗兰研究所从事软件开发的工作。